TILL SCHWALM

EINFACH INVESTIEREN

GRUNDLAGEN des VALUE INVESTING

EINFACH INVESTIEREN

TILL SCHWALM

GRUNDLAGEN des VALUE INVESTING

FBV

Bibliografische Information der Deutschen Nationalbibliothek:
Die Deutsche Nationalbibliothek verzeichnet diese Publikation in der Deutschen Nationalbibliografie. Detaillierte bibliografische Daten sind im Internet über http://dnb.d-nb.de abrufbar.

Für Fragen und Anregungen:
info@finanzbuchverlag.de

Originalausgabe, 1. Auflage 2018

Nymphenburger Straße 86
D-80636 München
Tel.: 089 651285-0
Fax: 089 652096

Redaktion: Marion Reuter
Umschlaggestaltung: Maria Wittek
Satz: Daniel Förster, Belgern
Druck: GGP Media GmbH, Pößneck
Printed in Germany

ISBN Print 978-3-95972-109-7
ISBN E-Book (PDF) 978-3-96092-187-5
ISBN E-Book (EPUB, Mobi) 978-3-96092-188-2

Weitere Informationen zum Verlag finden Sie unter

www.finanzbuchverlag.de

Beachten Sie auch unsere weiteren Verlage unter www.m-vg.de

INHALT

TEIL 2

Hinweis an die Leser:

Alle Beispiele, Informationen, Anregungen und Tipps basieren auf den Erkenntnissen sowie der Gesetzeslage zum Zeitpunkt der Drucklegung und wurden mit der größtmöglichen Sorgfalt zusammengestellt. Dabei wurde darauf geachtet, dass die gewählten Beispiele allgemein übertragbar sind. Trotz aller Sorgfalt sind Fehler nicht ganz auszuschließen. Weil sich in Einzelfällen und durch Änderungen von Gesetzen und Vorschriften eventuell andere Umstände ergeben können, ist eine Haftung des Autors für Vermögensschäden aus der Anwendung der hier erteilten Ratschläge ausgeschlossen. Auch kann der Autor weder eine Garantie noch irgendeine Haftung für Personen-, Sach- oder Vermögensschäden, die auf fehlerhafte Angaben in diesem Buch zurückzuführen sind, übernehmen.

Die Urheber der in diesem Buch enthaltenen Sprüche, Zitate und Lebensweisheiten sind genannt. Fehlen sie, dann waren sie nicht eindeutig feststellbar. Das gilt auch für Spruchweisheiten aus dem Volksmund und für Neuformulierungen alter oder zu langer Sprüche.

Alle in diesem Buch vorgestellten Berechnungen sind Beispiele. Deshalb übernimmt der Autor keine Erfolgsgarantien noch irgendeine andere Form von Gewährleistung. Der Leser ist für sein Handeln ausschließlich selbst verantwortlich.

Für meine Familie und Freunde

VORWORT VON DR. CHRISTOPH BRUNS

Alle Experten sind sich einig: Deutschland ist kein Land der Aktionäre. Dabei wäre es allein schon aus demografischen Gründen dringend anzuraten, dass die Bevölkerung ihre Ersparnisse stärker in den börsennotierten Unternehmen arbeiten lässt, nachdem positive Realzinsen durch die Europäische Zentralbank abgeschafft wurden.

Fragt man nach den Gründen für die weitgehende Aktienabstinenz der Deutschen, dann bekommt man zumeist zur Antwort, es fehle der Bevölkerung an Kenntnissen und Bildung auf dem Gebiet der Kapitalanlage. Offenbar kümmern sich Schulen und Hochschulen viel zu wenig um dieses wichtige Thema. Zugleich kann man nicht sagen, dass ein allgemeiner Mangel an Börsenbüchern bestände. Vielmehr scheint es ein Defizit an Anlageliteratur zu geben, die den Anfänger und den semiprofessionellen Anleger an die Hand nimmt, um ihm einen profunden Einblick in die Vorzüge, aber auch die Fallstricke der Aktienanlage zu geben.

Dieses Buch nimmt Anleger an die Hand und bringt Licht ins Dunkel der zunächst verwirrend scheinenden Börsenwelt. Es hebt sich damit von der Masse der typischen Ratgeber ab. Till Schwalm ist mit günstigen Voraussetzungen ausgestattet, um auf diesem Feld motivierten Anlegern weiterzuhelfen. Der Autor war mehrere Jahre als Aktienanalyst Teil des erfolgreichen Aktienfondsmanagements der LOYS AG, die sich ihrerseits einen anerkannten Namen als Manager international investierender Aktienfonds erarbeitet hat.

Till Schwalm ist bereits seit Studientagen in St. Gallen ein inspirierter Verfechter der Aktienanlage. Neben seiner beruflichen Beschäftigung mit der Aktienanlage war er dem Thema stets auch privat als Aktienanleger zugetan. Die dabei gewonnenen Erfahrungen sind in wohltuender Weise in das vorliegende Buch eingeflossen. Wenn nun dieses Oeuvre dazu beiträgt, dass ein interessierter Leserkreis die Scheu vor der irrigerweise als zu riskant verschrienen Aktienanlage verliert, dann wäre bereits manches gewonnen. Insgesamt ist dem Buch zu wünschen, dass es einen großen Leserkreis findet, damit dem Mangel an Bildung auf diesem Feld endlich abgeholfen wird.

Ihr Dr. Christoph Bruns
Fondsmanager und Mitbegründer der LOYS AG

VORWORT DES AUTORS

Meine Erfahrung hat mir gezeigt, dass es wichtig ist, ein Investment-Tagebuch zu führen. Es reduziert den Einfluss von Emotionen bei Investment-Entscheidungen. Ich habe dieses über mehrere Jahre öffentlich über meinen Blog www.gewinnbringend-investieren.de getan und tue es noch heute bei meiner Arbeit als Aktienanalyst. Hierbei habe ich gelernt, dass der Prozess, eine Investmentthese vorzubereiten und diese anschließend von anderen bewerten zu lassen, mich dazu gebracht hat, meine Annahmen und Investmentgründe radikaler zu überprüfen. Dabei geht es immer darum, seine eigene These zu hinterfragen. Als Investor sollte man sich seiner eigenen arroganten Haltung bewusst sein. Jede Handlung an der Börse mit der Absicht, überdurchschnittliche Rendite zu erwirtschaften, stellt einen Akt der Arroganz dar, da ihr die Vorstellung zugrunde liegt, mehr als die Mehrheit der restlichen Investoren zu wissen. Eine entgegengesetzte Sichtweise – eine Sichtweise, die meiner nicht zustimmt – ist mir dabei stets willkommen.

Gleichzeitig stehe ich in regelmäßigem Austausch mit Investoren, die sehr ähnlich denken wie ich und mit denen ich Ideen, Gedanken und Erfahrungen austauschen kann. Dabei ist Investieren im Allgemeinen ein sehr einsamer Akt. Es ist eine intellektuelle Aufgabe, bei der man Theorien und Prognosen aufstellt und verwirft, und zum Schluss steht man mit seiner Entscheidung allein da.

Beim werthaltigen Investieren sind es oft Thesen, die gegen den breiten Konsens stehen. Dabei ist festzuhalten, dass Investieren eine Kunstform ist. Ich sage absichtlich Kunst, Kunst als kreative Tätigkeit, da man zwar das Handwerk des Investierens erlernen kann, ein guter Künstler/Investor aber auch Talent und Lebenserfahrung braucht, um sein Werk/Investment zu voller Blüte zu bringen. Hierbei braucht es Vorbilder, von denen man sich inspirieren lassen und lernen kann. Bei mir ist das neben André Kostolany vor allem Warren Buffett.

Beide zeigen, dass man sich im Lauf seiner Investmentkarriere entwickeln kann und muss. Was dabei zählt, sind die Neugier und der Prozess der Entwicklung, weniger die Karriere. Investieren ist ein Prozess des Lernens und der Reflexion. Es erfordert sehr viel Demut. Beim Investieren geht es darum, menschliches Verhalten in all seinen Facetten zu verstehen. Wenn man menschliches Verhalten verstehen möchte, sollte man sich selbst verstehen. Wenn man sich selbst verstehen möchte, sollte man sich aufmerksam beobachten. Mit diesem Buch möchte ich dem Leser die Möglichkeit geben, genau dies zu tun: sich selbst beobachten.

Es ist mir wichtig, dass der Leser am Ende dieses Buches verstanden hat, wieso Aktienkurse fallen oder steigen können und wieso unabhängig von den Kursen Unternehmen Geld verdienen oder verlieren. Hierbei plädiere ich für eine wertorientierte Strategie, die Krisen im System nutzt.

Eine wertorientierte Strategie (auch als Value Investing bezeichnet) bedeutet dabei für mich, reale Wirtschaftsleistung und das wirtschaftliche Umfeld bewerten zu können und diese Faktoren möglichst günstig zu kaufen. Dieses Buch wird sich dabei um die Aktie und das Aktieninvestment drehen, eine Grundlage zum Investieren schaffen, die wichtigsten Kriterien des wertorientierten Investierens aufzeigen und dem Leser einen möglichen Ansatz der Bewertung geben. Andere Anlageformen und Strategien werden nur am Rande tangiert.

Vorwegnehmen möchte ich noch, dass es beim werthaltigen Aktieninvestment darum geht, das Unternehmen zu kennen und nicht den Aktienkurs. Dieser wird erst ganz am Ende in die Betrachtung einbezogen, um zu entscheiden, ob die Aktie am Markt günstig oder teuer bewertet wird. Dabei sollte man nicht davon träumen, über Nacht zum Millionär zu werden – Millionär kann man jedoch mit harter Arbeit, sehr viel Einsatz und vor allem mit noch mehr Geduld werden. Wenn man sich an die Regeln in diesem Buch hält, wird man langfristig und ehrlich zu den Gewinnern zählen. Auf dem Weg zum Gewinner würde ich mich über einen Austausch mit meinen Lesern freuen. Schreiben Sie mir gerne Ihre Gedanken, Anregungen und Ideen zum Investieren unter info@einfachinvestieren-dasbuch.de.

Ihr Till Schwalm

WIE BIN ICH ZUM INVESTOR GEWORDEN?

Ich komme aus einer Unternehmerfamilie und habe die wirtschaftlichen Aspekte des Zusammenlebens bereits am Küchentisch gelernt. Ich weiß nicht, wann ich das erste Mal aktiv an die Börse und an Aktien gedacht habe. Vermutlich irgendwann im Alter von 13 bis 14 Jahren. Ich musste nie von den Vorzügen eines Marktes, an dem Waren und Güter ausgetauscht werden, oder einer Börse, an der man Unternehmen austauscht, überzeugt werden. Allerdings ist der Markt, wie die Börse, nur ein Mittel zum Zweck und hat für sich allein genommen keine Bedeutung. Die Wirtschaft, Unternehmen und die Menschen dahinter sind das, was spannend ist.

Ein Interesse an volks- und betriebswirtschaftlichen Themen ist bei mir vorhanden, seit ich verstehe, wie unsere Gesellschaft aufgebaut ist. Vermutlich irgendwann kurz bevor ich das erste Mal aktiv an die Börse gedacht habe. Die erste Aktie (SAP) kaufte ich allerdings erst Anfang 2007 im Alter von 20 Jahren. SAP ist eine Softwarefirma aus Deutschland, die sich auf Programme für Unternehmensabläufe spezialisiert hat. Nachdem die Aktie kurz ins Minus gerutscht war, verkaufte ich sie nach kurzer Zeit mit einem Minigewinn. Dies war sicherlich nicht durchdacht. Intensiv mit dem Unternehmen auseinandergesetzt habe ich mich zu dem Zeitpunkt nicht. Trotzdem war dies der Startschuss für mein Leben mit Aktien.

Zum ersten Mal ein richtiges Portfolio aufgebaut habe ich zwei Jahre später während der großen Finanzkrise 2007 bis 2009. Meine Überlegung damals war folgende: Wenn sich das Wirtschaftssystem nicht ändert und Menschen weiter Bedürfnisse haben, werden Aktien wieder steigen, da die Unternehmen diese Bedürfnisse befriedigen. Wenn man davon ausgeht, dass sich das Wirtschaftssystem nicht ändert, dann kann man sich in Krisen günstig an Unternehmen beteiligen. Wenn man befürchtet, die falschen Unternehmen zu kaufen, muss man streuen. Selbst wenn man ein schlecht gestreutes Portfolio, wie den DAX 30 oder den Dow Jones, in einer Krise kauft, kann man nicht viel falsch machen.

Meine Überlegung von damals lässt sich in einer Frage zusammenfassen: Wie wahrscheinlich ist es, dass die größten Unternehmen in Deutschland (oder der USA) alle zusammen durch eine Wirtschaftskrise vom Markt verschwinden? Die Antwort: nur durch ein anderes Wirtschaftssystem. Ich hoffe, dass unser Wirtschaftssystem nur durch ein besseres ersetzt wird. Und, um das Zitat von Winston Churchill über Demokratie neu zu verwenden: Kapitalismus ist die schlechteste aller Wirtschaftsordnungen, außer allen anderen, die von Zeit zu Zeit ausprobiert worden sind.

Wenn man denkt, dass sich das Wirtschaftssystem nicht ändert, sollte man keine Angst vor dem Aktienkauf haben und sich damit aktiv an der Wirtschaft beteiligen. Dieses Buch soll dabei helfen, genau diese Zusammenhänge zwischen dem Wirtschaftssystem und Emotionen, wie Angst und Gier, die beim Aktienkauf der größte Verlustbringer sind, zu verstehen und besser zu beherrschen.

TEIL 1

GRUNDLAGEN DES INVESTIERENS

»An der Börse ist alles möglich. Auch das Gegenteil.«

André Kostolany

Es geht beim Investieren um mehr als nur darum, reicher zu werden. Wer einzig dieses Ziel hat, sollte es im Kasino versuchen. Dort kann man weniger kaputt machen. Beim Investieren geht es darum, richtige Annahmen zu treffen und mit seinen Entscheidungen leben zu können. Entscheidungen, die nicht nur das eigene Konto betreffen, sondern auch die Sicherheit von Arbeitsplätzen, den technologischen Fortschritt und unser gesellschaftliches Zusammenleben. Für jeden Investor ist es deshalb wichtig, Haltung zu zeigen und sich Gedanken um die Wirkungen seiner Geldanlage zu machen.

WIESO IST ES WICHTIG SICH ZU INFORMIEREN?

»Wer, wie, was – wieso, weshalb, warum – wer nicht fragt, bleibt dumm!«

In der modernen Finanzindustrie ist es in den letzten Jahren leider Praxis gewesen, Produkte an unmündige Konsumenten zu verkaufen. An Personen, die auf der Ebene der Kapitalanlage wenig bis keine Erfahrung haben und keine Handlungsfähigkeit besitzen, das heißt keine Entscheidungen über solche Finanzanlagen treffen können. Diese Anleger müssen sich informieren.

Große Verantwortungslosigkeit sehe ich hier neben den Finanzdienstleistern bei der Politik, da der Lehrplan von Schülern zwar Politik, Geschichte, Religion usw. behandelt, ansatzweise auch über die Wirtschaft aufklärt, Kapital und dessen Wirkung aber nicht beinhaltet.

Wenn ich an meine Schulzeit zurückdenke, wurde neben den wichtigen Grundlagen Mathe, Deutsch, Englisch und Naturwissenschaft ein Großteil der Zeit damit verbracht, die Grundzüge des Zeichnens und Malens zu erlernen. Genauso wurden mir verschiedene politische Systeme beigebracht und sehr detailliert anhand von Wahlen, Gewaltenteilung und zum Beispiel den politischen Institutionen erläutert, wie die Demokratie funktioniert. Neben dem Christentum habe ich von den unterschiedlichen religiösen Praktiken der Juden, Muslime und teilweise auch Buddhisten und Hindus gehört. Alles wichtig. Was ich nicht beigebracht bekommen habe, ist ein Verständnis für die Kapitalanlage. Dabei muss die Bevölkerung, wie sie über die Demokratie und die Verantwortung bei Wahlen aufgeklärt wird, auch über den Kapitalismus und die Verantwortung bei der Kapitalanlage aufgeklärt werden, da dies unsere Gesellschaft ebenso prägt und die gleiche Veränderungskraft besitzt. Neben den Risiken sollte auch ein Verständnis für die positive Kraft von Kapitalismus vermittelt werden. Es sollte im gleichen Maße die Möglichkeit, ein Start-up zu gründen, besprochen werden, wie man in der zehnten Klasse Berufsorientierung bekommt. Neben der positiven Macht der Konsumenten sollte auch der Einfluss der Investoren auf unsere Wirtschaft erörtert werden.

Anstatt das Verständnis zu fördern, denken Verbraucherschützer und Politiker, sie müssten mehr Regeln aufstellen, um die Kunden zu schützen. Das ist falsch. Wir versuchen auch nicht, anstatt Kindern die Gefahren des Straßenverkehrs beizubringen, zusätzliche Regeln aufzustellen, mit denen geklärt wird, wie ein Auto abzubremsen hat oder unter welchen Bedingungen Kinder eine Ampel benutzen dürfen oder nicht. Wir bereiten unsere Kinder darauf vor, am Straßenverkehr teilzunehmen und ein eigenes Urteil über die Gefahrenlage zu fällen.

Damit Banken ihre Produkte nicht an unmündige Konsumenten verkaufen, sollten die Konsumenten mündig werden. Mündigkeit von Verbrauchern ist der beste Konsumentenschutz. Die Kunden sollten ein eigenes Urteil über die Finanzprodukte fällen können. Ab dem Moment der Mündigkeit kann ohne Betrug nicht mehr behauptet werden, sie hätten nicht gewusst, dass sie bei höherer Rendite auch ein höheres Risiko eingehen und unter Umständen ganze Volkswirtschaften an den Rand des Ruins bringen. Dies ist der Grundsatz jeder Kapitalanlage: Solange sich der Mensch oder die Masse nicht der Emotion hingibt, stehen Rendite und Risiko in einer positiven Beziehung zueinander.

Das heißt, wenn man kein Geld verlieren will oder darf, sollte man auch nicht mehr als den risikofreien Zinssatz bzw. den Tagesgeldzinssatz bei Banken erwarten. Auch hierbei wird das Geld investiert, allerdings nicht von einem selbst. Über die Anlagen der Bank wird der Geldbetrag gesichert. Wichtig, wie wir später noch sehen werden, ist, dass nicht die Kaufkraft des Geldes gesichert wird, sondern nur die nominale Einlage.

Der entscheidende Unterschied zu der direkten Anlage über Finanzprodukte liegt aber darin, dass das Risiko bei der Bank liegt. Diese muss das Geld über verschiedene Finanzprodukte anlegen und damit ihre Kosten und die Sicherung der Einlage verdienen. Sind die Einnahmen nicht ausreichend, müssen als Erstes die Aktionäre Verluste hinnehmen und dann die Fremdkapitalgeber, zu denen auch die Sparer mit ihren Konten gehören.

Allerdings wird dieses Verlust-Risiko indirekt zum Teil von der Gesellschaft getragen, weil diese im Zuge der Stabilität des Finanzsektors bis zu einer gewissen Summe für die Einlagen der Banken garantiert. Das Risiko der Geldanlage über Konten einer Bank liegt also nicht vollständig bei einem selbst wie bei der Direktanlage. Dies hat insbesondere die große Finanzkrise 2007 deutlich gezeigt.

Die Gestaltungsmöglichkeiten des Kapitals im Guten wie im Schlechten liegen allerdings auch in den Händen der verantwortlichen Banker und nicht bei einem selbst. Das heißt, auch hier sollte man sich fragen, was macht die Bank eigentlich mit meinem Geld? Ist es eine lokale Sparkasse oder Volksbank, die ihr anvertrautes Geld zum größten Teil mit lokaler Kreditvergabe verdient oder ist es eine große internationale Bank, welche die Globalisierung fördert und mit dem Geld ihrer Kunden Großprojekte international agierender Unternehmen ermöglicht?

Als Anleger hat man die Möglichkeit, selbst zu entscheiden, wie Kapital angelegt und mit ihm unsere Welt gestaltet werden soll: Ob man Geld kleinen Unternehmen oder großen Konzernen zur Verfügung stellt, ob man erneuerbare Energie oder Kohle fördert, ob man Industrienationen oder Entwicklungsländer unterstützt, macht einen Unterschied. Möchte man mit seinem Kapital selbst gestalten, gibt es nur drei Anlageformen in Unternehmen und damit in die Wirtschaft:

1. Fremdkapital zum Beispiel in Form von Anleihen,
2. Eigenkapital zum Beispiel in Form von Aktien und
3. Hybridkapital (Mischform aus Fremd- und Eigenkapital) zum Beispiel in Form von Wandelanleihen oder Genussscheinen.

Diese können gekauft oder verkauft werden. Alle anderen Produkte, wie Derivate, Optionen, Fonds etc. sind Ableitungen dieser ersten drei Anlageformen und können mit finanzwirtschaftlichem Wissen nachgebaut werden. So bezeichnet Finanzderivate im Allgemeinen alle abgeleiteten Finanzprodukte, wie zum Beispiel eine Option, die ein standardisiertes, handelbares Recht (nicht die Pflicht) beinhaltet, einen Vermögenswert zu einem bestimmten Preis und zu einer bestimmten Menge an (europäische Option) oder bis zu (amerikanische Option) einem bestimmten Termin zu kaufen (Call-Option) oder zu verkaufen (Put-Option). Dagegen bündelt ein Fonds das Vermögen von meistens mehreren Anlegern, ähnlich wie eine Bank die Kontoeinlagen, in einer Kapitalanlagegesellschaft, welches er dann nach vorher bestimmten Regeln anlegt und verwaltet. Anders als bei einer Bank ist das Vermögen in einem Fonds ein Sondervermögen, welches im Falle einer Insolvenz der Kapitalanlagegesellschaft vor dem Zugriff von Gläubigern geschützt ist. Dafür gibt es keinen Staat, der im Falle einer Schieflage eingreift. Die Fonds legen das Geld passiv oder aktiv an, wobei aktiv das regelmäßige Eingreifen eines Fondsmanagers bedeutet.

Wenn man ein abgeleitetes Produkt kauft, sollte man wissen, wie man dieses mithilfe der ersten drei genannten Produkte rekonstruieren könnte. Um den Zusatzwert des abgeleiteten Produktes zu bestimmen, sollte man außerdem wissen, was die Rekonstruktion kosten würde.

In den meisten Fällen sind abgeleitete Produkte von Finanzdienstleistern günstiger als die Rekonstruktionen, da sie oft viele Transaktionen beinhalten, die für eine Privatperson teuer sind. Allerdings bringen abgeleitete Produkte in vielen Fällen keinen Nutzen für den Kunden. Eine einfache Anlage in eine der drei Grundformen würde ein gleiches Rendite-Risiko-Profil erzeugen mit einer wesentlich höheren Transparenz.

Aus diesem Grund empfehle ich, in die Grundformen oder einfache abgeleitete Produkte, wie Aktien- oder Anleihefonds, zu investieren. Hierbei ist das Risikoprofil des Anlegers die einzige Entscheidungsgrundlage. Grundsätzlich gilt für die Rendite der Grundformen eines Unternehmens:

Anleihen < Wandelanleihen < Aktien

Auf Grundlage des Risiko-Rendite-Zusammenhangs heißt dies: Das größte Risiko liegt beim Eigenkapitalgeber, gefolgt vom Hybridkapitalgeber und Fremdkapitalgeber. Die direkte Anlage in eine dieser Grundformen, wenn auch von mir bevorzugt, fordert dem Anleger neben der Zeit aber auch Wissen und eigenen Einsatz ab. Entscheidet man sich also gegen das Tagesgeld und für eine direkte Anlage, muss man wissen, welches Risiko man eingehen möchte, und danach seine Anlageform wählen. Zum Risiko gehört in diesem Fall nicht nur das Ausfallrisiko, sondern auch das Liquiditäts- und Schwankungsrisiko, wie wir im zweiten Teil dieses Buches noch feststellen werden. Beide Risiken sind mit der Frage verbunden: Wie schnell kann man seine Anlage inklusive Rendite wieder zu Geld machen? Dies ist abhängig vom Zeiteinsatz. Das heißt, wenn man direkt investiert, muss man das Geld je nach Anlage für eine gewisse Zeit zur Verfügung haben und kann nicht plötzlich darauf angewiesen sein. Zudem sollte man sich intensiv mit den einzelnen Anlagen auseinandersetzen, um das Risiko abwägen und nach dem eigenen Risikoprofil wählen zu können.

Schlüsselpunkte

- Man sollte so viel Erfahrung und Wissen wie möglich über die Kapitalanlage sammeln und ein gutes Verständnis für sie entwickeln.
- Kapital besitzt Veränderungskraft und mit ihm kommt die Verantwortung, unsere Gesellschaft mitzugestalten.
- Es gibt drei Grundformen der Kapitalanlage: Fremdkapital, Eigenkapital und eine Mischform.
- Die Direktanlage in eine der Grundformen fordert dem Investor mehr Zeit und Wissen ab, als die indirekte Anlage zum Beispiel in einem Fonds.
- Rendite und Risiko stehen in einer positiven Beziehung zueinander. Unter gleichen Bedingungen liegt das größte Risiko beim Eigenkapitalgeber und das kleinste Risiko beim Fremdkapitalgeber.

GELD UND VERMÖGEN SIND WICHTIG, ABER NICHT DAS WICHTIGSTE IM LEBEN

Geld und Vermögen haben eine große Anziehungskraft auf die meisten Menschen. Viel Geld erzeugt viel Anerkennung, aber auch viel Neid und Missgunst. Neid kann dabei als Versuch gesehen werden, die Verantwortung für die eigene Unzufriedenheit auf äußere Umstände zu verlagern. Man gönnt jemandem seinen Erfolg nicht und versucht, diesen kleinzureden, um sein eigenes Leben zu rechtfertigen.

Neid drückt sich auch in der Redewendung »Geld allein macht nicht glücklich« aus. Eine Redewendung, die ich besonders häufig in Deutschland höre. Ihr Sinn liegt unter anderem darin, diejenigen aufzubauen, die der finanzielle Erfolg anderer bedrückt. Gleichzeitig zeigt die Glücksforschung, dass Geld oder materieller Reichtum ab einer bestimmten Schwelle tatsächlich nur einen geringen Einfluss auf die Lebenszufriedenheit hat. Viel wichtiger ist die Freiheit, über das eigene Leben zu bestimmen.

Auf die Freiheit, das Leben zu bestimmen, hat aber nur zu wenig Geld einen Einfluss, nicht viel Geld: Ob jemand 1.000.000 Euro oder 10.000.000 Euro jährlich zur Verfügung hat, spielt für seine persönliche Freiheit eine untergeordnete Rolle. Dagegen ist der Unterschied zwischen 10.000 Euro und 100.000 Euro signifikant. Dies wird in der Wirtschaftslehre als abnehmender Grenznutzen des Geldes bezeichnet, das heißt der Einfluss auf die Freiheit nimmt ab einer gewissen Höhe weniger zu als die Geldmenge selbst.

Gleichzeitig ist zu berücksichtigen, dass die Freiheit, über sein Leben frei zu bestimmen, auch die Möglichkeit des Scheiterns mit einschließen muss. Jemand, der unabhängig von seiner Handlung immer abgesichert ist, trägt keine Verantwortung für die Konsequenzen seiner Handlungen und kann daher auch nicht vollständig frei bestimmen.

Die Freiheit, selbstbestimmt zu entscheiden, enthält auch die Möglichkeit, Zeit mit Freunden und Familie zu verbringen. Für viele Menschen ist das Problem nur die Zeit, weniger das Geld. Dieses steht meistens der verfügbaren Zeit entgegen. So haben viele Menschen entweder Geld oder Zeit. Beispielsweise hat man als Student oft viel Zeit, aber kein Geld. Danach kommt meistens das Geld durch eine Arbeitsstelle, aber die Zeit wird knapp.

Die große Frage, die sich die meisten Menschen daher stellen sollten, lautet:

Wie bekommt man die Zeit und das Geld, um unabhängig Dinge zu machen, die einem Spaß machen und zu selbstbestimmten Entscheidungen führen?

Es gibt leider keine Universallösung, die für jeden gilt. Es gibt keine Formel XY, die befolgt werden kann, um zeitgleich an genügend Geld und Zeit zu kommen. Jeder muss für sich selbst herausfinden, was einem wichtig ist, was einen glücklich macht, und tolerieren, wenn sich jemand anders entscheidet. Neben dem Gehalt (zum Beispiel Arbeit, Selbstständigkeit) und Sozialsystemen (zum Beispiel staatliche Rente) gibt es vor allem die Kapitalrendite (zum Beispiel Anleihen, Aktien), die einem ein Leben mit genügend Zeit und Geld ermöglichen kann. Natürlich muss man für die Kapitalrendite erst einmal Geld übrig haben. Betrachtet man das Geldvermögen und die monatlichen Einzahlungen in Versicherungs- und Bausparverträge der deutschen Bevölkerung, muss man aber sagen, dass dies für die meisten Menschen nicht das Problem ist. Weit mehr als die Hälfte der Haushalte haben ein Nettovermögen, wie das Deutsche Institut für Wirtschaftsforschung (DIW) seit 1984 jährlich mit seinem Sozio-oekonomischen Panel (SOEP) feststellt. Die entscheidende Frage für die Selbstbestimmung ist vielleicht, wie dieses Geld angelegt wird. Mit genügend Geld und Zeit gehört man dann vielleicht auch zu den Glücklichen, die Freiheit zur Selbstbestimmung finden.

Das Gehalt und die Sozialsysteme stellen beide meistens einen Kompromiss zwischen entweder genügend Geld oder genügend Zeit dar. Um genügend Geld und Zeit zu bekommen, gibt es nur einen Weg, der mit wenig Zeitverlust langfristig genügend Geld abwirft: das passive Investieren in Unternehmen. Mit passiv meine ich in diesem Fall nicht nur börsengehandelte Indexfonds (ETFs), die im Allgemeinen als passive Investments bezeichnet werden, sondern ganz allgemein das Investieren in Unternehmen, ohne sich als Gesellschafter aktiv am täglichen Geschäft zu beteiligen. Dieses erreicht man über die Börse.

Schlüsselpunkte

- Geld und materieller Reichtum haben ab einer bestimmten Schwelle nur einen geringen Einfluss auf die Lebenszufriedenheit.
- Wichtig für die Lebenszufriedenheit ist die Freiheit, über das eigene Leben zu bestimmen, dafür braucht es ausreichend Geld und Zeit.
- Mehr Geld steht meistens der verfügbaren Zeit entgegen.
- Für die meisten Menschen gibt es nur die Möglichkeit, sich an Unternehmen zu beteiligen, ohne sich aktiv einzubringen, um über genügend Geld und Zeit zu verfügen.

WAS IST DIE BÖRSE UND WOZU DIENT SIE?

Was ist eigentlich die Börse, dieser sagenumwobene Platz, wo angeblich die Zukunft unserer heutigen Zivilisation mit entschieden wird? Der Ort, an dem man gegen oder für etwas spielen, spekulieren, investieren kann?

Die Börse ist schon seit Längerem kein fester physischer Platz mehr, sondern vielmehr ein weltweites Netzwerk, aus tausenden einzelnen Handelsräumen, die miteinander verknüpft sind – ähnlich wie das Internet –, allerdings reduziert auf zwei Tätigkeiten: »Kaufen« und »Verkaufen«. Die Börse ist dabei der Markt, der symbolische Treffpunkt, an dem Leute ihr Geld in Wertpapiere anlegen oder aus diesen wieder Geld machen können.

Auch wenn alle Märkte miteinander vernetzt sind, wählt der Anleger heutzutage meistens noch einen spezifischen Börsenplatz aus. An den großen Plätzen, wie etwa der Xetra, dem elektronischen Handelsplatz der Deutschen Börse, ist das Risiko minimiert, dass die Gegenpartei ihren Verpflichtungen im Geschäftsverkehr nicht nachkommt, da alle Aufträge (Orders) innerhalb der Börse abgewickelt werden – Käufer und Verkäufer wissen nicht direkt, mit wem sie handeln, sondern als Geschäftspartner tritt nur die Börse in Erscheinung. Gleichzeitig wird die Liquidität an den großen Plätzen gebündelt. Die Liquidität ist die Handelbarkeit eines Wertpapiers und beschreibt an der Börse, wie gut ein Wertpapier jederzeit ge- und verkauft werden kann. Je höher die Liquidität, umso höher der Umsatz des Wertpapiers an der Börse und umso einfacher der Kauf und Verkauf. Die Liquidität hängt, neben dem Börsenplatz, von vielen Faktoren ab. Die wichtigsten Faktoren für eine Aktie sind deren Anzahl an Anteilsscheinen, der Preis eines Anteilsscheins, der Streubesitz und die Bekanntheit des Unternehmens. Liquide Wertpapiere bezeichnen diejenigen, bei denen der Kauf und Verkauf einer größeren Zahl Aktien jederzeit möglich ist. Große und liquide Börsenplätze geben Kleinanlegern (meistens) die Sicherheit, den bestmöglichen Ausführungspreis zu bekommen. Dagegen werden durch kleine Online-Broker, die intern ein börsenartiges Handeln zwischen ihren Kunden ermöglichen, die Kosten für den Anleger reduziert. Wenn diese kleinen Handelsplätze keine Gegenpartei für die aufgegebene Order finden, werden die Aufträge indirekt aber auch an die großen Börsen übertragen. Dies geschieht über eine größere Differenz zwischen dem Kauf- und Verkaufskurs. Diese große Differenz, bzw. diese schlechteren Kurse, ermöglichen es dem kleinen Handelsplatz, sich im Notfall an den größeren, liquideren Handelsplätzen mit den entsprechenden Stücken einzudecken.

Die Börse funktioniert dabei als reine Marktwirtschaft, bei der die Kurse und Preise nur von Angebot und Nachfrage bestimmt werden. Für jede Aktie, die gekauft oder verkauft werden soll, muss es einen Verkäufer oder Käufer geben, der diese in der gewünschten Menge und zum gewünschten Preis zur Verfügung stellt. Wenn zu einem bestimmten Kurs kein Anleger bereit ist, Wertpapiere zu kaufen, fällt der Kurs. Oder umgekehrt: Wenn zu einem bestimmten Kurs kein Anleger bereit ist, Wertpapiere zu verkaufen, steigt der Kurs.

Verschiedene Ursachen können die Nachfrage (Kaufinteresse) und das Angebot (Verkaufsinteresse) beeinflussen. Langfristig sind diese Ursachen fundamental, kurzfristig spielen aber auch die Gier und die Angst bzw. Psychologie an der Börse eine Rolle. Je nachdem, in welcher Laune die Börse gerade ist, können Wertpapiere auf fundamentale Nachrichten, wie Gewinne, Aussichten, Entwicklungen, Erfindungen oder Entdeckungen von den jeweiligen Unternehmen sowie das Umfeld, in dem sich die Wirtschaft gerade befindet, entweder stark ansteigen oder eben auch einstürzen.

Eine fabelhafte Metapher in Bezug auf die Börse und dieses Verhalten hat André Kostolany in seinem Buch *Der große Kostolany* einmal festgehalten: Ein Mann geht mit seinem Hund spazieren. Und wie das Wesen des Hundes so ist, läuft er ständig vor und zurück. Mal sehr weit vor sein Herrchen, bis er bemerkt, dass er zu weit gelaufen ist, dann wieder zurück. So geht es den ganzen Spaziergang, doch am Ende kommen beide am selben Ziel an. Der Mann ist in diesem Bild die Wirtschaft und der Hund die Börse. Während die Wirtschaft mit einigen wenigen Stopps kontinuierlich wächst, ist die Börse hundert Mal oben und unten gewesen. Das Fazit aus der Geschichte ist, dass sich die Börse und die Wirtschaft auf lange Sicht gleich entwickeln, auf kurze Sicht jedoch völlig unterschiedliche Richtungen einschlagen können.

Für einen wertorientierten Investor liegt die wichtigste Aufgabe darin, starke Nerven und viel Durchhaltekraft zu besitzen, um sich nicht der Psychologie der Börse zu unterwerfen. Als wertorientierter Investor sollte man nicht davon träumen, über Nacht mit einem Börsenanstieg zum Millionär zu werden, es ist jedoch mit dem Wachstum der Wirtschaft, harter Arbeit und sehr viel Einsatz und Geduld möglich. Wenn man sich an diese Regeln hält und keine Angst vor Aktien hat, wird man langfristig zu den Gewinnern zählen.

Schlüsselpunkte

- Die Börse funktioniert als reine Marktwirtschaft, bei der die Preise von Wertpapieren von Angebot und Nachfrage bestimmt werden.
- Bei großen Handelsplätzen ist die Handelbarkeit von Wertpapieren am besten und das Risiko minimiert, dass die Gegenpartei ihren Verpflichtungen im Geschäftsverkehr nicht nachkommt.
- Das Angebot und die Nachfrage an der Börse können von verschiedenen Ursachen beeinflusst werden – kurzfristig spielen eher psychologische Aspekte eine Rolle, während langfristig eher fundamentale Aspekte die Kurse verändern.

WOHER KOMMT DIE AKTIE?

Es ist nicht genau klar, wann die Menschen angefangen haben, Handel zu treiben. Vermutlich schon lange bevor die Menschen angefangen haben, Aufzeichnungen über ihre Tätigkeiten zu hinterlassen. Die ersten gesicherten Aufzeichnungen stammen von babylonischen Händlern. Sie lebten mehrere Jahrhunderte vor Christi Geburt und hielten ihre Besitztümer auf Tontafeln fest.

Der frühere Handel wurde meistens von einzelnen Personen oder kleinen Gruppe getätigt. Hierbei zeigte sich, dass es insbesondere bei großen Aufwendungen einfacher war, diese in einer Gruppe zu erledigen. So taten sich schon die alten Griechen und Phönizier zusammen, um außerhalb ihrer Stadt Handel zu treiben. Während sie innerhalb der Stadt kurze Wege und relativ hohe Sicherheit genossen, mussten sie für das Ex- und Importgeschäft Schiffe anschaffen, diese bemannen und für die entsprechende Sicherheit sorgen. Dies war in Gruppen einfacher zu schultern als alleine.

Diese Gruppen waren meistens Personengesellschaften, bei der sich die Kaufleute üblicherweise nur für eine bestimmte Dauer zusammenschlossen, zum Beispiel für die Reise zu einem ausländischen Hafen und die Rückfahrt in die Heimat.

Aus dieser Art einfacher Gesellschaften entwickelten sich im Überseehandel Venedigs Ende des 14. Jahrhunderts Handelsgesellschaften, die auf längere Zeit angelegt waren und ohne Festlegung auf eine einzelne Handelsfahrt bestanden.

Sie kann man als die ersten bekannten Kapital- oder Aktiengesellschaften bezeichnen. Sie waren größer als die Gemeinschafts- und Personengesellschaften und gestatteten auch die Finanzierung von sehr großen Handelsvorhaben. Sie ermöglichten unter anderem, dass Venedig zum Zentrum des Handels in Europa aufstieg. Zugleich gestatteten sie als Erste die reine Kapitalbeteiligung, eine Beteiligung ohne Verknüpfung an eine bestimmte Person. Diese Trennung zwischen Person und Kapital ist eines der wichtigsten Unterscheidungsmerkmale zur Personengesellschaft.

Neben der Kapitalgesellschaft zeugen die Erfindung der doppelten Buchführung und viele Begriffe im Zusammenhang mit Handel und Finanzen vom Einfluss des alten Venedigs auf das heutige Wirtschaftsleben: Kapital, Bilanz, Aktiva, Passiva, netto, brutto, Konto, Diskont oder Portfolio. Die doppelte Buchführung hat der venezianische Mönch Luca Pacioli 1494 erstmals vollständig beschrieben.

Dass die Kapitalgesellschaft auch von einer breiteren Masse als Investment bzw. Spekulationsobjekt wahrgenommen und gehandelt wurde, war dagegen erst Anfang des 17. Jahrhunderts in den Niederlanden der Fall. Mehrere Kaufmannskompanien schlossen sich zur niederländischen Ostindien-Kompanie (niederländisch: Vereenigde Oostindische Compagnie oder kurz VOC) zusammen. Vom niederländischen Staat erhielt die VOC

Hoheitsrechte, die von Kriegsführung, Landerwerb und Festungsbau bis zu einem Handelsmonopol mit den Kolonien im Indischen Ozean reichten.

Die VOC gab Anteilsscheine aus, die deren Besitzer berechtigten, an den Gewinnen aus den Fahrten in die Kolonie über Ausschüttungen (sogenannte Dividenden) teilzuhaben. Nachdem die VOC einige erfolgreiche Fahrten absolvierte und ihre Besitzer gut an den Dividenden verdienten, entwickelte sich ein reger Handel mit den Papieren und man spekulierte auf den Erfolg der nächsten Fahrten. Dies ging so weit, dass im Zuge der ersten Spekulationsblase in den 30er Jahren des 17. Jahrhunderts, der Tulpenmanie, der Wert der VOC auf ungefähr 78 Millionen Niederländische Gulden stieg. Nach heutigem Wert nach der Jahrtausendwende entspricht das vermutlich 6 Billionen Euro, womit sie das am höchsten bewertete Unternehmen der Geschichte war. Die Blase (Spekulations-/Finanzblase) wird dabei als eine Situation am Markt bezeichnet, bei der die einzelnen Handelsgüter, wie zum Beispiel die Aktien der VOC, stark überbewertet sind und bei hohen Umsätzen und stark anziehenden Preisen gehandelt werden. Abgelöst wird die Blase immer von zusammenbrechenden Preisen, einem Crash. Interessant ist, dass die Tulpenmanie eine niederländische Spekulationsblase war, in der nicht in erster Linie Unternehmen, sondern Tulpenzwiebeln gehandelt wurden. Letztere erreichten Werte von Einfamilienhäusern, bis die Menschen 1637 realisierten, dass Häuser vielleicht doch nützlicher als Tulpenzwiebeln sind, und der Markt und auch der Wert der VOC-Aktien in sich zusammenbrachen.

Das Unternehmen VOC überstand diese turbulente Phase und beendete erst über 150 Jahre später im Jahre 1798 die Geschäfte. Die VOC gilt damit als erste Aktiengesellschaft nach heutigem Verständnis, die regelmäßig gehandelt wurde. Ihre Geschichte ist äußerst interessant und beinhaltet alle wichtigen Aspekte des Handels mit Aktien:

- Ein Unternehmenswert setzt sich in erster Linie aus zukünftigen Erträgen zusammen.
- Der Aktienwert kann durch Spekulationen in Höhen und Tiefen getrieben werden.
- Das tatsächliche Geschäft läuft unabhängig von diesen Turbulenzen weiter.

Dabei sind die wichtigsten Merkmale einer Aktiengesellschaft:

- Kapital, das auf Anteilsscheine aufgeteilt wird und sich von Personen abkoppelt
- eine lange Lebensdauer
- eine gewisse Größe
- die einfache Handelbarkeit

Wichtig ist zudem, dass die Abkopplung des Kapitals von der Person einen wichtigen Vorteil hinsichtlich der Haftung mitbringt: Besitzer von Aktien sind nur beschränkt haftbar, das heißt negative Ansprüche gegenüber dem Unternehmen gehen nicht über das eingezahlte Kapital hinaus.

Schlüsselpunkte

- Die ersten bekannten Handelsgesellschaften entstanden im 14. Jahrhundert in Venedig. Die ersten Aktiengesellschaften im modernen Sinne gab es erst im 17. Jahrhundert in den Niederlanden.
- Eines der wichtigsten Merkmale von Kapitalgesellschaften, wie der Aktiengesellschaft, ist die Trennung von Personen und Kapital. Daneben sind eine lange Lebensdauer, eine gewisse Größe, eine einfache Handelbarkeit der Anteilsscheine und eine beschränkte Haftung wichtige Merkmale der Aktiengesellschaft.
- Der Wert eines Unternehmens setzt sich in erster Linie aus den zukünftigen Erträgen zusammen, während zur gleichen Zeit davon unabhängig der Wert der Aktie durch Spekulationen in Höhen und Tiefen getrieben werden kann.

WAS IST WERTEORIENTIERTES INVESTIEREN?

Beim wertorientierten Investieren handelt der Anleger aufgrund des tatsächlichen Wertes eines Unternehmens. Der Value Investor ist kein Spekulant, der kurzfristige Gewinne ohne genaue Kenntnisse des Unternehmens realisieren möchte, sondern ein gut informierter Finanzier. Investitionen werden regelmäßig mittel- bis langfristig eingegangen.

Wertorientiertes Investieren

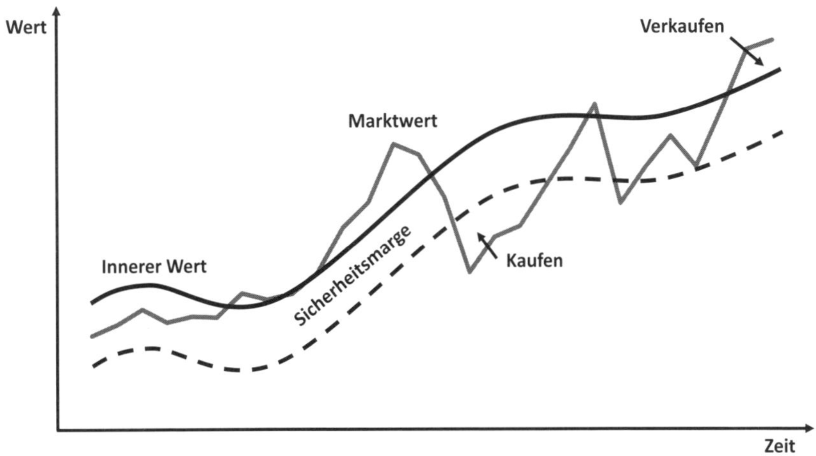

Er versucht, Unternehmensanteile mit einem Abschlag zum inneren Wert zu kaufen. Der innere Wert stellt dabei den »wahren« Wert dar, dem sich der Value Investor über fundamentale Kriterien versucht zu nähern, wie die Fragen auf der nächsten Seite zeigen. Diese Differenz zwischen Preis und Wert gibt dem Value Investor eine Sicherheitsmarge. Denn je tiefer der Kaufpreis im Vergleich zum inneren Wert ist, desto geringer ist das Risiko, mit der Beteiligung Geld zu verlieren. Der Value Investor profitiert dabei von den Ausschüttungen des Unternehmens und nimmt langfristig an der Wertsteigerung der Aktiengesellschaft teil. Wertorientiertes Investieren bedeutet, in einem ersten Schritt das Unternehmen fundamental zu analysieren und in einem zweiten Schritt auf eine Fehl- bzw. Unterbewertung am Markt zu warten. Timing und kurzfristige Kursschwankungen spielen dabei keine Rolle.

Am Anfang analysiert der Value Investor die Bilanz sowie harte und weiche Faktoren des Unternehmens. Er beantwortet dabei Fragen wie zum Beispiel:

- Werden Dividenden regelmäßig ausgezahlt?
- Werden nachhaltige Gewinne erzielt?
- Wie hoch sind die Dividendenrendite, das Kurs-Gewinn-Verhältnis, das Kurs-Buchwert-Verhältnis, die Eigenkapitalquote und die Eigenkapitalrendite?
- Hat sich das Geschäftsmodell bewährt und ist es einfach zu verstehen (zum Beispiel Güter/Dienstleistungen des täglichen Bedarfs)?
- Hat das Unternehmen einen nachhaltigen Wettbewerbsvorteil?
- Wie sind die Marktposition und das Wachstumspotenzial des Unternehmens?
- Welche Produkte sind am Markt oder kommen bald? Gibt es Substitute (Ersatzprodukte) oder könnten solche zukünftig auf den Markt kommen?
- Welche Marken gehören zum Unternehmen?
- Wer sind die Manager? Wie lange sind sie schon im Unternehmen? Wie lange sind sie in der Branche tätig? Wie offen, direkt und verlässlich sind die Manager?
- Wem gehört das Unternehmen mehrheitlich?

Diese und ähnliche Fragen werden dabei von jedem Investor unterschiedlich gewichtet. Es gibt keine goldene Regel, welche Faktoren am wichtigsten sind oder welche Höhe einzelne Kennzahlen haben müssen. Jeder Value Investor kann auf andere Faktoren besonders Wert legen. Wichtig ist, dass er das Unternehmen verstanden hat und somit bewerten kann.

Value Investoren kaufen erst dann Unternehmensanteile, wenn die oben genannten Faktoren intensiv geprüft wurden und der Kaufpreis – mit einem großzügigen Abschlag (etwa ein Drittel) – zu einem fairen Wert notiert. Durch die intensive Prüfung und den Sicherheitspuffer bleiben Value Investoren oft vor bösen Überraschungen, wie Insolvenzen oder starken Kurseinbrüchen, geschützt.

Dabei finden Value Investoren Unterbewertungen meistens bei Aktien aus der zweiten oder dritten Reihe, das heißt nicht bei den größten und bekanntesten Unternehmen. Diese kleineren Unternehmen werden von Analysten und institutionellen Anlegern weniger beachtet, und neue Informationen werden langsamer in den Kurs aufgenommen. Aus diesem Grund ist der Anlagehorizont relativ lang. Es kann manchmal mehrere Jahre dauern, bis eine Unterbewertung von anderen Anlegern erkannt wird und der Aktienkurs steigt. Erst bei einer fairen Bewertung und einer deutlich besseren Anlagemöglichkeit oder einer Überbewertung steigt der Value Investor aus. Dann nämlich, wenn die Opportunitätskosten zu hoch werden. Die Opportunitätskosten sind die Kosten, die entstehen, wenn vorhandene Möglichkeiten zur Nutzung von Ressourcen nicht wahrgenommen werden. Dies unterscheidet den Investor von einem Geschäftsmann, der nach einer getätigten Investition meistens für die Lebensdauer der Anlage dauerhaft investiert bleibt und die Opportunitätskosten vollständig zahlt.

Das alles wirft nun die Frage auf, ob sich die Arbeit, Unternehmen intensiv zu untersuchen und langfristig zu investieren, auch lohnt oder ob man nicht einfach versuchen sollte, eine perfekte Formel zur Vorhersage von Aktienkursen zu entwickeln und auf die Kursentwicklung zu spekulieren.

Schlüsselpunkte

- Der Value Investor versucht, Unternehmensanteile mit einem Abschlag, der Sicherheitsmarge, zum inneren Wert, dem tatsächlichen Wert eines Unternehmens, zu kaufen.
- Dem tatsächlichen Wert versucht der Value Investor sich über fundamentale Kriterien zu nähern. Jeder Investor kann dabei auf andere Faktoren besonderen Wert legen.
- Der Anlagehorizont von Value Investoren ist dabei in der Regel lang. Der Value Investor steigt erst bei einer fairen Bewertung und einer deutlich besseren Anlagemöglichkeit oder einer Überbewertung aus.

DIE UNTERSCHIEDE ZWISCHEN INVESTIEREN UND SPEKULIEREN

Es gibt kein Patentrezept zum Investieren. Trotzdem ist an der Börse nicht alles Zufall, so wie es manchmal scheint. Teilt man die Börse in Spekulations- und Investitionsgeschäfte, zeigt sich, dass man ohne Glück

Geld verdienen kann. Dafür sollte man die Grundzüge des tatsächlichen Investierens im Gegensatz zum Spekulieren verstanden haben.

Im allgemeinen Sprachgebrauch hat der Begriff »Investieren« eine Vielzahl von Bedeutungen. Zwei sehr gängige sind »Geld in ein Unternehmen stecken« und »Geld in ein Wertpapier stecken«. Die erste Bedeutung beschreibt das Wort »Investieren« als eine gewöhnliche Geschäftstätigkeit, bei der mit einem unternehmerischen Risiko Geld in ein Projekt gesteckt wird, um später ein Einkommen daraus zu generieren. Bei der zweiten Bedeutung wird »Investieren« als Sammelbecken genutzt, um finanziellen Geschäften gemischten Charakters einen seriösen Anstrich zu geben.

Neben diesen zwei gängigen Bedeutungen gibt es auch eine eingeschränkte Beschreibung, welche ich hier behandeln möchte – das Investment im Gegensatz zur Spekulation.

Es gibt mehrere Wege, sich der Unterscheidung von Investieren und Spekulieren zu nähern. Als Erstes möchte ich es über den Nutzen für die Gesellschaft versuchen. Auf der kurzfristig orientierten Spekulationsseite ist die Börse zufällig. Spekulanten gewinnen Geld über Preisdifferenzen. Wenn einer gewinnt, muss ein anderer verlieren. Gäbe es in diesem Bereich der Börse eine Methode, welche funktioniert und rational begründbar ist, würde diese von allen Spekulanten kopiert und damit aufhören zu funktionieren. Die Börse wäre wieder genauso unvorhersehbar wie zuvor.

Wieso ist das so? Als Erstes nehmen wir an, dass ein Spekulant eine Methode gefunden hat, die ihm sicher Börsencrashs vorhersagen könnte. Seine präzisen Vorhersagen oder seine enormen Gewinne würden mittelfristig im Markt auffallen, sodass andere Spekulanten entweder ihn oder seine Methode kopieren würden. Die Methode sagt jetzt einen Crash für nächsten Freitag voraus. Die Information würde aber allen Spekulanten zur Verfügung stehen. Dann kommt der Crash nur früher und damit wieder vollkommen überraschend. Die Verhältnisse für Spekulanten wären wieder zufällig. Somit kann eine gute Spekulationsmethode, wenn überhaupt, nur kurzfristig funktionieren. Für Privatinvestoren ist es noch schwieriger, erfolgreiche Spekulanten zu kopieren, da ihnen die Informationen häufig als Letztes zur Verfügung stehen.

Anders verhalten sich langfristig orientierte Investoren. Für sie ist die Börse ein Werkzeug, um Unternehmen und deren zukünftige Gewinne zu kaufen oder zu verkaufen. Ein Platz, um in die Produktivität von Unternehmen zu investieren. Machen sie dies gut, dann werden sie an der Börse langfristig Geld in Höhe der Produktivität aller Unternehmen verdienen. Wird ein Investor mit einer besonders guten Methode, Unternehmen zu bewerten, kopiert, verbessert dies in erster Linie die Kapitalallokation und damit die Produktivität des eingesetzten Kapitals. Das Kapital verteilt sich besser auf die unterschiedlichen Wirtschaftsgüter. Dies führt zu einer höheren Produktivität der gesamten Wirtschaft und damit zu einem höheren Gewinn aller Investoren.

Um sein Geld möglichst produktiv anlegen zu können, braucht der Investor Informationen und Wissen. Dies gilt sowohl für den großen Fondsmanager, als auch für den einfachen Kleinanleger. Anders ausgedrückt, der Investor braucht so viel Informationen und Wissen, dass er zwischen dem Preis und dem Wert unterscheiden kann. Er sollte auf steigende Kurse setzen und unbegrenzt lange die Anlage halten können.

Der Grund ist einfach: Wenn ein Investor eine Anlage unter ihrem Wert tätigt (investiert), dann kann er im Normalfall kein Geld verlieren. Selbst wenn der Preis fällt, kann er die Anlage für weiteres Einkommen halten und bekommt eine Rendite über seinen Kapitalkosten. Wenn er allerdings, zum Beispiel aufgrund von zu wenigen Informationen, eine Anlage über ihrem Wert tätigt (spekuliert), ist seine einzige Hoffnung, keine Verluste zu machen, sie an jemand anderen zu verkaufen, der wiederum den Verlust in Form von niedrigerem Einkommen hinnehmen muss, da er die Anlage über Wert kaufen muss. Auch der Verkauf einer Anlage, ohne sie zu besitzen, stellt eine Spekulation dar. Bei einem solchen Leerverkauf leiht sich der Spekulant die Anlage und verkauft sie ganz normal an der Börse. Der Anleger setzt darauf, dass der Preis der Anlage fällt, um sie dann günstiger zurückzukaufen und dem Besitzer zurückzugeben. Diese ungedeckten Verkäufe von Anlagen sind zeitlich begrenzt, generieren kein weiteres Einkommen und sind stark vom richtigen Zeitpunkt des Handels abhängig (Timing).

Allgemein kann man sagen, dass ein Investor in etwas Geld steckt und daraus Rückflüsse bekommt. In diesem Sinne ist eine Investition zu jeder Zeit gut für alle Beteiligten. Der Verkäufer bekommt sein benötigtes Kapital, um zu wirtschaften und Gewinn zu machen, und der Investor bekommt im Normalfall eine Rendite.

Spekulanten können dagegen für die beteiligten Personen gut oder schlecht handeln, je nach Bedingungen der spekulierenden Person. Der Ausgang für den Spekulanten ist entweder für ihn selbst oder die Gegenpartei negativ, je nachdem, wie sich die Spekulation entwickelt. Ein einfaches Beispiel ist die zeitlich begrenzte, ungedeckte Wette auf den Verlauf eines Aktienkurses mittels Option. Je nachdem, wie der Aktienkurs zum Stichtag steht, verliert entweder die eine Partei ihren Einsatz, den die andere gewinnt, oder die eine Partei vermehrt ihren Einsatz, den die andere Partei verliert. Falls man spekuliert, sollte man sich der Vertretbarkeit der Spekulation bewusst sein.

Dieser Gegensatz von »gut« und »gut oder schlecht« könnte auch der Grund sein, warum die landläufige Meinung ist, dass solide Staatsanleihen Investitionen darstellen, während Aktien Spekulationen sind. Allerdings halte ich diese Einstellung für gefährlich, da hochwertige Aktien zu einem fairen Preis sehr gute Investitionen sind und – wie die Eurokrise gezeigt hat – solide Staatsanleihen sehr spekulativ sein können.

Zusätzlich bringt der Gegensatz von »gut« und »gut oder schlecht« einige Schwierigkeiten mit sich. Wie Graham und Dodd, die Begründer der modernen Wertpapieranalyse, in ihrem Buch »Security Analysis« feststellen, spricht dieser Gegensatz für zynische Definitionen der Begriffe »Investieren« und »Spekulieren«. So wäre eine erfolgreiche Spekulation ein Investment und eine erfolglose Investition eine Spekulation. Dies ist aber nicht der Fall. Um brauchbare Definitionen der Begriffe abzuleiten, braucht es weiterführende Abgrenzungen. Eine Möglichkeit wäre hinsichtlich der Sicherheit bzw. des Risikos zu unterscheiden. Zwar kann die Sicherheit bei einer Investition niemals als absolut oder vollständig betrachtet werden, aber als Schutz vor Kapitalverlust unter normalen Bedingungen, das heißt für eine Investition in ein Unternehmen zum Beispiel, dass es keine Entwicklung einer disruptiven Technologie gibt. Bei einer intelligenten Spekulation dagegen übernimmt der Spekulant ein Verlustrisiko, das nach sorgsamer Abwägung des Für und Wider für ihn gerechtfertigt ist. So sagt Graham in seinem Buch »Intelligent Investieren«: »Eine Kapitalanlage [Investition] liegt dann vor, wenn sie nach gründlicher Analyse die Sicherheit des eingesetzten Kapitals und einen angemessenen Gewinn verspricht. Anlagen, die diesen Kriterien nicht entsprechen, sind spekulativ.«

Zusätzlich kann man »Investieren« und »Spekulieren« über den Ursprung der Gewinnerzielung abgrenzen. Bei einer Investition geht es um regelmäßige Einkünfte, während die Spekulation Gewinne über die Preisveränderung erzielt. Am Beispiel eines Unternehmens kann man sehen, dass ein Investor, der Geld zur Verfügung stellt, in erster Linie an regelmäßigen Gewinnen interessiert ist. Hierbei ist nicht nur die Dividende gemeint, sondern der tatsächliche Unternehmensgewinn. Je länger der Investor an dem Unternehmen festhält, umso wichtiger werden diese regelmäßigen Gewinne und umso unwichtiger wird der Preis, zu dem er das Investment verkaufen kann. Im Extremfall, einer Familie, die ein Unternehmen über Generationen besitzt, spielt der Preis, zu dem man das Unternehmen am Ende verkaufen kann, kaum eine Rolle. Die Familie investiert ihr Geld bzw. das Geld der Firma in das Unternehmen, um daraus neue Gewinne bzw. regelmäßige Geldrückflüsse zu erhalten. Diese dienen der Unternehmerfamilie zur Finanzierung ihres Lebens und des Unternehmens. Das Einkommen ist also wichtiger als der Preis, für den das Unternehmen verkauft werden kann oder am Ende mehrerer Generationen verkauft wird. Dieses Beispiel zeigt gut, dass ein Investor in Einkommen investiert, während ein Spekulant auf den Preis spekuliert.

Zusammenfassende Abgrenzung:

Investieren	Spekulieren
Langfristig	Kurzfristig
Gewinn über regelmäßige Einnahmen	Gewinn über Preisdifferenz
Verkaufspreis spielt eine untergeordnete Rolle	regelmäßige Einnahmen spielen eine untergeordnete Rolle
Kein Verlustrisiko unter normalen Bedingungen	Verlustrisiko ist abhängig von einem unsicheren Ereignis
Ziel: Verbesserung der Kapitalallokation	Ziel: Übernahme von Risiken
»Gut« für alle Beteiligten	»Gut oder schlecht« für die Beteiligten

Allerdings muss man sagen, dass nach dieser Abgrenzung die meisten Anleger Hybride aus Investoren und Spekulanten sind. Wenn die Preisveränderung Spekulation ist, muss fast jeder Investor die Existenz eines spekulativen Elements in seinen Beteiligungen anerkennen. Ob er sich zu der Kategorie Spekulant zählt, liegt in der Frage, wie hoch dieses spekulative Element gewichtet ist und ob er sich an Unternehmen beteiligt oder in den Wertpapieren nur »Aktien« sieht.

Schlüsselpunkte

- Eine scharfe Trennung von Investieren und Spekulieren gibt es im allgemeinen Sprachgebrauch nicht.
- Fast jeder Investor muss ein spekulatives Element in seiner Anlage anerkennen.
- Gewinne bei Spekulationen werden in erster Linie über die Preisdifferenz generiert. Sie können je nach den zugrunde liegenden Bedingungen für die Beteiligten gut oder schlecht sein. Der Spekulant übernimmt dabei ein Verlustrisiko.
- Gewinne bei Investitionen werden in erster Linie über regelmäßige Einkünfte generiert. Gute Investmentmethoden verbessern dabei die Kapitalallokation und damit die Produktivität des Kapitals. Unter normalen Bedingungen schützen Investitionen vor Kapitalverlust.

DER UNTERSCHIED ZWISCHEN AKTIEN UND UNTERNEHMEN

Viele Menschen denken, es gibt einen fundamentalen Unterschied zwischen Aktien und Unternehmen. Das ist falsch. Für viele Menschen sind Aktien reine Finanzprodukte, die durch eine abstrakte Preisfindung an der Börse ihren Wert bekommen. Als wertorientierter Investor kann man diese Unwissenheit begrüßen, da sie einem ermöglicht, Unternehmen billig zu kaufen und teuer zu verkaufen.

Aktien sind keine Finanzprodukte, sondern Sachwerte, Unternehmensbeteiligungen, um genau zu sein. Sie unterscheiden sich nicht fundamental von dem kleinen Betrieb des Handwerksmeisters um die Ecke oder von der Privatpraxis eines Hausarztes. Aktien stellen eine Investition in ein Unternehmen dar, dieses soll durch seine Tätigkeit einen zukünftigen Ertrag erbringen. Nur die rechtlichen Rahmenbedingungen unterscheiden sich ein bisschen.

Mit einer Aktie erwirbt der Aktionär nur einen Bruchteil des Unternehmens, während der Handwerksmeister und Hausarzt die Unternehmen meistens vollständig besitzen. Gleichzeitig geht der Aktionär nur eine beschränkte Haftung in der Höhe seiner Beteiligung ein, während der Handwerksmeister und Hausarzt je nach Gesellschaftsform auch mit dem eigenen Privatvermögen haften. Identisch ist, dass man, wie bei allen anderen Unternehmensformen, ein Recht auf Gewinnbeteiligung, ein Recht auf Mitsprache und ein Recht auf einen Teil der Liquidationsmasse hat. Darin liegt der Wert einer Aktie. Es ist nicht die abstrakte Preisfindung an der Börse, die durch Emotionen und Herdenverhalten stark beeinflusst wird.

Wie stark diese Beeinflussung ist, sieht man am folgenden Beispiel. Um zu zeigen, welcher Irrsinn an der Börse herrschen kann, vergisst man für einen Moment den Finanzmarkt und stellt sich folgende Frage: Würde man ein schuldenfreies Geschäft bei sich um die Ecke zum Kassenbestand kaufen? Man stelle sich ein lokales Geschäft an einer spärlich befahrenen Nebenstraße vor. Der Eigentümer betreibt das Geschäft seit vielen Jahren mit einem auskömmlichen Einkommen. Das Geschäft wächst nicht und sollte einmal renoviert werden. Der Eigentümer ist ein vorsichtiger Mensch. Er hat den großen Teil seiner Einnahmen gespart und keine Schulden. Nun stelle man sich vor, das Geschäft zu betreten und dem Besitzer weniger als das Geld in der Kasse und den Gegenwert des Lagerbestands für sein Geschäft zu bieten. Der Besitzer würde einen auslachen. Genau das ist es aber, was an der Börse regelmäßig passiert. Die Börse ermöglicht es, manchmal Unternehmen für weniger als den Kassenbestand bei vernachlässigbaren Schulden zu kaufen. Ein solches Angebot würde von jedem Unternehmer richtigerweise als Beleidigung aufgefasst werden, egal wie marginal das Geschäft ist. Doch an den Finanzmärkten werden jeden Tag solche Unternehmen gehandelt, sogenannte Net-Nets, da ihr Preis kleiner als das Netto-Umlaufvermögen ist. Und das Schlimmste daran ist, dass viele Spekulanten und die Finanzwissenschaft es schaffen, so niedrige Bewertungen zu rechtfertigen. Manchmal gibt es tatsächlich Gründe, die gegen eine Investition in ein Net-Net sprechen, zum Beispiel wenn es einen Mehrheitsaktionär gibt, der andere Wege findet, das Geld aus dem Unternehmen zu ziehen. Aber oft liegt die Finanzwirtschaft und damit die Mehrheit des angelegten Geldes einfach falsch.

Als Investor, der sich dem wertorientierten Investieren verschrieben hat, stellt man sich gegen die Psychologie der Börse. Im Gegensatz zu der Meinung vieler Spekulanten kann man auch mit solchen Unternehmen langfristig gutes Geld verdienen. Entweder indem man sein Mitspracherecht geltend macht und vorschlägt, das Unternehmen zu liquideren, und von der Kasse direkt profitiert oder indem man sich an den Dividenden erfreut. Je nachdem, in welcher Laune sich die Börse gerade befindet, haben diese Unternehmen ein sehr gutes Chance-Risiko-Verhältnis.

Schlüsselpunkte

- Es gibt keinen fundamentalen Unterschied zwischen Aktien und Unternehmen.
- Aktien sind Unternehmensbeteiligungen, die einem einen bestimmten Anteil am Unternehmen verbriefen.
- Der Wert einer Aktie liegt in dem zugrunde liegenden Unternehmen. Der Preis einer Aktie wird jedoch oft durch Emotionen und Herdenverhalten an der Börse stark beeinflusst.

DER ZUSAMMENHANG ZWISCHEN KURSSCHWANKUNGEN UND RISIKO

Es stimmt, dass man ohne Risiko an der Börse keinen Gewinn machen kann. Obwohl in der Fachsprache exakt definiert, wird im allgemeinen Sprachgebraucht die Unsicherheit von Merkmalen, Ereignissen, Zuständen oder Funktionen, aber auch die Gefahr oder das Wagnis an sich als Risiko bezeichnet. Risiko beschreibt aber die Wahrscheinlichkeit eines Ereignisses mit einem möglichen negativen (Gefahr) bzw. positiven (Chance) Ausgang.

Beim Investieren bezeichnet das Risiko die Unsicherheit, das eingesetzte Kapital mit ausreichend Gewinn zurückzubekommen. Allerdings hat sich in der Finanzwelt eine andere, sehr eingeschränkte Bedeutung des Begriffs »Risiko« entwickelt. Er wird gleichgesetzt mit der Kursschwankung eines Wertpapiers – der Volatilität. Auch wenn es eine Beziehung zwischen den Kursschwankungen und dem Investitionsrisiko gibt, ist der Zusammenhang nicht hinreichend. Die Unsicherheit über die Kursschwankung spielt ausschließlich für den Spekulanten, der auf die kurzfristige Preisdifferenz setzt, eine Rolle.

In dem Ausmaß, in dem ein Investor in langfristige Anlagen investiert, wird er mit ziemlicher Sicherheit immer wieder mit Kursschwankungen konfrontiert sein. Als langfristig orientierter Investor sollte man diese Tatsachen kennen und sich sowohl finanziell als auch mental darauf vorbereiten: nicht nur auf die Kursverluste, die schmerzen, sondern auch auf mögliche Kursanstiege, die einen Investor leicht zu einer spekulativen Einstellung und Verhaltensweise verführen. Es ist einfach zu sagen, dass man nicht auf Kursveränderungen spekuliert, wesentlich schwieriger ist es, dies auch umzusetzen. Bei einer Investition geht es in erster Linie um regelmäßige Einkünfte, nicht ausschließlich um die Gewinne aus kurzfristigen Preisveränderungen.

Da Aktien stets Kursschwankungen ausgesetzt sind, sollte man sich als wertorientierter Investor überlegen, ob man von den Ausschlägen profitieren kann. Der Weg des Spekulanten läuft über Timing, also die Kursbewegungen am Aktienmarkt vorherzusehen: zu kaufen, wenn die Kurse wahrscheinlich steigen werden, und zu verkaufen, wenn die Kurse vermutlich fallen werden.

Stattdessen sollte der Investor den Weg des Preises wählen. Der Investor kann den wechselnden Preis nutzen, um sich an Unternehmen unter ihrem fairen Wert zu beteiligen und diese über ihrem fairen Wert wieder zu verkaufen. Also günstig zu kaufen und teuer zu verkaufen.

Sollte der Preis nach seinem Kauf weiter fallen, freut er sich darüber, noch günstiger zu kaufen. Denn der Kaufpreis bestimmt die Rendite.

Dies ist mitunter einer der wichtigsten Sätze des wertorientierten Investors und man sollte sich ihn fest einprägen. Je höher der Kaufpreis, desto niedriger die Rendite, und je niedriger der Kaufpreis, desto höher die Rendite. Der Ankaufkurs bestimmt die Rendite und auch das Risiko. Verkauft man zu einem hohen Preis, weiß man, dass man auch bei weiter steigenden Kursen alles richtig gemacht hat. Bei einem Preis über dem Wert einer Anlage fängt man an, darauf zu spekulieren, dass es jemanden anderen gibt, der bereit ist, noch mehr für die Anlage auszugeben. Die laufende Rendite aus regelmäßigen Einkünften stimmt nicht mehr, und das Risiko, mit der Anlage zu wenig Geld zu verdienen, nimmt zu.

Als Beispiel kann ich hier ein gutes Unternehmen aus meiner Heimatstadt nennen: die CEWE Stiftung & Co. KGaA. Das Unternehmen ist ein Fotoentwickler und musste den Wandel von der analogen in eine digitale Welt vollziehen. Ein Wandel, den wesentlich größere Unternehmen aus der Branche, wie die Kodak, nicht geschafft haben. Das Unternehmen hat den Wandel aber frühzeitig angenommen, hatte das richtige Management und eine solide Bilanz, die auch Fehler zugelassen hätte. Diese gute Bilanz hat Anfang des Jahrtausends bei Kursen um 14 Euro einen Hedgefonds angelockt, der den Kauf über Schuldenaufnahme des Unternehmens mit anschließender Dividendenauszahlung finanzieren wollte, in der Fachsprache ein sogenannter Leveraged Buyout (LBO). Der Einstieg des Hedgefonds war damals eine gute Gelegenheit, da er zeigte, dass das Unternehmen trotz der Risiken über die solide Bilanz günstig bewertet war. Man konnte es also am Markt unter seinem eigentlichen fairen Wert kaufen. Der anschließende Anstieg des Kurses trotz vorübergehender Einbrüche durch die Finanzkrise war ein Resultat der guten Managementführung und einer vorteilhaften Verwendung der Unternehmensgelder. Das Unternehmen konnte seinen Wert also weiter steigern, und die Aktionäre, die unter diesem Wert gekauft hatten, haben von dem Wertanstieg über den Kurs profitiert. Das Unternehmen hat neue Geschäftsfelder erschlossen, wie den Online-Druck, und die Gelder aus dem schrumpfenden analogen Fotoentwickeln in neue Produkte, wie das Fotobuch, gesteckt. Der Investor, der günstig gekauft hatte, konnte von der hohen Dividendenrendite und der guten Geschäftsentwicklung profitieren. Allerdings hat sich der Kurs seit der Finanzkrise 2007–2009 überproportional auf über 90 Euro Ende 2016 entwickelt und war damit dem operativen Geschäft entlaufen. Anhand der damaligen Kennzahlen, wie einer Dividendenrendite von < 2 Prozent und einem Kurs-Gewinn-Verhältnis von > 20 konnte man nicht mehr von einer günstigen Investition sprechen. Wenn man zu diesen Kursen die Aktie gekauft hätte oder behielt, konnte man sich sicher sein, unterproportionale Dividenden für mehrere Jahre zu bekommen und darauf warten zu müssen, dass das operative Geschäft dem Kursverlauf nachkommen würde – oder man musste mit hoher Wahrscheinlichkeit mit Kursverlusten in den nächsten Jahren rechnen. Ein Verkauf der Aktie wäre in diesem Fall, obwohl das Unternehmen und das Management sehr gut sind, unter Umständen, aber nicht auf jeden Fall, die bessere Wahl, um nicht zu spekulieren. Auf den genauen Zeitpunkt, wann man verkaufen soll, gehe ich im zweiten Teil dieses Buches noch näher ein.

Schlüsselpunkte

- In der Finanzwelt ist der Begriff »Risiko« gleichbedeutend mit dem Begriff »Kursschwankung«. Für den echten Investor ist es die Unsicherheit, sein eingesetztes Kapital mit ausreichend Gewinn zurückzubekommen.
- Der langfristig orientierte Investor sollte sich sowohl finanziell als auch mental auf starke Kursschwankungen einstellen. Dabei können sowohl starke Kursverluste als auch Kursgewinne dem Investor Probleme bereiten.
- Der Kaufpreis eines Wertpapiers bestimmt die Rendite und damit auch das Risiko eines Value Investors.

WAS IST DAS RISIKO EINES WERTEORIENTIERTEN INVESTORS?

Der größte Feind des wertorientierten Investors ist der Zweifel an seiner Haltung. Das größte Risiko ist deshalb er selbst. Hat man einen fairen Unternehmenswert bestimmt, dann spielt die Börse meistens nicht mit.

Nicht selten notiert der Aktienkurs weit über diesem fairen Wert. Abzuwarten, obwohl man ein aussichtsreiches (nur eben zu teures) Unternehmen im Fokus hat, ist schwierig. Fällt der Aktienkurs tatsächlich und notiert unter dem fairen Wert, stellen viele Investoren ihre Analyse infrage und denken, dass etwas mit dem Unternehmen nicht stimmt. Oft warten sie weiter ab, weil sie glauben, die Aktie noch billiger bekommen zu können.

»Greife nie in ein fallendes Messer« ist in diesem Zusammenhang eine viel zitierte Börsenweisheit, die für einen wertorientierten Investor nur bedingt hilfreich ist. Wenn ein Aktienkurs einbricht und unter den fairen Wert fällt, ohne dass es hierfür handfeste Gründe gibt (zum Beispiel drohende Insolvenz, strukturelle Veränderung des Marktes, Veränderung der politischen Rahmenbedingungen), dann sollte man zugreifen. Ein wertorientierter Investor freut sich über fallende Kurse und füllt mit günstigen Unternehmen sein Portfolio. Und wenn der Kurs dann noch weiter fällt? Na und? Wer nicht auf die reine Kursveränderung spekuliert und seine Hausaufgaben gemacht hat, den sollte dies nicht belasten. Der Wert des Unternehmensanteils hat sich durch die Kursverluste nicht verändert.

Aktien sind keine Finanzprodukte, sondern Unternehmensbeteiligungen. Als wertorientierter Investor kauft man Unternehmen, keine Aktien. Das heißt, das zweite Risiko eines langfristig orientierten Investors ist ein unternehmerisches Risiko, kein Aktienkursrisiko. Beteiligt man sich an einem Unternehmen, beteiligt man sich an dessen Zukunft. Die Zukunft ist niemals klar: Möchte man Gewissheit haben, muss man dafür einen hohen Preis zahlen. Unsicherheit gehört deswegen zum Leben eines jeden Unternehmers und langfristig orientierten Investors.

Risiko: Veränderung des Kaufverhaltens

Gegen ein Investment spricht, wenn das Geschäft nicht mehr so läuft, wie es soll. Dabei kann zum Beispiel die Veränderung des Kaufverhaltens dazu führen, dass Produkte und Dienstleistungen veralten. So werden Schreibmaschinen, Kutschen oder auch Videotheken nicht mehr benötigt. Investoren, die weiter auf einen dauerhaft im Volumen fallenden Markt setzen, gehen ein hohes Risiko eines dauerhaften Wertverlustes ein; unabhängig davon, wie sich der Börsenkurs entwickelt. Dabei ist die Unterscheidung zwischen strukturellem Rückgang und einem einfachen Konjunkturzyklus nicht einfach, wie wir später noch sehen werden. Die schöpferische Zerstörung ging dabei in vielen Branchen noch nie so schnell voran wie heute. Die Vernetzung durch das Internet ermöglicht es heute, Neuerung weltweit in kürzester Zeit zu vermarkten. Nokia war vor wenigen Jahren noch unangefochtener Marktführer einer Wachstumsbranche und wertvollstes Unternehmen Europas. Mit nur einem Produkt, dem iPhone von Apple, hat Nokia nicht nur diese Position verloren, sondern musste sich aus dem Geschäft mit Mobiltelefonen zeitweise vollständig zurückziehen.

Risiko: Fremdfinanzierung

Ein weiterer handfester Grund gegen ein Investment ist die Gefahr des Leverage bzw. der Fremdfinanzierung - sowohl auf Unternehmensebene als auch auf privater Ebene. Der wohl tödlichste Grund, aus dem Aktien preiswert sein können, sind zu viele Schulden. Ein Unternehmen sollte immer doppelt so viel besitzen wie Schulden haben – also mindestens 50 Prozent Eigenkapital. Eine Regel, die sich seit dem letzten Jahrhundert nicht geändert hat. Zwar werden wir später noch sehen, dass es unterschiedliche Methoden zur Berechnung dieser Quote gibt, aber wenn man die zinstragenden Schulden nimmt, gilt diese Quote nahezu ohne Einschränkung.

Risiko: wenige Projekte, Lieferanten, Kunden oder Produkte

Ein weiteres Risiko hat man bei Unternehmen, die nur wenige Projekte gleichzeitig bearbeiten können oder nur wenigen Lieferanten oder Abnehmern gegenüberstehen. Diese Unternehmen sind vom Wohlwollen und der Gesundheit dieser Partner abhängig. Investoren sollten diese Unternehmen in den meisten Fällen meiden und sich lieber auf die Partner konzentrieren, das heißt dort investieren. Sollte es nämlich einem der Partner schlecht gehen, gefährdet dies meistens das abhängige Unternehmen zu einem noch größeren Grad. Es drohen Kapitalerhöhungen oder sogar die Insolvenz. Die Kapitalerhöhung ist eine Form der Finanzierung eines Unternehmens durch die Erhöhung des Eigenkapitals. Die Unternehmensanteile bestehender Investoren werden bei einer Kapitalerhöhung verwässert, das heißt, ihnen gehört anteilig weniger am Unternehmen, wenn sie nicht bereit sind, die Kapitalerhöhung mitzumachen und dem Unternehmen frisches Geld zur Verfügung zu stellen.

Das gleiche erhöhte Risiko von Kapitalerhöhung und Insolvenz gilt auch für Unternehmen, die über einen bestimmten Zeitraum nur ein oder wenige Projekte bearbeiten können. Meistens sind dies große Projektgeschäfte, die über mehrere Jahre abgewickelt werden. Bei solchen Projekten, wie zum Beispiel dem Bau von Bergwerken, Kraftwerken oder Autobahnen, ist nicht nur die Bilanzierung über mehrere Jahre schwierig, sondern vor allem das Risiko groß, dass Probleme im Projekt das gesamte Unternehmen gefährden. Meistens drohen auch hier Kapitalerhöhungen oder Insolvenz.

Zusätzlich haben Unternehmen mit wenigen Produkten und Produktkategorien ein erhöhtes Risiko. Zwar liegt das Hauptrisiko hier im Kaufverhalten, ändert sich diese, haben Unternehmen mit nur wenigen Produkten aber größere Probleme als Unternehmen, deren Geschäft sich auf viele Produkte und Produktkategorien verteilt.

Risiko: regulatorische Vorgaben

Neben Unternehmen mit rückläufigem Geschäft, zu hoher Verschuldung oder Klumpenrisiken können auch regulatorische Vorgaben ein Problem für Unternehmen sein. So sind Unternehmen mit bestehenden Tarifverträgen risikobehafteter als diejenigen, die Löhne frei festsetzen können. Wenn Konkurrenten ohne die Last von Tarifverträgen agieren, sind diese Tarifverträge wie eine zusätzliche Finanzverbindlichkeit zu sehen. Das Gleiche gilt für Pensionsverpflichtungen. Hierbei sind insbesondere leistungsorientierte (defined-benefit) Pensionspläne mit größter Vorsicht zu betrachten. Demgegenüber haben die beitragsorientierten (defined-contribution) Pensionspläne ein relativ geringes Risiko, da die Höhe der Rente kapitalgedeckt ist und von der Performance des zugrunde liegenden Investments abhängt. Beim leistungsorientierten Plan bekommt der Pensionär dagegen eine bestimmte festgelegte Rente, unabhängig vom eingezahlten Betrag des Unternehmens und der Performance des zugrunde liegenden Investments. Dies kann insbesondere im Falle von fallenden Zinsen, wie in den letzten Jahren, oder schlechten Anlageentscheidungen der Pensionsverwalter zu Finanzierungslücken in der Rentenkasse führen. Diese Lücken sind vom Unternehmen mit Bargeld und notfalls durch Kapitalerhöhungen aufzufüllen und können die Rendite des Unternehmens über Jahre schmälern.

Risiko: Subventionen

Ebenfalls als gefährdete Unternehmen sind jene zu betrachten, die hohe Umsätze nur durch Subventionen oder politische Entscheide aufrechterhalten können. Neben zum Beispiel Agrarunternehmen, Energieversorgern und Erneuerbare-Energie-Unternehmen sind dies auch Unternehmen, die übermäßig durch Aufträge der öffentlichen Hand profitieren. Steht der Staat unter Sparzwang, wie es heute bei den meisten westlichen Ländern der Fall ist, oder wechselt die Regierung und damit die politische Förderung, bekommen die meisten der Unternehmen in den geförderten Branchen existenzielle Probleme.

Risiko: Betrug

Als letztes großes Risiko für wertorientierte Investoren ist noch der Unternehmensbetrug oder Abrechnungsbetrug zu nennen. Zwar sind betrügende Unternehmen die absolute Ausnahme, aber für Investoren besteht fast keine Möglichkeit, den Betrug zu erkennen. Als allgemeinen Rat kann man sagen, dass man sich als Investor von Unternehmen fernhalten sollte, die einen übertrieben komplizierten Eindruck machen. Weicht man auf Branchen aus, die der Otto Normalverbraucher kennt und versteht, ist die Gefahr geringer, betrogen zu werden. Zusätzlich sind Unternehmen zu bevorzugen, die schon lange am Markt etabliert sind. Am besten ist man mit den Produkten schon selbst in Kontakt gekommen und versteht, welche Faktoren für die Herstellung, den Verkauf und insbesondere auch für einen Kaufentscheid wichtig sind. In diesem Zusammenhang gefallen mir Massenartikel des täglichen Bedarfs, wie aus der Medien-, Nahrungsmittel- und Hygienebranche, kurzlebige Haushaltswaren, Restaurantketten, aber auch Internet- und Software-Konzerne mit nützlichen Produkten und einem profitablen Geschäftsmodell.

Diese hier aufgeführten Risiken sind im Gegensatz zu den Preisveränderungen an der Börse echte Risiken, die ein Investor eingeht. Um diese Risiken zu reduzieren, hilft es »Nein, danke« sagen zu können. Die meisten Unternehmen, die ich mir ansehe, fallen in die Kategorie »Nein, danke«. Man ist nicht gezwungen, ein Unternehmen zu kaufen, und wenn man sich an einem Unternehmen beteiligt, sollte man dies wie ein echter Unternehmer tun. Man sollte sein Unternehmen mit Stolz betrachten und es so weit wie möglich kennen. Man sollte bereit sein, das Unternehmen über mehrere Jahre zu halten, und damit leben können, wenn sich der Kurs halbiert. Dies geht nur, wenn man die echten Risiken so gering wie möglich hält und so oft wie nötig »Nein, danke« sagt. Zusätzlich sollte man nicht kurzfristig auf das Geld angewiesen sein. Nichts ist schlimmer, als sich von einem Unternehmen trennen zu müssen, weil man muss, statt weil man es möchte. Ist man nicht in der Lage, eine Aktie über mehrere Jahre zu halten, sollte man sie nicht einmal für wenige Minuten besitzen. Die Frage, die sich einem jetzt stellt, ist: Warum gibt es für wertorientierte Investoren die Möglichkeit, eine hohe Rendite bei niedrigem Risiko einzugehen? Und weshalb wird dieses gute Risiko-Rendite-Verhältnis nicht von allen Anlegern genutzt?

Schlüsselpunkte

- Unsicherheit und Risiko gehören zum Investieren. Das größte Risiko eines Value Investors ist er selbst und seine eigenen Handlungen. Alle weiteren Risiken sind unternehmerischer Natur.
- Die größten unternehmerischen Risiken sind eine Veränderung des Kaufverhaltens, Fremdfinanzierung, Konzentration bei Projekten, Lieferanten, Kunden oder Produkten, regulatorische Vorgaben, Subventionen und Betrug.
- Um das Risiko des eigenen Portfolios zu minimieren, hilft es, »Nein-Danke« zu Investments mit größerem Risiko zu sagen.

IMMER DAS BESTE RISIKO-RENDITE-VERHÄLTNIS

Grundsätzlich gilt: Rendite und Risiko stehen in einer positiven Beziehung zueinander. Das heißt, möchte man eine höhere Rendite, muss man ein größeres Risiko eingehen. Dieser Grundsatz gilt vor allem bei Kreditgeschäften: Banken verlangen von jemandem mit höherem Ausfallrisiko höhere Zinsen. Ausgehend von dieser Grundlage gilt, dass Aktien ein größeres Risiko beinhalten als Wandelanleihen, die wiederum ein größeres Risiko beinhalten als Anleihen. Hier wird klar in Hierarchie des Ausfallrisikos abgestuft und danach sollte sich die Rendite richten. Dieser Grundsatz gilt ohne Ausnahme, wenn alle anderen Faktoren, die den Preis eines Wertpapiers zusätzlich beeinflussen können, konstant gehalten werden.

Zieht man allerdings andere Faktoren hinzu, wie zum Beispiel die Liquidität aus dem magischen Dreieck der Vermögensanlage, können Anlagen mit gleichem Risiko unterschiedliche Renditen abwerfen. Das magische Dreieck des Geldanlegens besagt, dass jede Anlage und deren Preis durch drei Merkmale bestimmt werden: die Sicherheit (oder auch Risiko genannt), die Rentabilität (oder auch der Gewinn) und die Liquidität (oder auch die Handelbarkeit der Anlage). Diese Kriterien sind nicht einzeln zu betrachten, da sie sich gegenseitig beeinflussen.

Magisches Dreieck der Geldanlage

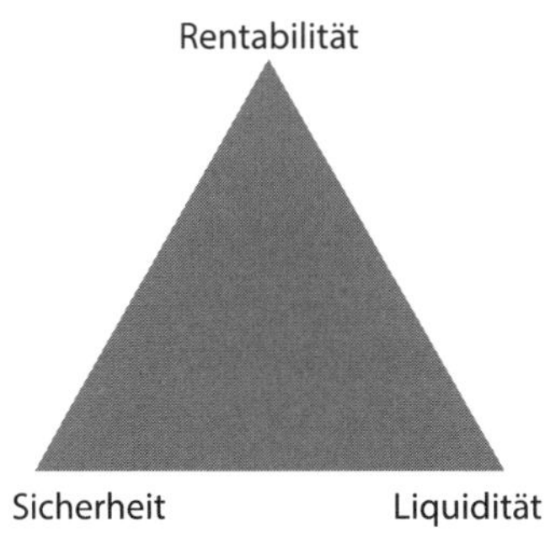

Allerdings ist auch diese Betrachtung stark vereinfacht. Die Preisbestimmung eines Wertpapiers hängt von vielen Faktoren ab, zu denen auch Massenpsychologie und menschliche Emotionen gehören. Entgegen der

Meinung vieler Finanzexperten lassen sich all diese Faktoren nicht genau bestimmen und beeinflussen sich gegenseitig. Man spricht auch von einem chaotischen, nicht linearen, dynamischen System, vielen bekannt durch den Schmetterlingseffekt. Dieser besagt, dass schon die kleinste Veränderung eines Parameters unvorhersehbare Folgen haben kann oder dass der Flügelschlag eines Schmetterlings in China einen Sturm in Europa auslösen kann. Diese ernüchternde Erkenntnis gilt für den Preis einer Anlage, nicht jedoch im gleichen Maße für dessen zugrunde liegenden Wert. Dieser wird in erster Linie von sogenannten fundamentalen Faktoren bestimmt, die über die Zeit stabil(er) sind. Sie lassen eine Wertbestimmung zu. Wenn man sagt, dass der Preis eines Wertpapiers von vielen Faktoren beeinflusst wird, der Wert aber nicht, dann kann man mit einer wertorientierten Anlage-Einstellung und überdurchschnittlicher Geduld, wie wir gleich sehen werden, höhere Renditen bei geringerem Risiko erreichen als der Durchschnittsanleger.

So kann das Verhältnis zwischen Risiko und Rendite des wertorientierten Investors asymptotisch sein, jedoch braucht es einen sehr viel höheren Aufwand als ein durchschnittliches Risiko mit einer durchschnittlichen Rendite eines durchschnittlichen Anlegers. Beim wertorientierten Investieren werden Aktien und Wertpapiere gekauft, deren aktueller Kurs deutlich unter dem inneren Wert liegt. Der innere Wert als Wert, dem man sich über fundamentale Kriterien versucht zu nähern. Verkauft wird, wenn man eine Anlagealternative hat und das Unternehmen am Markt wieder fair bewertet ist oder das Unternehmen überbewertet wird. Wichtig ist die konsequente Umsetzung dieser Strategie. Nur dann können deutlich höhere Renditen mit niedrigerem Risiko erzielt werden.

Die zentrale Säule beim wertorientierten Investieren stellt dabei die *Sicherheitsmarge* dar, die sich aus der Differenz des inneren Unternehmenswertes und dem Preis an der Börse ergibt. Sie verändert das Risiko-Rendite-Verhältnis positiv zugunsten des Value Investors. Eine universelle Richtlinie für die Sicherheitsmarge gibt es nicht. Sie ist abhängig vom Unternehmen, der Branche und dem Investor. Jeder Investition geht deshalb eine Analyse der fundamentalen Unternehmensdaten voraus. Hat man mithilfe dieser einen Unternehmenswert bestimmt, wartet man auf den richtigen Abschlag. In der Regel bewegt sich dieser zwischen 30 Prozent und 50 Prozent. Je höher der Sicherheitsabschlag ist, umso unwahrscheinlicher ist ein dauerhafter Kapitalverlust bzw. umso geringer ist das echte Risiko, nicht das Kursschwankungsrisiko.

Ausgehend vom Kaufpreis, den der wertorientierte Anleger mit einem hohen Abschlag zum fairen Wert bezahlen möchte, heißt dies: Je höher der Kaufpreis, desto niedriger die Rendite und gleichzeitig desto höher das Risiko; und je niedriger der Kaufpreis, desto höher die Rendite und gleichzeitig desto niedriger das Risiko. Aus diesem Grund freut sich der Value Investor über fallende Kurse und nutzt diese zum Kaufen.

Gleichzeitig, kann er, wie jeder andere Investor auch, seine Rendite durch die Höhe der Aktienquote aktiv steuern, dies verändert aber auch sein Risikoprofil in einem linearen Verhältnis. Einen Schritt weiter kann der Investor dann noch mit der Aufnahme von Krediten gehen, allerdings erhöht er damit überproportional sein Risiko.

Schlüsselpunkte

- Grundsätzlich gilt, wenn alle anderen Faktoren gleich gehalten werden, muss man ein größeres Risiko eingehen, um eine höhere Rendite zu bekommen.
- Die Preisbestimmung und damit die kurzfristige Rendite einer Aktie hängen von vielen Faktoren ab, zu denen auch menschliche Emotionen gehören. Der Wert des Unternehmens und damit die langfristige Rendite einer Aktie werden dagegen von wenigen und stabileren Faktoren bestimmt.
- Der Value Investor kann durch den Vergleich des Wertes mit dem Preis und genügend Zeit das Risiko-Rendite-Verhältnis zu seinen Gunsten verschieben.
- Je höher der Sicherheitsabstand eines Wertpapiers zum inneren Wert ist, umso geringer ist das Risiko und umso höher die Rendite.

EIGEN- VS. FREMDKAPITAL

Ob man sich nun für oder gegen das aktive wertorientierte Investieren entscheidet: Man muss wissen, welches Risiko man eingehen möchte, und danach seine Anlageform wählen. Fürchtet ein Anleger zum Beispiel das

Risiko, erhöht er seine Anleihequote. Ist ein Anleger risikofreudig, erhöht er seine Aktienquote. Ist er ein Hasardeur, nimmt er Kredite auf und kauft mehr Aktien, als er Vermögen hat. Diese Anlageform erhöht seine Renditechance, aber gleichzeitig auch überproportional sein Risiko. Dies gilt auch für den Value Investor, der versucht, über Schulden seinen Ertrag zu hebeln. Nimmt man zusätzlich Fremdkapital auf, muss man sich sicher sein, dass man das geliehene Geld und die Zinsen auf jeden Fall bedienen kann. Genauso wie Unternehmen müssen Anleger, wenn sie ihre Monatsraten nicht mehr zahlen können, als Erstes Vermögensgegenstände verkaufen: Immobilien, Aktien, Maschinen, Möbel und weitere verzichtbare Aktiva. Ein Verkauf erfolgt in solch einem Fall nicht immer zum besten Preis. Kann man keine Vermögensgegenstände mehr abstoßen, dann machen Unternehmen und Privatpersonen das Gleiche: Sie melden Insolvenz an.

Ein Verständnis von Eigen- und Fremdkapital und der individuellen Tragfähigkeit von Fremdkapital ist deshalb für jeden Investor wichtig.

Das Fremdkapital (häufig auch Verbindlichkeiten genannt) sind sämtliche Schulden gegenüber Dritten. Normalerweise wird es in kurzfristiges (Laufzeit bis ein Jahr) und langfristiges (Laufzeit über ein Jahr) Fremdkapital unterteilt. Bei Unternehmen gehören zum langfristigen Fremdkapital in erster Linie Anleihen, zum kurzfristigen noch nicht bezahlte Lieferantenrechnungen. Daneben gibt es wie bei Privatpersonen Bankkredite, Darlehen, Kreditkartenschulden und Ähnliches.

Kredite sind nicht generell negativ zu sehen. Mit ihrer Hilfe lassen sich kurzfristige Wünsche erfüllen oder die Rendite steigern. Allerdings ist die Aufnahme von Schulden, um sich kurzfristig Wünsche zu erfüllen, unter dem Gesichtspunkt der Geldanlage schlecht. Gute Schulden haben dagegen einen niedrigen Zinssatz und die damit getätigte Ausgabe einen hohen erwarteten Ertrag. Man spricht in solchen Fällen auch von Financial-Leverage – dem Hebeln der Leistungskraft in der Erwartung eines insgesamt höheren Nutzens. Bei Unternehmen spiegelt sich das Financial-Leverage dabei in der Fremdkapitalquote wider. Die Fremdkapitalquote ist das Verhältnis von Fremdkapital zum Gesamtkapital:

$$Fremdkapitalquote\ in\ \% = \frac{Fremdkapital}{Gesamtkapital}$$

Eine niedrige Fremdkapitalquote senkt das Insolvenzrisiko, aber auch die mögliche Rendite, und umgekehrt. Die Fremdkapitalquote muss im Verhältnis zur Branche betrachtet werden. So haben traditionell Unternehmen aus zyklischen Branchen, wie Stahl, Maschinenbau und Anlagenbau, eine niedrigere Fremdkapitalquote als Unternehmen aus anderen Branchen, wie zum Beispiel der Einzelhandel oder Konsumgüterhersteller. Dieser Zusammenhang zeigt, dass die Fremdkapitalquote allein nicht ausreicht, um die Schuldenlast zu bewerten. Ebenso wichtig ist es, das Fremdkapital und die Zinslast im Verhältnis zur Ertragskraft zu betrachten. Man spricht dann auch von der dynamischen Fremdkapitalquote und dem Zinsdeckungsgrad.

Bei der dynamischen Fremdkapitalquote gilt, dass das Verhältnis von Fremdkapital geteilt durch den normalisierten jährlichen freien verfügbaren Geld-Rückfluss die Zahl 3 nicht überschreiten sollte. Die Kennzahl sagt aus: Wenn künftig mindestens Rückflüsse auf demselben Niveau erwirtschaftet und keine außergewöhnlichen Ausgaben getätigt werden, dass das Unternehmen drei Jahre braucht, die Schulden vollständig zurückzuzahlen.

Bei dem Zinsdeckungsgrad gilt, dass die Zinslast im Verhältnis zur erwarteten normalisierten Rendite nicht grösser als ein Drittel sein sollte. Eine normalisierte Rendite bedeutet dabei eine Rendite, die das Unternehmen in einem durchschnittlichen Geschäftsjahr erwirtschaften kann. Da das Geschäft der meisten Unternehmen Konjunkturzyklen unterliegt und der Ertrag schwankt, sollte man für die Kennzahlen weder ein besonders gutes, noch ein besonders schlechtes Jahr aussuchen. Stattdessen wählt man den Durchschnitt über einen Konjunkturzyklus oder ein durchschnittliches Jahr mit einer normalen Rendite.

Für den Privatinvestor gelten ähnliche Annahmen. Gute Schulden dienen einer Investition, mit der man einen Ertrag erzielt. Konsumkredite und Verbraucherschulden sind dagegen schlecht. Der Zinssatz von guten Krediten sollte trotzdem nicht mehr als ein Drittel der erwarteten Ertragskraft betragen. Erwartet man auf eine Investition 12 Prozent Rendite, sollte der Zinssatz der dafür aufgenommenen Schulden nicht mehr als 4 Prozent betragen. Am Beispiel einer Wohnanlage kann man dies gut verdeutlichen. Bekommt man 900 Euro Miete im Monat, sollte die

Zinslast für das Objekt unter 300 Euro im Monat liegen. Oder wenn man die Wohnung selber bewohnt: Würde man in einer vergleichbaren Wohnung für 900 Euro zur Miete wohnen, sollte die Zinslast trotzdem kleiner 300 Euro sein. Dies geht meistens nur über entsprechenden Eigenkapitaleinsatz. Dass eine Zinslast von ein Drittel der erwarteten Ertragskraft in den meisten Fällen bei Eigennutzung nicht eingehalten wird, mit der Argumentation, man brauche ein Dach über dem Kopf, deshalb zahle man sowieso die 900 Euro, ist auch verständlich. Trotzdem ist es von einem Financial-Leverage-Standpunkt leichtsinnig. Einmal kann man eine Mietwohnung einfach kündigen und in eine günstigere umziehen. Und zweitens, wenn man gleich viel Zins wie Miete zahlt, ist man vollständig von der Preisentwicklung der Immobilie abhängig. Man hat das Risiko, dass man bei einer schlechten Marktentwicklung und einer Abnutzung der Immobilie Wert verliert. Wie Aktienpreise steigen auch Immobilienpreise nicht immer. Ihre Preisentwicklung ist nur wesentlich intransparenter.

Grundsätzlich sollte man Fremdkapital mit äußerster Vorsicht nutzen und, wenn möglich, immer meiden. Fremdkapital ist aus Sicht des Eigenkapitalgebers negativ zu sehen, wenn nicht gesichert ist, dass die Geldrückflüsse ausreichen, dieses zu bedienen. Wichtig ist, dass die Tilgung und die Zinszahlung unter allen normalen Umständen zu bedienen sein müssen.

Hierzu eine kleine Geschichte aus meiner Vergangenheit, die erklärt, warum ich sehr vorsichtig gegenüber Verschuldung bin.

Eines der ersten Unternehmen (die Pfleiderer AG), in das ich investiert habe, hatte zu viel Fremdkapital und ging pleite. Mein damaliger Verlust betrug ca. 90 Prozent meiner Anlagesumme. Die Pfleiderer AG war zum Zeitpunkt meines Kaufs 2009 ein holzverarbeitendes Unternehmen mit Schwerpunkt Flachpressplatten (Spanplatten). Sie gehörte weltweit zu den führenden Herstellern in diesem Bereich. Pfleiderer hatte ein Geschäftsmodell, welches ich verstand. Ich hatte durch meine freiwillige Arbeit für Habitat for Humanity auf dem Bau in den USA als Kunde mit ihren Produkten zu tun. Meine damalige Überlegung war: Der geschäftliche Einbruch Pfleiderers liegt hauptsächlich an der schwachen Baubranche, ausgelöst durch die Subprime-Krise in den USA 2007. Die Überproduktion in der Branche sollte sich beim Aufschwung von selbst lösen. Als einer der größten Spieler am Markt sollte Pfleiderer eigentlich über

Kostenführerschaft an Marktanteil gewinnen. Was ich unterschätzt habe, waren die Schulden, die das Unternehmen belasteten. Pfleiderer ist zu einem der größten Spieler aufgestiegen, weil es durch teure Akquisitionen vor 2007 gewachsen ist. Diese haben den Schuldenberg rasant wachsen lassen. Pfleiderer war überschuldet. Ein Restrukturierungsplan mit Kapitalerhöhung, bei der Schulden in Eigenkapital umgewandelt wurden, hat dann zu einer massiven Verwässerung der Aktien durch die Gläubigeranteile geführt. Die Gläubiger haben die Altaktionäre durch ihren berechtigten Anspruch enteignet. Was ich damals unterschätzt hatte, war die schlechte Bilanz bzw. die finanzielle Situation. Pfleiderer war in einem wirtschaftlichen Abschwung nicht in der Lage, seine Schulden zu bedienen. Als Konsequenz gehe ich heute hoch verschuldeten Unternehmen aus dem Weg und betrachte die aufgenommenen Schulden im Vergleich zu dem in der Vergangenheit erwirtschafteten Gewinn und Geld-Rückfluss, insbesondere auch demjenigen, der in wirtschaftlich schwierigen Zeiten erbracht wurde. Die daraus erhaltene Kennzahl zeigt zusammen mit der Fremdkapitalquote einfach die Tragfähigkeit der Schulden und schützt mich vor zukünftigen Fehlinvestitionen, wie der Pfleiderer AG.

Demgegenüber ist Eigenkapital als positiv für die Solvenz anzusehen. Das Eigenkapital, als Gegenstück zum Fremdkapital, kann errechnet werden, indem man von allen Vermögensgegenständen des Unternehmens das Fremdkapital (Schulden) abzieht. Es ist der Teil des Vermögens, der den Besitzern zusteht, das heißt im Falle einer Aktiengesellschaft den Aktionären. Die Eigenkapitalquote ist das Verhältnis vom Eigenkapital zum Gesamtkapital:

$$Eigenkapitalquote\ in\ \% = \frac{Eigenkapital}{Gesamtkapital}$$

Eine hohe Eigenkapitalquote senkt das Insolvenzrisiko. Für Investoren, die nicht auf eine Verwertung der Vermögensgegenstände setzen, ist das Eigenkapital ein Sicherheitspuffer für schlechte Zeiten. Es schützt den Investor davor, dass das Unternehmen bei Problemen von den Gläubigern zwangsliquidiert wird. Insgesamt ist es als Vorteil anzusehen, wenn Unternehmen nicht auf außenstehende Geldgeber zurückgreifen müssen, sondern ihre Investitionen über die Innenfinanzierung, die einbehaltenen Gewinne, bezahlen können. Das Eigenkapital gehört, anders als das Fremdkapital, für unbegrenzte Zeit dem Unternehmen. Eine Beteiligung, zum Beispiel über Aktien, verspricht dem Besitzer, am wirtschaftlichen Erfolg des Unternehmens teilzuhaben.

Schlüsselpunkte

- Unter Fremdkapital versteht man sämtliche Schulden einer Person oder eines Unternehmens gegenüber Dritten. Eigenkapital sind alle Vermögenswerte abzüglich aller Schulden.
- Über Fremdkapital lässt sich die Rendite, aber auch das Risiko hebeln. Wenig Fremdkapital senkt das Insolvenzrisiko. Viel Fremdkapital erhöht das Insolvenzrisiko. Das Eigenkapital stellt dagegen einen Sicherheitspuffer für schlechte Zeiten dar.
- Gute Schulden aus Sicht eines Investors haben niedrigere Zinsen als der erwartete Ertrag der mit den Schulden getätigten Anlage.
- Fremdkapital sollte je nach Branche im Verhältnis zum Kapital und immer nach der Zinslast zur Ertragskraft beurteilt werden. Hierbei sollten die Zinsen weniger als ein Drittel der normalisierten Rendite ausmachen.

EIN PLÄDOYER FÜR DIE AKTIE: WIESO AKTIEN UND NICHTS ANDERES?

Die Aktie stellt eine Eigenkapital-Finanzierung dar. Eigenkapital ist das Rückgrat unseres Wirtschaftssystems – der sozialen Marktwirtschaft. Die Aktie ist kein reines Spekulationsobjekt, wie es einige Wirtschaftsakteure manchmal gerne sehen, sondern eine Unternehmensbeteiligung. Die Aktie stabilisiert und steuert zu einem großen Teil unser Wirtschaftssystem. Mit der Aktie beteiligt man sich am Produktivkapital unserer Wirtschaft und kann damit Unternehmen, welche man für gut befindet, unterstützen. Gesellschaftlich sollte die Aktie einen höheren Stellenwert einnehmen als die vermeintlich sichere Anleihe. Mit dem Fremdkapital (Anleihen) hebelt man Risiken. Mit Eigenkapital (Aktien) kann man aus unternehmerischer Sicht unsichere und schwierige Phasen abfedern. Damit ist nicht gesagt, dass man blind Aktien kaufen sollte, sondern nur, dass man Aktien(Eigen-)kapital unterstützen sollte.

Unternehmen im klassischen Sinne sind Unternehmungen, bei denen sich Menschen zusammenfinden und organisieren, um ein gemeinsames Ziel zu erreichen. Sie sollen die Menschheit voranbringen. Solche Unternehmungen müssen finanziert werden. Wenn eine Unternehmung vorrangig kommerzielle Ziele hat, wie Umsatz und Gewinn, dann erfolgt die erste Finanzierung meistens über Eigenkapital. Wie beim Hausbau sind die meisten Personen sich der Risiken beim Gründen nicht bewusst. Eine Eigenkapitalfinanzierung sichert so die Existenz über die ersten Jahre und bildet einen Puffer gegen unerwartete Ausgaben und Ereignisse.

Unternehmen aller Größen und Branchen helfen dabei, Produkte und Dienstleistungen zu schaffen und Arbeitsleistung zu verteilen. Sie steuern zu einem gewissen Grad Innovationen und tragen über die erbrachte Wertschöpfung dazu bei, dass die gesellschaftlichen Steuern gezahlt werden. Sie erhalten und steigern im Idealfall damit unser Sozialsystem und unseren erreichten Wohlstand. Die Aktie begünstigte die wirtschaftliche und gesellschaftliche Entwicklung seit dem 19. Jahrhundert bis heute. Sie half der Industrialisierung durch die Dampfmaschine, der Mobilisierung durch das Auto, der Automatisierung durch Elektrotechnik, und ohne sie würde es auch kein Silicon Valley in jetziger Form mit der heutigen rasanten digitalen Entwicklung geben.

Mit dem Kauf einer Aktie wird man Teilhaber am Wirtschaftsleben, der dieses unterstützt und von ihm profitiert. Statt sein Geld passiv von Banken in Fremdkapital stecken zu lassen, wird man mit dem Kauf von Aktien ein hoffentlich verantwortungsvoller Unternehmer, der nicht nur sich selbst, sondern indirekt über die Wertschöpfung und die Steuer auch das Gemeinwohl unterstützt.

Eigenverantwortung ist beim Investieren in Aktien dabei die oberste Pflicht. Neben einer guten Selbsteinschätzung und der Kenntnis über den eigenen Anlagehorizont, gehört auch dazu, die Aktie nicht als reines Finanzinvestment, sondern als Stimme für die wirtschaftliche Entwicklung unser aller Zukunft zu sehen. Es macht sehr wohl einen Unterschied, ob man mit seinem Geld Versorger mit einem hohen Kohle- und Atomstrommix oder einen Windparkbetreiber unterstützt. Es macht einen Unterschied, ob man sein Geld im liberalen Amerika oder im kommunistisch-diktatorischen China investiert. Jedes bewusst angelegte Geld signalisiert der Organisation und dem Markt, auf dem richtigen Weg zu sein, jedes abgezogene Geld, auf dem falschen Weg zu sein. Wenn wir zum Beispiel Coca-Cola kaufen, befürworten wir damit stillschweigend seine Produkte und die Art, wie das Unternehmen geführt wird. Wenn man ein Unternehmen kauft, welches in Entwicklungsländern die Wasserreserven ausbeutet, unterstützt man dieses Verhalten.

Natürlich versucht man, mit jeder Investition zu den ökonomischen Gewinnern zu gehören. Dabei können die verwerflichsten und meist riskantesten Unternehmen zum richtigen Preis exzellente Renditen erzielen. Aber die kurzfristige ökonomische Komponente darf beim Aktienkauf nicht die einzige Triebfeder sein. Bei gesellschaftlich schwierigen Geschäftsmodellen steht die kurzfristige Rendite im Mittelpunkt. Der wirtschaftliche Erfolg eines Unternehmens hängt aber langfristig von einem guten Produkt ab, welches einen Nutzen für Menschen innerhalb einer Gesellschaft stiftet. Ein Unternehmen, welches diese Aspekte außer Acht lässt, wird langfristig scheitern. Da man als Aktionär in erster Linie Miteigentümer eines Unternehmens ist, sollte man Interesse am langfristigen Erfolg des Unternehmens haben. Anders als bei Fremdkapital, wie zum Beispiel bei Anleihen, ist das eingezahlte Geld durch Aktien erst einmal auf unbestimmte Zeit im Unternehmen gebunden.

Demgegenüber steht die spekulative Komponente der Aktie. Hier wird versucht, über Preisdifferenzen oder durch technische Fehler an den Börsen Gewinne zu erzielen. Aber Spekulation ist heutzutage schwierig. Erstens sind die Börsen relativ effizient. Es ist heute weniger wichtig, den richtigen Preis beim Börsenhandel zu finden oder gar durch häufiges Handeln marginale Preisunterschiede auszunutzen. Zudem gilt, wie wir zuvor gesehen haben, bei diesen spekulativen Geschäften: Wenn einer gewinnt, muss die Gegenseite verlieren. Und zweitens entsteht eine echte Rendite im Unternehmen und nicht an der Börse. Ist dieser Satz »Rendite entsteht im Unternehmen, nicht an der Börse!« wahr, und das behaupte ich, so ist es verwunderlich, dass die Aktie zumindest in Deutschland einen schlechten Ruf hat. Aktien sind Unternehmen.

Wichtig ist, dass es um den Wert des Unternehmens und nicht den Preis an der Börse geht. Der schlechte Ruf der Aktie liegt nicht im Wert, sondern in ihrer Bewertung. Während der Wert der Aktie durch das Unternehmen relativ stabil ist und die Wirtschaftsentwicklung unterstützt, schwankt die Bewertung in Form des Aktienkurses oder Preises täglich. Da sich die meisten Menschen von dem konkreten Preis an der Börse und dessen täglichen Schwankungen stärker beeinflussen lassen als vom tatsächlichen Wert der Aktie bzw. des Unternehmens, kommt es an den Börsen oft zum Phänomen der Masseneuphorie oder -panik, die dem Wert der Aktie nicht gerecht werden. Sie produzieren genauso viele Gewinner wie Verlierer. Verantwortungsvolle Anleger konzentrieren sich deshalb auf den Unternehmenswert und unterstützen damit nicht nur ihren eigenen Geldbeutel, sondern auch die gesellschaftliche und wirtschaftliche Entwicklung.

Schlüsselpunkte

- Mit der Aktie beteiligt man sich am Produktivkapital unserer Wirtschaft und kann damit Unternehmen, welche man für gut befindet, unterstützen.
- Aus dem Investieren in Aktien erwächst eine Verantwortung, da man mit dem Aktienkauf einer bestimmten wirtschaftlichen Entwicklung seine Stimme gibt.
- Als Aktionär ist man Miteigentümer eines Unternehmens und sollte ein Interesse am langfristigen Erfolg des Unternehmens haben.
- Eine echte Rendite entsteht im Unternehmen und nicht an der Börse.

ANLEIHEN ALS ALTERNATIVE ZUR AKTIE

Neben der Möglichkeit, sein Geld in Aktien zu investieren, gibt es eine weitere schon erwähnte und bedeutende Möglichkeit, sein Geld in Unternehmen zu stecken – durch Kredite. Dies geschieht in erster Linie über

Anleihen. Diese stellen ein Zahlungsversprechen des Unternehmens dar, das eingezahlte Geld zuzüglich eines Zinssatzes zum Ende oder während der Laufzeit in einem zuvor bestimmten Rhythmus zurückzuzahlen.

Da das Geld dem Unternehmen nicht gehört, sondern es ihm nur leihweise zur Verfügung steht, spricht man, wie schon erwähnt, aus Unternehmenssicht von Fremdkapital. Fremdkapital macht aus Unternehmersicht wirtschaftlich oft Sinn. Zum Beispiel, wenn sich ein Unternehmen durch Lieferantenkredite finanzieren kann. Die prominentesten Beispiele dafür sind die deutschen Discounter. Während ihr gängiges Zahlungsziel meist 30 Tage ist, verkaufen sie ihre Waren innerhalb weniger Tage gegen bares Geld, sodass Sie für die restliche Zeit dieses Geld verwenden können, um ihre Geschäfte zu finanzieren. In solchen Fällen spricht man von negativem Umlaufvermögen oder von negativem Working Capital. Aufgrund der Geschäftsstruktur stellen Lieferanten einen gratis Kredit zur Verfügung. Dies ist eine der besten Formen der Fremdfinanzierung, da sie nichts kostet. Dagegen sind Anleihen wie Bankkredite mit Kosten (Zinsen) und erhöhtem Risiko für das Unternehmen verbunden.

Interessant ist, dass sich viele Unternehmen und staatliche Institutionen mit Fremdkapital versorgen. Dadurch gibt es im Anleihenmarkt einen Überfluss an Wertpapieren mit verschiedenen Qualitäten, Laufzeiten und Zinsen. Dies unterscheidet ihn von anderen Finanzmärkten, insbesondere dem Aktienmarkt. Als einfacher Anleger sollte man in erster Linie hinsichtlich der Qualität wählen und erst im zweiten Schritt die Laufzeit und Rendite in Betracht ziehen. Einer der Gründe dafür ist, dass die Investitionen in Fremdkapital immer das Risiko mit sich bringen, in einen betrügerischen Charakter zu investieren. 100 Prozent Eigenkapital ist eine ehrliche Sache. Wenn man von jemandem klauen will, dann von jemand anderem, sodass Betrüger gerne Fremdkapital benutzen. Insbesondere wenn dieses in niedriger Qualität daherkommt, wie es zum Beispiel bei Genussscheinen der Fall ist. Genussscheine sind eine Art Eigenkapital im Mantel einer Anleihe. Sie sind nachrangig und werden im Falle einer Insolvenz erst bedient, wenn alles andere Fremdkapital zu 100 Prozent zurückgezahlt wurde.

Auch hier habe ich schon meine Erfahrungen gemacht, allerdings ohne dabei Geld zu verlieren. Nachdem ich in der U-Bahn auf ein Investment hingewiesen wurde, dazu noch einen Flyer im Briefkasten hatte, am Abend vor den Nachrichten einen Werbespot über ebendiese Anlage sah (alles Indikatoren, die mich stutzen lassen) und von Freunden und Familie genau nach dem Investment in Genussscheine gefragt wurde, habe ich mich näher mit dem Unternehmen Prokon beschäftigt.

Prokon hat eigenständig Windanlagen und -parks entwickelt, diese betrieben und den Strom verkauft. Weder gab es regelmäßige öffentlich zugängliche Geschäftsberichte noch hatte man einfach Zugang zu einem Konzerngeschäftsbericht nach einem gängigen Rechnungslegungsstandard, wie IFRS oder US-GAAP. Stattdessen gab es nur eine undurchsichtige Auflistung der Gewinn-und-Verlust-Rechnungen der einzelnen Geschäftsbereiche ohne eine Auflistung interner Geschäftsbeziehungen, wie es in einer konsolidierten Bilanz üblich wäre. Die Folge war, dass durch die einfache Summierung aller Abteilungsgewinne das Unternehmen sehr profitabel aussah. Allerdings sind die größten Gewinne in der Projektentwicklungsabteilung angefallen, die ausschließlich durch Geschäfte mit der eigenen Windanlagen-Betreiberabteilung zustande kamen. Die Projektentwicklungsabteilung hat die Kosten inkl. angefallener Gewinne bilanziert und über einen langen Zeitraum abgeschrieben. Die Gewinne sind also nur auf dem Papier entstanden und nicht durch Geschäftsbeziehungen mit außenstehenden Kunden. Prokons Geschäft mit Dritten wäre eigentlich der Verkauf von Strom aus den Windanlagen gewesen, den die Kunden mit Cash bezahlt hätten. In einer ordentlichen Konzernbilanz wären dagegen die Gewinne der internen Geschäfte aus dem Projektgeschäft neutralisiert worden, bei Prokon nicht.

Prokon hat Kapitaleinlagen im Betreibergeschäft durch das Projektgeschäft in Erlöse umgewandelt, um die Zinsen der Genussscheine zu bedienen. Rechtlich konnten die Genussscheinzinsen nur durch entsprechende Gewinne, nicht durch Kapitaleinlagen bezahlt werden. Da das Geschäft nicht profitabel genug war, hat Prokon interne Geschäfte in Gewinne gewandelt. Diese internen Buchungen gingen so lange gut, wie Prokon genug neues Geld einsammeln konnte und damit neue Anlagen planen und entwickeln konnte. Ab dem Moment, wo das nicht mehr der Fall war, ist Prokon schnurstracks in die Insolvenz gelaufen und die Genussscheininhaber mussten einen Teil ihres eingezahlten Geldes abschreiben.

Erfahrenen Investoren ist aufgefallen, dass die von Prokon berichteten Zahlen nicht 100-prozentig zusammenpassten. Trotzdem war es nicht auf den ersten Blick ersichtlich, dass das Unternehmen wesentlich unprofitabler arbeitet als von den Verantwortlichen dargestellt.

Das Ende vom Lied war, dass die Genussrechte ausgefallen sind. Während der anschließenden Planinsolvenz wurden die Genussrechtsscheine dann in Genossenschaftsanteile (klassisches Eigenkapital) und eine klassische Anleihe gewandelt. Trotz der guten Maßnahmen sind die Anleger auf einem Millionenschaden sitzen geblieben. Für eine Insolvenz muss man in diesem Fall von einer geglückten Sanierung sprechen. Alle Anleger, die nach einer sicheren Anlage gesucht haben, wurden jedoch enttäuscht. Sie sind von Prokon hinters Licht geführt worden und haben unbewusst in eine hochriskante Anlage investiert.

Schlüsselpunkte

- Aus unternehmerischer Sicht ist Fremdkapital sinnvoll, insbesondere wenn es sich um zinsfreie Darlehen wie Lieferantenkredite handelt.
- Im Anleihemarkt gibt es einen Überfluss an Wertpapieren mit verschiedenen Qualitäten, Laufzeiten und Zinsen. Bei Anleihen sollte der einfache Investor in erster Linie hinsichtlich der Qualität wählen.
- Genussscheine sind eine Art Eigenkapital im Mantel einer Anleihe. Sie sind mit großer Vorsicht zu genießen.

WANN SIND ANLEIHEN AKTIEN ÜBERLEGEN?

Normale Investoren sollten sich von hochverzinslichen Anleihen, wie Genussscheinen, fernhalten. Sie sind mit erstklassigen Anleihen besser beraten. Insgesamt kann man im hochverzinsten Junk-Bond-Markt (wörtliche Übersetzung: Müll-Anleihe-Markt) zwar höhere Gewinne erzielen, insbesondere bei negativen Entwicklungen des Unternehmens bergen diese Anleihen jedoch viele Risiken. Diese reichen von Teilverlusten durch sogenannte Hair-Cuts (wörtliche Übersetzung Haarschnitte), wie man sie zur Euro-Krise in Griechenland gesehen hat, bis hin zum Totalverlust. Zwar ist es richtig, dass zweitklassige Anleihen oft ein günstigeres Risiko-Rendite-Verhältnis bieten, grundsätzlich sollte man beim Kauf einer solchen Anlage aber nach jenen Kriterien vorgehen, die man beim Kauf von Unternehmensbeteiligungen anzuwenden pflegt – eine vollständige Unternehmensanalyse. Dies erfordert mehr Informationen und Wissen.

Im Gegensatz zu Junk-Bonds und Aktien, deren Preis von einer Vielzahl von Faktoren bestimmt wird, bestimmt sich der Kurs von erstklassigen Anleihen in erster Linie aus der Meinung über den zukünftigen Zinssatz. Dies macht erstklassige Anleihen berechenbarer als Aktien und damit aus einem einfachen Blickwinkel weniger riskant. Anleihen sind aus diesem Grund und weil sie sich als andere Anlageklasse teilweise anders verhalten als Aktien eine gute Beimischung für das Portfolio eines Investors, der sein Risiko senken möchte. Der Grund liegt im Verhältnis von Fremd- zu Eigenkapital. Wenn ein Unternehmen versucht, seine Eigenkapitalrendite durch die Aufnahme von Fremdkapital zu hebeln, funktioniert dies, solange die Gesamtrendite größer ist als die Fremdkapitalkosten (bzw. die Fremdkapitalgeberrendite). Das heißt, im natürlichen Zustand muss die Rendite von festverzinslichen Wertpapieren kleiner als die Rendite von Eigenkapitalgebern sein. Dies wird auch unterstützt vom ersten Grundsatz der Kapitalanlage: Rendite und Risiko stehen in einer positiven Beziehung zueinander.

Gewinnschwankungen und Verluste werden vom Eigenkapital aufgenommen und abgefedert, bevor sie das Fremdkapital angreifen. Dies senkt das Ausfallrisiko von Zahlungen an den Fremdkapitalgeber gegenüber dem Eigenkapitalgeber.

Ein Sonderfall sind Staatsanleihen. Hier gibt es kein wirtschaftliches Ausfallrisiko und im Normalfall auch kein Eigenkapital wie bei Unternehmen. Praktisch hängt die Sicherheit vom Rückzahlungswillen des Landes bzw. der Regierung und dem Vertrauen in die Währung bzw. die Leistungsfähigkeit des Landes ab. Aus diesem Grund sind demokratische Länder mit großen Volkswirtschaften, bei denen das Volk die Mehrheit der eigenen Staatsanleihen hält, zu bevorzugen. Eine demokratisch gewählte Regierung wird es tunlichst unterlassen, sich gegen das eigene Volk zu stellen und dieses mit einem Zahlungsausfall zu enteignen, wenn sie den Wunsch hat, wiedergewählt zu werden. Sie wird versuchen, den perfiden, aber genauso effektiven Weg der Inflation zu wählen, und genügend Geld drucken, um die Kredite zu bedienen.

Insbesondere im Fall von Staatsanleihen zeigt sich der aus meiner Sicht größte Nachteile vom Fremdkapital besonders deutlich. Das Mitspracherecht des Investors ist begrenzt, es sei denn die Entwicklung ist stark negativ. Ist man aber erst einmal an einem Punkt angekommen, an dem die Ausfallwahrscheinlichkeit hoch ist, wie im Beispiel Griechenlands nach der großen Finanzkrise 2007, ist eine Einflussnahme meistens zu spät.

Aufgrund der Sicherheit, welche durch das Eigenkapital als Risiko-Puffer gegeben wird, gibt es seltener Anomalitäten und damit Chancen auf ein günstiges Risiko-Rendite-Verhältnis bei erstklassigen Unternehmensanleihen. Aufgrund ihrer meistens marktgerechten Bewertung stellen sie für einen Investor, der seine Rendite und sein Risiko durchschnittlich senken möchte, trotzdem eine gute Alternative dar, indem er einen Teil seines Portfolios mit erstklassigen Anleihen auffüllt. Zudem gibt es für einen aktiven Investor ab und zu Zeiten, in denen hochverzinsliche Anleihen aufgrund des bereits hohen Ausfallrisikos dem Eigenkapital vorzuziehen sind. Dies ist meistens dann der Fall, wenn es so scheint, als sei das Eigenkapital zum größten Teil aufgebraucht, und Anleihepreise verrücktspielen. Diese Zeiten sind normalerweise kurz und müssen höhere Gewinne versprechen als eine erstklassige Unternehmensbeteiligung, da das durch diese Anlage finanzierte Geschäft selten sicher ist und wie immer gilt: Rendite und Risiko stehen in einem positiven Verhältnis zu einander.

In einem solchen Fall sollte man auch beim Kauf eines festverzinslichen Wertpapiers nach jenen Kriterien vorgehen, die man beim Kauf von Unternehmensbeteiligungen anzuwenden pflegt. Das heißt, man muss sich die Rentabilität, Sicherheit und Liquidität des emittierenden Unternehmens genau ansehen. Allerdings liegt das Hauptaugenmerk beim Kauf einer Anleihe auf der Sicherheit und Liquidität, weniger auf der maximalen Rentabilität des Unternehmens. Für den Fremdkapitalgeber ist entscheidend, dass genügend Geldrückflüsse generiert werden, um seine Ansprüche zu decken. Ob das Unternehmen zusätzlich Geld erwirtschaftet oder nicht, spielt für ihn keine Rolle.

Große Verwerfungen bei Anleihen gibt es dann, wenn ein tatsächliches Ausfallrisiko wahrgenommen wird. Dieses hängt, wie bei Aktien, vom Produkt, der Strategie, den Mitarbeitern, dem Standort, der Struktur, dem Management und dem wirtschaftlichen Umfeld des Unternehmens ab. Im Falle eines erhöhten Ausfallrisikos kann der Kurs von Anleihen stark übertreiben. Insbesondere, wenn das Ausfallrisiko abrupt steigt und von einer erstklassigen Anleihe mit sogenanntem »Investment-Grade« zum Junk-Bond wird, sind viele institutionelle Investoren gezwungen, diese Anleihe in kurzer Zeit zu jedem Preis zu verkaufen, und viele private Investoren schließen sich Hals über Kopf dem Ausverkauf an. Die Kursabschläge auf solch eine Anleihe sind meist besonders heftig.

Miterlebt habe ich das bei der Insolvenz von General Motors 2008/2009. Zur damaligen Zeit verlor das Unternehmen nach sieben Jahrzehnten den Titel »größter Automobilkonzern der Welt« an Toyota. Ich habe während dieser turbulenten Zeit in eine Anleihe investiert. Die damals erstklassige Anleihe fiel innerhalb kürzester Zeit auf den Kurs von 2 US-Dollar für einen Nominalwert von 100 US-Dollar, um kurz danach wieder auf über 30 US-Dollar zu steigen. Der Nominalwert beschreibt dabei den Betrag, den das Unternehmen am Ende der Laufzeit verspricht zurückzuzahlen. Insgesamt ein berauschendes Erlebnis, welches mich zu meinem zweiten Junk-Bond-Investment geführt hat: der Praktiker AG, einer ehemaligen deutschen Baumarktkette, deren Insolvenz ich als Anleihehalter miterleben durfte. Eigentlich sah das Chancen-Risiko-Verhältnis gut aus, trotzdem war meine Investition ein Desaster mit mehr als 90 Prozent Wertverlust vor Steuern.

Was ich in meiner Analyse nicht berücksichtigt hatte und mich hoffentlich von zukünftigen Investments in Junk-Bonds abhalten wird, ist, dass bei einem Investment in Junk-Bonds eine überdurchschnittliche Kenntnis der Rechtsstruktur des Unternehmens vonnöten ist. Bei General Motors hatte ich einfach Glück. Bei der Praktiker AG nicht. Die Praktiker-Anleihe hatte eine erstklassige Seniorität und stand damit eigentlich auf gleicher Höhe wie alle Bank-, Lieferanten- und sonstige Verbindlichkeiten ohne Rang. Eine Liquiditätsrechnung hatte ergeben, dass genug Vermögen im Konzern vorhanden war, um die Anleihe zu dem Kurs zu bedienen, bei dem ich gekauft hatte. Die Spekulation schien mir ziemlich gut: Entweder Praktiker geht pleite, dann würde ich mein Geld wiederbekommen oder Praktiker überlebt, dann hätte ich meinen Einsatz innerhalb von zwei Jahren ungefähr verdreifacht.

Leider hatte ich die Holdingstruktur der Praktiker AG übersehen. Die meisten Gläubiger hatten ihre Schulden bei den Töchtern der Praktiker AG, und während die Praktiker AG für die Töchter einsprang, war dies andersherum nicht der Fall. Die Seniorität der Anleihe war damit nicht gegeben. Statt gleichbehandelt zu werden, wie alle anderen Gläubiger, war die Anleihe nachrangig. Am Ende war meine Liquiditätsanalyse sogar zu konservativ, allerdings ist kaum etwas von den Vermögenswerten bei den Anleihegläubigern geblieben, sondern wurde zuvor an die Gläubiger der Tochterunternehmen ausgeschüttet. Ich hatte also einen großen Parameter übersehen, der mich fast meinen gesamten Einsatz gekostet hat.

Heute bin ich zu der Erkenntnis gekommen, dass der Kauf von Anleihen weder zu meinen favorisierten Anlageformen zählt noch dass ich damit langfristig die höchsten Gewinne erziele. Anleihen bieten die Möglichkeit, Vermögenswerte kurzfristig zu parken, wenn man erstklassige Anleihen in sichere Unternehmen wählt. Zum Beispiel Unternehmen, die Güter des täglichen Gebrauchs verkaufen und damit hohe Cashflows erzielen. Während man sein Geld in erstklassigen Anleihen parkt, kann man auf die Chance warten, das richtige Unternehmen zu kaufen und eine langfristige Aktienbeteiligung einzugehen. Zudem kann man Anleihen dazu nutzen, sein Portfoliorisiko als passiver Investor zu senken.

Beim aktiven Kauf von Hochzins-Anleihen, wie Junk-Bonds von der Finanzbranche genannt werden, braucht es jedoch die gleichen Kenntnisse und den gleichen Zeitaufwand wie bei der aktiven Auswahl von Aktien und damit ein tiefes Verständnis von Unternehmertum und unserem Wirtschaftssystem. Wenn ich diesen Aufwand betreibe, investiere ich für meinen Teil lieber in Aktien bzw. das Eigenkapital von Unternehmen, um damit einen Mehrwert zu schaffen.

Schlüsselpunkte

- Bei zweitklassigen Anleihen ist das Risiko-Rendite-Verhältnis oft günstiger als bei erstklassigen Anleihen. Allerdings sollte man bei solchen Anleihen die gleichen Kriterien wie bei einem Unternehmenskauf anwenden. Der Preis von erstklassigen Anleihen definiert sich dagegen in erster Linie über die Prognose des Zinssatzes.
- Erstklassige Anleihen sind aufgrund ihrer Eigenschaften eine gute Beimischung für das Portfolio eines Investors, der sein Risiko senken möchte.
- Bei Anleihen ist das Mitspracherecht von Investoren begrenzt, bis sie sich stark negativ entwickeln. Beim Kauf einer stark im Kurs gefallenen Anleihe liegt das Hauptaugenmerk auf der Sicherheit und Liquidität, weniger auf der Rentabilität des Unternehmens.
- Staatsanleihen sind ein Sonderfall, da sie kein wirtschaftliches Ausfallrisiko besitzen, sondern in erster Linie vom Rückzahlungswillen des Landes abhängen.

WIRTSCHAFTS- VS. GELDSYSTEM

Kommen wir zu der Frage, warum es für die Gesellschaft besser ist, einen Euro in Unternehmen investiert zu haben als einen Euro Geldwerte zu besitzen? Oder einfacher: Wer oder was schafft eigentlich im ökonomischen Sinne Wert? Hier stimme ich mit der Meinung einiger Ökonomen, wie auch Karl Marx, überein: Nur Arbeit schafft Wert. Wobei sich bei mir der Begriff »Arbeit« nicht allein auf die Produktion bezieht, sondern auch auf die geistige Arbeit in der Forschung und Entwicklung und die Entscheidungen im Management. Der Begriff »Arbeit« bezieht sich auf menschliche wertschöpfende Tätigkeiten.

Prinzipiell kann man argumentieren, dass für nichts anderes bezahlt wird als für Arbeit. Jedes Produkt, vom Brot bis zum Tablet, stellt die in ihm erbrachte Arbeit dar. Die verwendeten Vorprodukte sind nur so viel wert wie die Arbeit, die in ihnen steckt. Auch sind Rohstoffe wertlos, bis sie durch menschliche Arbeit und Maschinen, die durch menschliche Arbeit entstanden sind, aus der Erde geholt werden. Arbeit ist sozusagen die Mutter aller Wertschöpfung.

Kapital in abstrakter Form ist Geld. Es kann gegenüber Arbeit für sich selbst genommen keine Wertschöpfung für die Gesellschaft erbringen. Wertschöpfung ist hierbei einfach die Differenz zwischen dem Wert des neuen Produktes und dem Wert der dafür benötigten Vorleistungen (inkl. Abschreibungen, also Maschinen, und Amortisation, also immaterieller Leistungen). Es ist die Summe aller erbrachten neuen Arbeitsleistung. Um Mehrwert zu schaffen, muss sich jemand neue Produkte und Produktionsverfahren ausdenken, jemand muss begrenzte Ressourcen (Vorleistungen) zuteilen und jemand muss produzieren (die Differenz erschaffen).

Kapitalismus bzw. Kapital in seiner abstrakten Form hilft insbesondere beim Zuteilen der begrenzten Ressourcen. Betrachtet man die Vergangenheit, gab es kein System, was dies bisher besser geschafft hätte. Gleichzeitig ist es, wie jedes von Menschenhand geschaffene System, unvollkommen und schafft regelmäßig unproduktive Arbeit. Unproduktive Arbeit ist Arbeit, die keinen Mehrwert schafft, sogar wenn diese Arbeit im Kapitalismus als notwendig erscheint oder sozial nützlich ist.

Häufig ist zum Beispiel staatliche Umverteilung sozial nützliche Arbeit ohne Mehrwert. Man nimmt dem einen und gibt dem anderen, ohne dass durch diese Handlung immer Mehrwert in der Gesellschaft geschaffen wird. Bei stark fehlerhafter Umverteilung kann es sogar zu dem Effekt der Wertvernichtung kommen, wie man in der Geschichte anhand aller kommunistischen Staaten gesehen hat.

Demgegenüber ist das Finanzsystem mit seiner Gier nach mehr Geld, nicht Mehrwert, häufig ebenfalls die Speerspitze der unproduktiven Arbeit. Ich will nicht missverstanden werden: Das Finanzsystem ist die meiste Zeit ein sehr effizientes Werkzeug für die Zuteilung von Ressourcen, wie auch kluge Umverteilung Mehrwert schaffen kann. In dem Moment, wo sich die Zuteilung der Ressource im Finanzmarkt jedoch auf die reine Preisveränderung reduziert und nicht mehr auf die wertschöpfende Tätigkeit, kann es zu unproduktiver Arbeit kommen, die der realen Wirtschaft Wertschöpfungskraft entzieht.

Geht es nur noch um die Preisveränderung ohne Kenntnis des zugrunde liegenden Wertes (gebundene Arbeit) können Blasen und Krisen entstehen, welche die gesamtvolkswirtschaftliche Wertschöpfung reduzieren. Im Idealfall sollte der Preis immer gleich dem Wert der Arbeit bzw. der Wert der zukünftigen Arbeitsersparnis, sein. Der Kapitalismus versucht mit seiner Marktfunktion eine Annäherung an diesen Wert zu finden.

Preise, die über oder unter dem realen Wert liegen, zeigen unter- oder überproduktiv angelegte Ressourcen. Dabei ist die Frage nach dem realen Wert natürlich eine subjektive und nicht vollständig zu klären. Grundsätzlich gilt: Jede langfristige Anlage, die in der Hoffnung auf Wachstum des zugrunde liegenden Wertes getätigt wird, ist gut für das Wirtschaftssystem. Dies ist in erster Linie eine Unternehmensbeteiligung. Gleichzeitig kann man sagen, dass ein bezahlter Preis, ausschließlich in der Hoffnung geleistet, einen höheren Preis in der Zukunft zu erzielen, auf Unter- oder Unproduktivität hindeutet.

Damit ist jegliche langfristige Anlage in Form von Bargeld, Gold oder anderen Formen, die ausschließlich auf Preisveränderungen hinzielen, nicht zu fördern. Natürlich hat Geld seine Daseinsberechtigung, diese bezieht sich aber in erster Linie auf günstige Transaktions- und Teilungskosten gegenüber einer reinen Warenwirtschaft. Das Lagern von Geld, um später einen größeren Wert zu haben, schafft jedoch keinen realen Wert.

Schlüsselpunkte

- Nur Arbeit schafft Wert. Kapital kann gegenüber Arbeit für sich selbst genommen keine Wertschöpfung für die Gesellschaft erbringen.
- Kapitalismus und das Finanzsystem helfen insbesondere beim Zuteilen begrenzter Ressourcen. Reduziert sich die Zuteilung von Ressourcen jedoch auf die reine Preisveränderung und nicht auf die wertschöpfende Tätigkeit, kann es zu unproduktiver Arbeit kommen.
- Preise, die über oder unter dem realen Wert liegen, zeigen unter- oder überproduktiv angelegte Ressourcen.

GELDVERMÖGEN: DIE MÄR DER VERMÖGENSVERNICHTUNG

Jede Anlagemöglichkeit hat ihre Vor- und Nachteile. Ich bevorzuge Aktien, aber jede Alternative ist genauso gut, wenn man den Wert des Anlageobjektes bestimmen kann. Der Wert wird meistens in der jeweiligen Währung, in dem der Investor oder die Anlage beheimatet ist, bestimmt und ist damit einem Geldwert gleichzusetzen. Da es für jeden Anleger Situationen gibt, in denen man nicht investiert sein möchte bzw. auf eine neue Transaktion wartet, sollte man grundsätzlich ein Verständnis für die Kasse (bzw. Geldvermögen) haben. Für einige Sicherheits- und Liquiditätsfanatiker stellt Geldvermögen sogar die Hauptanlageklasse da. Dies ist extrem unproduktiv und vernichtet in erster Linie Vermögen und Wertschöpfung. Deswegen ist Liquidität für mich nur eine Option für das richtige Investment zur richtigen Zeit, keine Anlage. Oder anders ausgedrückt: Geld gibt mir die Handlungsfreiheit, um in Aktienmarktkrisen kaufen zu können.

Ich klammere Bargeld als Anlageform des Geldvermögens einmal aus. Ein Vorteil von Bargeld gegenüber einem Girokonto oder Termingeld erschließt sich mir nicht. Diejenigen, die argumentieren, dass Bargeld unter dem Kopfkissen sicherer sei, weil die Bank es einem nicht wegnehmen könne, haben unser Geldsystem nicht verstanden. In den meisten Ländern muss zumindest bis 100.000 Euro bei beiden Anlagen ein Vertrauen in unser wirtschaftspolitisches System existieren. Ein Zusammenbruch der Banken und eine Vernichtung der Einlagensicherung wird es in unserem System nur mit einem Zusammenbruch der Devisen geben. Dann ist auch das Bargeld unterm Kopfkissen nur so viel wert, wie das Papier, auf dem es gedruckt wurde. Es gibt keinen Bargeldvorteil, solange man nicht auf dem Bio-Bauernmarkt um die Ecke einkaufen will. Und: Ich bin mir sicher, auch dort akzeptiert man oft schon EC- und Kredit-Karten.

Drei Gründe sprechen für Geld als Anlage des Wartens auf die richtige Gelegenheit: Sicherheit, Liquidität und »begrenzter« Inflationsschutz. Diese Gründe gelten auch für ähnliche Anlagen, wie zum Beispiel kurzfristige erstklassige Staatsanleihen.

Mit Geld hat man die höchste nominale *Sicherheit*, das heißt unter jeglichen Umständen bleiben 100 Euro mindestens 100 Euro. Dazu, wie viel diese 100 Euro wert sind, komme ich später.

Mit Geld hat man außerdem die höchstmögliche *Liquidität*. Per Gesetz ist in den meisten Ländern festgehalten, dass eine Geldschuld in der jeweiligen Landeswährung getilgt werden kann. Wird zum Beispiel in Deutschland einem Verkäufer eine Bezahlung in Euro (Banknoten oder Münzen) angeboten, so muss er diese annehmen und kann nicht fordern, auf eine andere Weise bezahlt zu werden. Dies gilt auch für die Situation, dass man Unternehmensbeteiligungen über die Börse kaufen möchte. Man kann also seine Zahlschuld immer mit der jeweiligen offiziellen Landeswährung begleichen, sofern nichts anderes vereinbart ist.

Und zur Überraschung vieler Leser: Mit Geldvermögen hat man *»begrenzten« Inflationsschutz*. Insbesondere die Leser, die meinen, sich mit Wirtschaft auszukennen, haben wahrscheinlich aufgeschrien. Aber: Kurzfristige Geldanlagen sind im begrenzten Umfang ein guter Inflationsschutz. Warum? Die Antwort ist denkbar einfach. Gibt es Inflation, die von der Notenbank »kontrollierbar« ist, wird die Notenbank auf höhere Inflation mit höheren Zinsen reagieren. Diese werden alle neu emittierten kurzfristigen Anleihen mindestens erbringen. Zudem kann ein Investor mit einem Giro- oder Tagesgeldkonto bei einer Sparkasse oder einer Geschäftsbank ebenso hohe Zinsen erzielen wie mit erstklassigen Anleihen mit kurzer Restlaufzeit. Der Zinssatz für Geldkonten wird in der Zukunft im Verhältnis zum Anleihezinssatz vielleicht sinken, doch unter den gegenwärtigen Bedingungen und bei entsprechendem Wettbewerb zwischen den Banken sind sie für Privatanleger ein geeigneter Ersatz für kurzfristige Anleihen. Ein möglicher Zinsanstieg durch die Zentralbank wird normalerweise mit einer Verzögerung an die Kunden weitergegeben, wie auch direkt beim Kupon von neu emittierten Anleihen. Das heißt, durch höhere Inflation wird auch das Konto höher verzinst.

Wer sich die Mühe macht, sein Geld wirklich immer in ein Konto oder neue kurzfristige erstklassige Anleihen mit möglichst hoher Verzinsung zu stecken, der wird feststellen, dass der Wertverlust vor Steuern und nach Inflation gegen null tendiert. Ein Geldvernichter ist nur Bargeld oder eine langfristige Zinsbindung, wobei man hier eigentlich von einer Zinswette sprechen muss. Allerdings sollte man sich nichts vormachen: nach Steuern ist auch ein Girokonto bei Inflation ein Wertvernichter. Erst bei Deflation könnte man von einem Vermögensaufbau sprechen.

Ich möchte nicht falsch verstanden werden. Liquidität in Form einer Kasse ist keine Anlage. Ich betrachte Tagesgelder nicht unter dem Aspekt des Zinsertrages, sondern als Notwendigkeit, um immer flexibel agieren zu können. Wenn man langfristig investiert, treffen einen die großen Schwankungen an der Börse stets mit voller Wucht, sowohl in den Hochs als auch in den Tiefs. Und wenn die Kurse stark gefallen sind, dann möchte ich die Möglichkeit haben, zu investieren. Die Möglichkeit kann man in einem Wort zusammenfassen: Liquidität.

Liquidität benötige ich nicht in steigenden Märkten, auch wenn ich genau dann meine Kasse-Position weiter ausbaue. Ich benötige sie vor allem in Krisen. Dann, wenn andere Anleger in Panik geraten und verkaufen möchten, muss ich bereitstehen und ihnen diese Aktien zu einem für mich günstigen Preis abkaufen können. Wie Warren Buffett so gerne sagt: In der Krise zugreifen bedeutet, »den Dollar für 50 Cent zu kaufen«.

Natürlich muss man in Aufwärtsphasen investiert sein, wer aber immer all sein Geld investiert, der hat keine Möglichkeit, bei günstigen Gelegenheiten einfach zuzugreifen. Er kann natürlich einen Teil seiner Anlage verkaufen, um Liquidität für die neue Anlage zu schaffen. Allerdings kann ein solches Verhalten die Kurse noch weiter drücken und es ist für die meisten Anleger schwerer, als bei steigenden Kursen zu verkaufen. Es ist nicht einfach, bei tieferen Preisen zu verkaufen. Schon gar nicht, wenn die ersten Buchverluste angefallen sind. Hat man stattdessen Liquidität, kann man seine Einstandskurse bei herausragenden Unternehmen verbilligen und die Börsenkrise aussitzen, ohne andere Unternehmen in seinem Portfolio verkaufen zu müssen.

Liquidität, auch wenn sie viel Wertschöpfung kostet, ist eine Option für das richtige Investment zur richtigen Zeit.

Schlüsselpunkte

- Eine gut gefüllte Kasse ist die Option für das richtige Investment zur richtigen Zeit. Sie ermöglicht es dem Investor, bei stark gefallenen Kursen handlungsfähig zu bleiben und zu investieren.
- Geld hat die Vorteile einer nominalen Sicherheit (ein Euro bleibt ein Euro), gesetzliches Zahlungsmittel zu sein und begrenzten Inflationsschutz zu bieten.

EIN KURZES WORT ZU GOLD

Warren Buffett hat den Unterschied zwischen Gold und produzierenden Gütern einmal sehr treffend auf den Punkt gebracht. Hier meine sehr freie Übersetzung dieses Standpunktes:

> Der gesamte weltweite Goldbestand beträgt ungefähr 170.000 Tonnen. Wenn man all dieses Gold einschmelzen würde, könnte man einen Würfel von etwa 20,6 Metern Seitenlänge oder alternativ einmal das Brandenburger Tor gießen. Bei 1.250 Euro pro Unze (Goldpreis, während ich dies schreibe) ist sein Wert ca. 7 Billionen Euro. Nennen Sie diesen Würfel oder das goldene Brandenburger Tor Stapel A.
>
> Nun erstellen Sie einen Stapel B, der gleich viel kostet. Dafür können Sie die gesamte Ackerfläche der EU zu aktuellen deutschen Preisen von 15.000 Euro/Hektar (100 Millionen Hektar mit einer Leistung von ca. 40 Milliarden Euro jährlich) plus zweimal sämtliche Unternehmen des DAX, SMI und ATX kaufen (mit jährlichen Einnahmen von ca. 160 Milliarden Euro). Nach diesen Käufen würden wir ungefähr 1 Billion Euro als Handgeld übrig haben (kein Grund also, sich nach diesem Kaufrausch klamm zu fühlen).

> Nun stelle ich Ihnen eine Frage: Können Sie sich einen klar denkenden Investor vorstellen, der Stapel A vor Stapel B wählt?

An diesem Beispiel sieht man schön, dass der produktive Wert von Gold im Vergleich zu seinem Preis gering ist. Gold hat eine andere Bewertungsgrundlage als produzierendes Kapital. Gold ist eine Versicherung gegen den totalen Zusammenbruch unseres Wirtschaftssystems. Gold ist ein Gut, das historisch eine hohe Anerkennung als Zahlungsmittel genossen hat. Akzeptiert man dieses und hält es in der Zukunft für beständig, kann man Gold aus einem historischen Kontext heraus einfach bewerten. Dazu setzt man es in Relation zu einem anderen Gut, welches in der Vergangenheit absolut wertstabil war: gesellschaftliche Anerkennung.

Die beste Anekdote, die ich zum Thema Goldbewertung bisher gehört habe, zielt in diese Richtung. Historisch konnte man in den letzten Jahrhunderten mit einer Unze Gold einen Herrn in normalen Zeiten mit gehobener Kleidung vollständig ausstatten.

Was bedeutet dies heute? Ein Paar gute Schuhe (ca. 250 Euro), ein teurer Anzug von der Stange (ca. 500 Euro), ein gutes Hemd (ca. 60 Euro), eine Krawatte (ca. 40 Euro) und ein schicker Ledergürtel (ca. 50 Euro) sind zusammen ca. 900 Euro. Im Moment also nur eine dreiviertel Unze Gold. Es zeigt sich also, dass der Goldpreis historisch betrachtet zu teuer ist. Erst unter 900 Euro wäre historisch betrachtet Gold günstig.

Mir gefällt dieser Bewertungsansatz, da gehobene Kleidung nicht durch verbesserte Produktionsprozesse oder Ähnliches günstiger werden kann. Sie verkörpert einen bestimmten gesellschaftlichen Stellenwert, der, um seinen Wert zu erhalten, relativ gesehen nicht günstiger werden kann. Hat man also ein Gut gefunden, welches entsprechend seiner Kaufkraft wertstabil bleiben muss, dann kann man dieses nutzen, um zu prüfen, ob Gold relativ zu seiner historischen Kaufkraft günstig oder teuer ist. Da Gold selbst keinen Mehrwert schafft, sondern nur Wert erhält, ist dieser einfache Bewertungsansatz legitim. Ist der Goldpreis relativ zu seiner historischen Kaufkraft zu billig, dann kann man kaufen. Ist er zu teuer, dann kann man verkaufen. Ein sehr einfaches Vorgehen, welches grundsätzlich für das Investieren in jede Anlage gilt.

Schlüsselpunkte

- Der produktive Nutzwert von Gold im Vergleich zu seinem Preis ist gering.
- Gold ist eine Versicherung gegen den vollständigen Zusammenbruch unseres Wirtschaftssystems.
- Gold hat historisch betrachtet eine hohe Wertbeständigkeit bewiesen und zwar in der Höhe, einen Herrn in normalen Zeiten mit gehobener Kleidung vollständig auszustatten.

TEIL 2

VORGEHEN BEIM INVESTIEREN

»Lieber eine Stunde über Geld nachdenken als eine Stunde für Geld arbeiten.«

J. D. ROCKEFELLER

An der Börse zu investieren und sein Geld in Unternehmen anzulegen, ist schnell getan: erstens Depot eröffnen, zweitens Wertpapierkennungsnummer heraussuchen, drittens Anzahl und Preis eintragen und viertens Order abschicken. Vier einfache Schritte und man ist Aktionär. Ähnlich einfach, wie in den Supermarkt zu gehen, Lebensmittel zu kaufen, klein zu schneiden, in einen Topf zu schmeißen und zu kochen. Ein Essen kommt dabei heraus, jedoch nicht unbedingt ein Genießbares. Um ein schmackhaftes Menü zustandezubringen, sollte man sich an ein Rezept halten. Dies versuche ich Ihnen hiermit an die Hand zu geben. Ein Spitzenkoch ist damit noch nicht geboren, aber eine wichtige Grundlage geschaffen, um grobe Fehler zu vermeiden und gute Ergebnisse zu erzielen. Die wichtigsten Fragen zum Investieren beantwortet man, bevor man investiert:

- Welche Anlagesumme ist man bereit, in die Hand zu nehmen?
- Wie lange ist der Anlagehorizont?
- Wo sollte man anlegen? Was beeinflusst die Entscheidung?
- Und zum Schluss: Wie gebe ich am besten eine Order auf?

Wer sich mit diesen Fragen eingehend auseinandergesetzt hat, der wird seine Suppe nicht versalzen.

Damit man seinem gewählten Investment-Rezept treu bleibt, führt man am besten ein Investment-Tagebuch. In ein solches Börsen-Logbuch kann man getroffene Entscheidung und Gedanken notieren, um sie später noch einmal aufzugreifen und zu hinterfragen. Es reduziert den Einfluss von Emotionen, und außerdem hilft eine schriftliche Aufzeichnung, Details nicht zu vergessen. Bei neuen Ereignissen neigt der Mensch dazu, seine Meinung schnell zu ändern. Dies ist aber nur sinnvoll, wenn die Ereignisse fundamental sind. Es geht zwar beim Investieren ständig darum, die eigene These herauszufordern und zu hinterfragen, nicht jedoch wankelmütig zu werden. Nicht jede Kleinigkeit sollte die grundsätzliche Anlageentscheidung beeinflussen. Nicht jede Information ist relevant. Wenn man von einem System oder einer Anlagephilosophie überzeugt ist, sollte man diese nicht ändern. Auch dann nicht, wenn es einmal nicht läuft wie erwartet. Es gibt keinen Weg an der Börse, immer zu den Gewinnern zu gehören. Aber es gibt Regeln, die einem helfen, nicht immer zu den Verlierern zu gehören.

WANN SOLLTE MAN DAS ERSTE MAL IN AKTIEN INVESTIEREN?

Wenn man sich selbst das erste Mal mit Aktien beschäftigt und in Betracht zieht, in diese zu investieren, sollte man einige wichtige Dinge vorweg klären. Es ist wichtig, beim Investieren die individuelle Einkommens- und Lebenssituation zu berücksichtigen und diese richtig einzuschätzen. Grundsätzlich gilt: Man sollte das erste Mal in Aktien investieren, wenn man sich damit wohlfühlt. Um dieses Wohlbefinden zu erzeugen, sollte man nicht sein ganzes Hab und Gut einsetzen. Aus diesem Grund ist der erste Schritt zum Investieren immer, sich einen finanziellen Überblick zu verschaffen. Dazu gehört, die Ausgaben und Einnahmen regelmäßig zu überprüfen. Nach meiner Erfahrung wird man durch diese Aufgabe automatisch zu einem sorgsameren und bewussteren Anleger und verschafft sich einen Vorteil gegenüber impulsiveren Anlegern. Man sollte monatlich eine Art Kassensturz machen, indem man seine Einnahmen und Ausgaben gegenüberstellt. Je nach Vorliebe kann man sich eine Excel-Datei anlegen, ein kleines Büchlein führen oder eine App nutzen. Zusätzlich erstellt man eine Art Bilanz über seinen privaten Besitz. Hier listet man alle Vermögensgegenstände auf und zieht anschließend seine Schulden ab.

Eiserner Liquiditätspuffer

Hat man diese Aufgabe erledigt, kommt meine erste Grundregel: Halten Sie immer eine *Nettokasse von mindestens drei Monatsausgaben* zur Verfügung. Dieser eiserne Liquiditätspuffer wird nur in Notfällen angerührt. Notfälle sind unvorhergesehene Ausgaben, wie die Reparatur eines Autos oder zum Beispiel der Verlust des Arbeitsplatzes bei weiterlaufenden Lebenshaltungskosten. Nicht darunter fällt der Spontanurlaub mit Freunden oder das neuste Handy, welches unbedingt gekauft werden möchte.

Diese 3-Monats-Reserve schützt davor, Wertpapiere zu einem ungünstigen Zeitpunkt verkaufen zu müssen, weil die Waschmaschine oder der Trockner kaputt gegangen ist. Zwar entgeht einem damit unter Umständen ein Teil der Rendite, aber nichts ist ärgerlicher, als in einem ungünstigen Moment verkaufen zu müssen. Neben der Auswahl eines schlechten Unternehmens ist die einzige Möglichkeit, an der Börse dauerhaft Geld zu verlieren, zu einem ungünstigen Zeitpunkt verkaufen zu müssen.

Hat man diese Reserve aufgebaut, kann man prinzipiell mit jeder Investitionssumme starten. Grundsätzlich empfiehlt es sich jedoch, mit einer Investition in Einzeltitel erst ab 15.000 Euro Investitionssumme zu beginnen. Mit dieser Summe kann man ein kleines Portfolio mit 15 Aktien à 1.000 Euro aufbauen. Mit 15 unterschiedlichen Titeln aus unterschiedlichen Branchen und unterschiedlicher Größe ist das Portfolio ausreichend diversifiziert. Diversifikation bzw. Streuung der Anlagen dient dazu, Klumpenrisiken zu vermeiden. Ein Klumpenrisiko liegt vor, wenn das Vermögen nicht über ausreichend viele Anlageklassen verteilt ist und eine Anlage bzw. eine Branche, eine Unternehmensklasse etc. einen Klumpen bildet und den Großteil des Portfolio-Ergebnisses bestimmt. Es gibt viele Vertreter der Finanzindustrie, die zu immer mehr Streuung durch beispielsweise mehrere Dutzend Fonds mit Hunderten von Wertpapieren raten oder mehrere Dachfonds kaufen, welche weitere Fonds mit vielen Titeln halten, sodass man am Ende mit teilweise mehr als tausend Wertpapieren endet. Stattdessen halte ich ein konzentriertes, aber ausreichend diversifiziertes Portfolio von 15 Titeln für sinnvoller. Es stellt einen Kompromiss zwischen Überzeugung, aktiver Auswahl und Zeiteinsatz und dem Schutz vor vorhersehbaren und unvorhersehbaren negativen Ereignissen dar.

Nun fragen Sie sich vielleicht, warum man nicht mit weniger als 15.000,– Euro anfangen sollte, einzelne Aktien zu kaufen. Hat man weniger als 15.000,– Euro zur freien Verfügung und verteilen sich diese auf 15 oder mehr Titel, so werden die Transaktionskosten zu hoch. Dennoch gibt es auch gute Möglichkeiten, mit niedrigeren Summen im Aktienmarkt zu investieren. Dazu sollte man auf die eigene aktive Aktienauswahl verzichten und ein *einziges* fertiges, gestreutes Portfolio kaufen. Dies kann man günstig über einen Indexfonds machen, oder aber man legt sein Geld in einem aktiven Fonds an. Indexfonds, meistens in Form von ETFs, sind Fonds, die einen Index nachbilden und ihn so einfach an der Börse handelbar machen. Sie sind an ihren Vergleichsindex gekoppelt, dessen Wertentwicklung sie nachvollziehen. Sie sind damit keine aktiv gemanagten Fonds, bei dem ein Fondsmanager die Aktienauswahl trifft und ihn damit bewusst steuert. Indexfonds bieten im Vergleich zu den meisten aktiven Fonds den Vorteil, für ein breit gestreutes Portfolio relativ niedrige Verwaltungskosten zu haben.

Dagegen ist es beim Auswählen eines aktiven Fonds wichtig, dass man dem Fondsmanagement vertraut und von der zugrunde liegenden Anlagestrategie überzeugt ist. Mehr Informationen zum Investieren ohne eigene Aktienauswahl gibt es im Kapitel »Gebühren und das indirekte Investieren«.

Zeiteinsatz

Wenn man angefangen hat zu investieren, merkt man vielleicht, dass man zu den Menschen gehört, welche die Zeit nicht damit verbringen wollen, sich mit einer Vielzahl von Anlagemöglichkeiten und Geschäftsmodellen auseinanderzusetzen. Ist das der Fall, gibt man zwar einen Teil der Gestaltungsmöglichkeit des Vermögens auf, trotzdem kann man auch mithilfe der grundsätzlichen Verteilung des Geldes auf die großen Anlageklassen, Regionen und Investmentstile eine gute Rendite erzielen.

Allerdings sollte man sich auch bei der grundsätzlichen Vermögensanlage mindestens einmal jährlich mit der Verteilung des Vermögens beschäftigen. Die konkrete Auswahl der Wertpapiere überlässt man jedoch einer Indexregel oder einem Fondsmanager. Dies ist meine zweite Grundregel: *Legen Sie fest, wie viel Zeit Sie mit dem Investieren in Aktien verbringen wollen.* Dabei geht es nicht nur um die Frage, was das eigene Vermögen maximiert, sondern vor allem darum, was einem Spaß macht. In welcher Lebenssituation befinde ich mich? Welche anderen Möglichkeiten gibt es, an Geld zu kommen? Oft kann es sinnvoller sein, seine Aufmerksamkeit in andere Einkommensquellen oder in die Senkung von Ausgaben zu stecken als in die Auswahl der richtigen Anlage. Der Grund ist, dass höhere Einnahmen und niedrigere Ausgaben ein besseres Zeit-Leistungs-Verhältnis versprechen können als das selbstständige aktive Verwalten des Vermögens mit Aktien.

Dazu ein einfaches Rechenbeispiel: Stellen Sie sich vor, zwei Angestellte haben das gleiche Nettoeinkommen von ca. 30.000 Euro im Jahr, was auch ungefähr ihren Lebenshaltungskosten entspricht. Der Erste hat ein Vermögen von 600.000 Euro geerbt, der Zweite hat bisher 20.000 Euro zusammengespart. Wenn der erste Angestellte versucht, seine Lebenshaltungskosten um 10 Prozent zu senken, entspricht das einem Vermögenszuwachs von 0,5 Prozent. Sehr viel Aufwand für einen kleinen Renditebeitrag. Er würde seine Zeit besser darauf verwenden, seine Rendite um 0,5 Prozent zu steigern als seine Lebenshaltungskosten zu senken. Wenn der zweite Angestellte jedoch versucht, seine Lebenshaltungskosten um 10 Prozent zu senken, entspricht das einem Vermögenszuwachs von 15 Prozent. Ein Zuwachs, der nur mit sehr viel Aufwand, Geschick und Glück aus dem Vermögen zu generieren ist. Für ihn ist es klüger, seine Ausgaben zu kürzen als seine Rendite zu erhöhen.

Sparen

Allerdings ist langfristig die Kapitalanlage die beste Möglichkeit, um ausreichend Geld und Zeit zum Leben zur Verfügung zu haben. Neben der

Kapitalrendite gibt es in unserer Volkswirtschaft nur zwei weitere Möglichkeiten, Einkommen zu generieren: Gehalt (z. B. Arbeit, Selbstständigkeit) und Sozialsysteme (z. B. staatliche Rente, Arbeitslosengeld). Der Dreiklang aus Gehalt, Sozialsystem und Kapitalrendite ist nicht zu umgehen.

Die gesamte volkswirtschaftliche Leistung und damit auch die Freiheit jedes Einzelnen wird zwischen 1.) den Arbeitern, 2.) dem Kapital und 3.) dem Staat aufgeteilt. Wobei der Erste seinen Anspruch aus der tatsächlich erwirtschafteten Leistung erhält, das Zweite seinen Anspruch aus der Leistung in der Vergangenheit zieht und Letzterer auf Leistung in der Zukunft hofft, wie wir gleich noch genauer sehen werden. Alle drei Wege haben unterschiedliche Vor- und Nachteile hinsichtlich der aufzubringenden Zeit und der zu erhaltenden Leistung in Form von Geld.

Die Sozialsysteme werden langfristig nie überdurchschnittliches Einkommen erbringen. Da alles Geld in jeder Periode neu erwirtschaftet werden muss, werden Gehaltsempfänger nicht zulassen, dass Sozialsystemempfänger mehr bekommen, als sie verdienen, oder ihre Leistung auf ein Minimum reduzieren – Generationenvertrag hin oder her. So sollte man zum Beispiel bei einer alternden Gesellschaft nicht auf die staatlichen Sozialsysteme setzen; jedenfalls nicht, wenn einem Geld und Vermögen für ein unabhängiges Leben wichtig erscheinen. Andersherum verhält es sich mit der Zeit: Um diese ausreichend zu haben, sollte man nicht unbedingt nur auf das Gehalt setzen. Selbst wenn man eine Arbeit gefunden hat, die man wirklich mag und die einem zum Teil Freiheit und Unabhängigkeit gibt, wird sie bei einem entsprechend hohen Einkommen mehr Zeit in Anspruch nehmen als zusätzliches Einkommen abwerfen.

Die einzige Möglichkeit, langfristig weder auf mehr Geld noch Zeit verzichten zu müssen, ist das Einkommen aus Investitionen – die Kapitalrendite. Hierzu muss man entweder eine kluge Idee haben, damit eine Vielzahl von Menschen einem einen Teil ihrer Arbeitskraft in jeder Periode freiwillig geben, das heißt, man muss sich selbstständig machen oder man muss auf den Gegenwert eines Teils seiner Arbeitskraft heute verzichten in der Hoffnung, dass einem jemand dafür zukünftig dauerhaft den Gegenwert eines Teils seiner Arbeitskraft abgibt, das wiederum heißt: Man muss sparen. Dies ist meine dritte Grundregel: *Versuchen Sie, so viel Geld beiseitezulegen, dass Sie durch den Kapitalzins alle Ausgaben Ihres Lebens decken können.*

Aus den Ausgaben bzw. dem benötigten Einkommen (Kapitalzins), kann man den benötigten Kapitalstock errechnen. Dies geht relativ einfach. Man teilt die jährlich benötigte Summe durch eine realistisch erreichbare Kapitalrendite, vermindert um den persönlichen Steuersatz minus eine durchschnittliche Inflationsrate. Wenn man zum Beispiel 2.000 Euro netto monatlich zur Verfügung haben möchte und von einer 6-prozentigen Kapitalrendite, einer 2-prozentigen Inflation und einem Steuersatz von 26,375 Prozent ausgeht, sieht die Rechnung wie folgt aus:

$$\frac{2.000{,}00\,Euro \times 12}{0{,}06 \times (1 - 0{,}26375) - 0{,}02} = 992.761{,}12\,Euro$$

Hat man eine solche Summe nicht zur Verfügung, dann muss man anfangen zu sparen. Man muss jeden Monat einen Teil seiner Einkünfte beiseitelegen, keine unnötigen Kredite aufnehmen und sich zweimal überlegen, ob man einen neuen Computer oder ein neues Auto braucht oder nicht.

Eine Summe, die erst einmal abschreckend groß wirkt und die zeigt, warum es extrem schwierig ist, vom Kapitalstock zu leben, ohne diesen aufzubrauchen. Aber jede angesparte Summe verringert die Abhängigkeit vom Gehalt oder den Sozialsystemen. Deshalb sollte man, um mehr Geld und Zeit in der Zukunft zur Verfügung zu haben, heute einen Teil seines Einkommens zurücklegen. In Anbetracht des Geldvermögens und der monatlichen Einzahlungen in Versicherungsprodukte und Bausparverträge der deutschen Bevölkerung, ist dies für die meisten Menschen in Deutschland kein Problem.

Zeit und Zinseszins

Die letzte Grundregel, um erfolgreich mit dem Investieren zu beginnen: *Bringen Sie Zeit mit.* Um genügend Vermögen anzusparen, um davon leben zu können, muss man in Jahrzehnten denken. Insbesondere, wenn es um Aktien geht. Es gilt: Jedes Aktieninvestment sollte mindestens auf fünf Jahre angelegt sein. Kann man auf das Geld nicht für fünf Jahre verzichten, darf man nicht investieren.

Der Grund ist denkbar einfach: Egal wie gut die Analyse und die Strategie sind, der Aktienmarkt ist geprägt von Hochs und Tiefs. Es gibt keinen Investor, der diesem Zyklus entgehen kann. Langfristig wird man, wenn man versucht, wie ein Unternehmer zu denken und sich an die Grundregeln des Investierens zu halten, erfolgreich sein. Kurzfristig aber ist die Börse unvorhersehbar. Haben Sie deshalb Geduld. Dies ist die wichtigste Eigenschaft eines Investors.

Denken Sie langfristig, in Jahren, besser noch Jahrzehnten, und lassen Sie den Zinseszins für sich arbeiten. Versuchen Sie, die tägliche Unruhe, verursacht durch Quartalsberichte, monatliche Makrostatistiken und wöchentliche Arbeitsmarktzahlen, zu ignorieren. Einschätzungen auf Basis von Quartalsberichten sind schon alleine deswegen oft fehlerhaft, da zum Beispiel der Zeitpunkt eines Auftragseingangs oder eines Feiertags einen großen Einfluss auf die Quartalszahlen hat. Versuchen Sie nicht, Aktien häufig zu handeln und die Auf- und Abwärtsbewegungen des Marktes genau zu treffen. Dies wird Ihnen Geld und Nerven sparen.

Es ist wohl die schwerste Lektion des Investierens: *Geduldig sein.* Mit der ersten Regel stellt man sicher, dass man das investierte Geld niemals während der Investitionsphase braucht, und mit der letzten Regel bringt man seinen Kopf in die richtige mentale Stellung, sodass man sich nicht von äußeren Umständen treiben lässt. Investieren ist nur zu einem Teil die Fähigkeit, Bilanzen zu lesen und Analysen zu erstellen, ein wichtiger – vielleicht sogar der wichtigere – Teil des Erfolgs hängt von der Psychologie und der eigenen Selbsteinschätzung ab.

Nachdem man seine Anlageauswahl getroffen hat, sollte man unabhängig von Marktschwankungen über das Unternehmen und die fundamentalen Kriterien nachdenken. Vermeiden Sie es, sich von der Manie an der Börse anstecken zu lassen. Paniken und Höhenflüge wechseln sich an der Börse regelmäßig ab. Die große Kunst ist es, dies alles zu ignorieren. Oder besser noch, bei einer ausgewachsenen Panik günstig in Unternehmen einzusteigen beziehungsweise die Position zu vergrößern und sich bei Höhenflügen vornehm zurückzuhalten bzw. auszusteigen.

Verluste begrenzen, Gewinne laufen lassen

In diesem Zusammenhang möchte ich kurz auf folgende häufig gehörte und viel zitierte Börsenweisheit eingehen: »Verluste begrenzen, Gewinne laufen lassen«. Grundsätzlich sollte man dauerhafte Verluste unter allen Umständen vermeiden und Unternehmen, die regelmäßig ohne zusätzliches Kapital wachsen, tunlichst im Depot behalten. Wendet man diese Börsenweisheit so an, stimme ich ihr vollumfänglich zu.

Jedoch wird diese Regel oft im Zusammenhang mit technischen Verkaufsaufträgen, sogenannten Stop-Loss-Orders, genannt. Sie lösen den Verkaufsauftrag automatisch aus, wenn die Aktie einen bestimmten Kurs nach unten durchbricht. Dies ist aber nur sinnvoll, wenn man seine Hausaufgaben nicht gemacht hat. Ansonsten profitieren in erster Linie die Banken, die den Auftrag ausführen. Denn wenn man seine Hausaufgaben gemacht hat, bekommt man bei tieferen Kursen ein gutes Unternehmen günstiger und sollte kaufen, anstatt zu verkaufen. Auf der anderen Seite, wenn der Kurs immer weiter steigt und Höhen erreicht, die selbst bei optimistischen Annahmen als zu teuer erachtet werden, ist Cash unter Umständen die bessere Alternative. Wenn man den Marktschwankungen nicht hinterherläuft und die Unternehmen in seinem Portfolio gut versteht, ergänzt eine antizyklische Haltung zum Investieren eine wertorientierte Anlagestrategie sehr gut.

Schlüsselpunkte

- Geduld ist die wichtigste Tugend eines langfristig orientierten Investors.
- Man sollte sich mindestens einmal jährlich mit der allgemeinen Verteilung des Vermögens auseinandersetzen. In Aktien sollte man erst investieren, wenn man sich mit dem Gedanken wohlfühlt. Für die Anlage in Aktien sollte man mindestens fünf Jahre Zeit mitbringen.
- Um sich vor Notverkäufen zu schützen, sollte man einen eisernen Liquiditätspuffer von mindestens drei Monatsgehältern halten.
- Um ein Klumpenrisiko zu vermeiden, sollte man für ein ausgewogenes Portfolio in mindestens 15 Titel à 1.000 Euro investieren.

ANTIZYKLISCH INVESTIEREN

»Wie muss sich der Spekulant [bzw. Investor, Anm. d. Autors] in einem Börsenzyklus verhalten, um erfolgreich zu sein? Die Beantwortung dieser Frage fällt nach der Schilderung der großen Booms und anschließenden Crashs nicht schwer. Er muss natürlich zu den Hartgesottenen gehören und antizyklisch handeln.«

André Kostolany, *Die Kunst, über Geld nachzudenken*, S. 161

Die Idee des antizyklischen Investierens kann helfen, günstige Unternehmen zu finden. Kombiniert man den antizyklischen Ansatz zur Marktauswahl mit einer wertorientierten Unternehmensbewertung, dann kann man auf außergewöhnliche Anlagemöglichkeiten stoßen. Allerdings sind hierfür ein gutes Gespür und ein noch größeres Selbstvertrauen als beim klassischen wertorientierten Investieren notwendig. Man stellt sich aktiv gegen die Psychologie der Masse und muss diese nicht nur ignorieren.

Der normale Value Investor analysiert einzelne Unternehmen. Wenn diese Unternehmen seiner Meinung nach günstig sind, investiert er langfristig. Er macht dies unabhängig von den Geschehnissen am Markt. Er versucht, den Markt sogar bewusst aus seiner Entscheidung herauszuhalten. Er verfolgt eine sogenannte Buy-and-Hold Strategie, bei der die Aktie gekauft und das Unternehmen gehalten wird. Am besten, bis es an die nächste Generation vererbt werden kann.

Der antizyklische Value Investor sucht dagegen bewusst »überverkaufte« Märkte und analysiert dort Unternehmen. Er investiert verstärkt, bis sich die Lage wieder normalisiert hat. Die Idee hinter antizyklischem Investieren ist, allgemein tiefe Kurse und eine anschließende Trendumkehr zu nutzen, um sich an herausragenden Unternehmen zu Schnäppchenpreisen zu beteiligen und diese wieder teuer zu verkaufen.

Es ist das Gegenteil der oft zitierten und aus meiner Sicht falschen Weisheit »the trend is your friend«. Es werden keine Aktien gekauft, die weit gestiegen sind. Stattdessen werden Aktien von Unternehmen gekauft, die stark zurückgekommen sind.

Je niedriger ein Kurs gefallen ist, desto größer ist die Chance auf zukünftige Kursgewinne. Allerdings gilt diese Regel nur, wenn keine existenziellen Gründe dagegensprechen. Je länger ein Kurs einem Trend folgt, umso wahrscheinlicher wird die Trendumkehr, wenn sich fundamental nichts geändert hat; denn der Aktienkurs schwankt langfristig um den fundamentalen Wert des Unternehmens.

Leider gibt es kein Lehrbuch zur Bestimmung des perfekten Einstiegszeitpunkts – des absoluten Tiefpunkts – und des perfekten Ausstiegszeitpunkts – des absoluten Hochpunkts. Die Kunst liegt darin, zu wissen, in welcher Phase sich der Markt ungefähr befindet. Grundsätzlich braucht man dafür viel Erfahrung an der Börse und das dazugehörige Fingerspitzengefühl. Zusätzlich kann man auch Phasen eines Zyklus bestimmen, wenn man die Sicht eines Vogels einnimmt, der den Gesamtmarkt überfliegt – die Metaebene. Im Folgenden will ich versuchen, verschiedene Werkzeuge darzustellen, um Märkte auch ohne sehr lange Erfahrung einschätzen zu können. Ich möchte hier festhalten, dass es nicht darum geht, sogenanntes Markt-Timing einzelner Anlagen zu betreiben, sondern nur darum, Märkte einzuschätzen.

Das antizyklische Investieren ist schwierig und eher für fortgeschrittene Investoren. Die Werkzeuge haben aber einen praktischen Nutzen für jeden Investor, da sie helfen, die Marktlage besser zu deuten und Emotionen besser unter Kontrolle zu bringen. Ich bin mit keinem der Werkzeuge verheiratet und nutze sie nur ergänzend, um meinen Ein- und Ausstiegszeitpunkt zu optimieren und meine Aktienquote zu steuern. Niemals nutze ich die Werkzeuge für sich allein genommen oder als Hauptinvestitionskriterium. Ich bin mir sogar sicher, dass man mit den Werkzeugen langfristig kein Geld verdient, wenn man die Unternehmen nicht kennt, in die man investieren möchte, und versucht, mit den Werkzeugen den Markt zu timen. Sollte man dies doch machen, betreibt man eher Glücksspiel als Investieren.

Shiller-KGV

Das erste Werkzeug ist das Shiller-KGV. Der mit dem Nobelpreis ausgezeichnete US-Ökonom Robert J. Shiller definierte diese Variante des klassischen Kurs-Gewinn-Verhältnisses als 10-Jahres-KGV. Anstatt den oft durch außerordentliche Effekte beeinflussten Vorjahresgewinn zu nutzen, basiert das Shiller-KGV auf dem inflationsbereinigten mittleren Gewinn der letzten zehn Jahre. Dieser wird ins Verhältnis zum Kurs gesetzt. Nimmt man nun eine Vielzahl von Unternehmen einer Branche oder eines Landes, gibt uns der Durchschnitt der Shiller-KGVs einen Anhaltspunkt, ob sich der Markt insgesamt in einem gesunden Zustand, in einem Höhenflug oder in einer Depression befindet.

Am Beispiel des S&P 500 lässt sich dies gut darstellen. Der historische Durchschnitt liegt bei 16,8. Wobei er sich seit den 1990er-Jahren selten unter diesem Wert befunden hat und die Bewertung vermutlich aufgrund des seit Jahren anhaltenden Zinsverfalls angestiegen ist. Trotzdem lässt sich festhalten, dass Bewertungen über 20 und unter 15 eher die Ausnahme sind. Zwischen diesen Werten würde ich den Markt nicht als außergewöhnlich bewertet sehen. Steigt das Shiller-KGV jedoch über die Marke von 20, ist Vorsicht geboten und eine Korrektur wahrscheinlicher. Fällt der Kurs unter 15, ist dagegen die Wahrscheinlichkeit groß, dass der Markt überverkauft ist. In diesem Fall sollte man verstärkt auf Schnäppchensuche gehen und unbekümmerter zuschlagen.

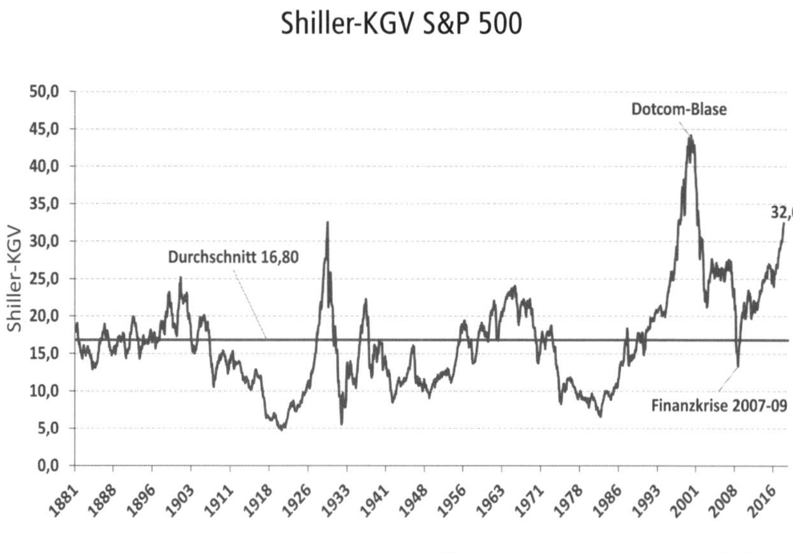

Quelle: http://www.multpl.com/shiller-pe/

Ewige Durchschnittsrendite

Das zweite Werkzeug ist die ewige Durchschnittsrendite. Sie ist eine Ableitung des gleitenden Durchschnitts, mit dem ich zu arbeiten begonnen habe, als ich mich mit Trends und Trendkanälen beschäftigt habe. Wie der Name schon andeutet, zeigt der gleitende Durschnitt den Durchschnittspreis eines Wertpapiers oder einer Wertpapiergruppe über einen bestimmten Zeitraum an. Ganz einfach gesprochen, ist er die Summe aller Schlusskurse eines bestimmten Zeitraums geteilt durch die Anzahl der Tage.

Der einfache gleitende Durchschnitt kommt eigentlich aus der Schule der technischen Analyse und wird deshalb von vielen wertorientierten Investoren belächelt. Während ein technischer Spekulant seine Kaufentscheidung auf Basis des gleitenden Durchschnitts trifft und sich überhaupt nicht für die Werte der Unternehmen interessiert, diente er mir in anderer Weise: Er zeigte mir, ob ein jeweiliger Markt optimistisch oder pessimistisch ist. Er beantwortet die Frage, ob der Durchschnitt der Aktienkurse sich auf Höhenflügen befindet oder nicht.

Dagegen nutzen technische Analysten einen gleitenden Durchschnitt eigentlich, um Trendumkehrpunkte anzuzeigen. Man muss sich ihn vorstellen wie eine Art Boden oder Decke, die, solange sie nicht durchbrochen wird, ein Fortlaufen des Trends darstellt. Während Spekulanten, die auf technische Indikatoren achten, dafür sehr kurze Zeiträume wie den 10-Tages, 50-Tages oder 200-Tages-Durchschnitt bevorzugen, bevorzuge ich einen sehr langen Zeitraum.

Anders als der Spekulant deute ich die Signale auch anders. Wurde der Boden durchbrochen, ist für mich die Zeit gekommen, Schnäppchen zu finden. Konträr: Wurde die Decke durchbrochen, versuche ich, mich mit meinen Käufen zurückzuhalten. Leider hat mir ein langfristiger gleitender Durchschnitt dafür nicht ausgereicht. Ich habe einen ewigen durchschnittlichen Kurs gesucht, der mir anzeigt, wie die Börse sich im Idealfall hätte entwickeln sollen. Sollte sich der Kurs über diesem ewigen durchschnittlichen Kurs bewegen, wäre es Zeit, vermehrt zu verkaufen. Bewegt er sich darunter, wäre es Zeit, vermehrt zu kaufen.

Es bleibt die Frage: Welchen gleitenden Durchschnitt sollte man wählen? Ich kam zu folgendem Schluss: Man kann über einen langfristigen

Zeitraum die durchschnittlichen Renditen eines Index berechnen. Je nach Betrachtungszeitraum kommt man auf unterschiedliche Ergebnisse, die für die meisten Aktienmärkte zwischen 6 Prozent bis 10 Prozent p.a. liegen. Diese Rendite lässt sich in einen gleitenden Durchschnitt umwandeln. Je nachdem, wie optimistisch man gegenüber der Branche oder der Region ist, kann man die Rendite am oberen oder unteren Ende des Spektrums wählen oder auch eine Bandbreite berechnen. Jedem muss aber bewusst sein, je höher man die durchschnittliche Rendite wählt, umso wahrscheinlicher ist ein Kaufsignal. Umgekehrt, je niedriger man die durchschnittliche Rendite wählt, umso wahrscheinlicher ist ein Verkaufssignal. Der langfristige Durchschnitt des DAX und des Dow Jones liegt bei ungefähr 8 Prozent p.a. inkl. Dividenden. Diese sind im DAX bereits eingerechnet. Dabei setzen sich die Indizes im Laufe der Zeit immer wieder neu zusammen, je nachdem, welche Branchen wichtig oder unwichtig für die Wirtschaft werden und welche Unternehmen erfolgreich und weniger erfolgreich agieren.

Betrachtet man den DAX in den letzten 20 Jahren und nimmt seine Zusammensetzung jeweils an den drei Tagen, an denen er die 8.000 Punkte nach einem Crash das erste Mal überschritten hat, zeigt sich, wie sich die Branchengewichtung über die Zeit stark verändert. Haben Banken und Finanzdienstleister im Jahr 2000 noch 35 Prozent des Index ausgemacht, waren es im Jahr 2007 25 Prozent und 2013 nur noch 17 Prozent. Gleichzeitig sieht man den Abstieg der einstigen Volksaktie »Deutsche Telekom«, die in dieser Zeit den gesamten Telekommunikationssektor ausmacht. Nachdem sie 2000 mit einer Kapitalisierung von 274 Mrd. Euro (11,7 Prozent des DAX) am Markt bewertet wurde und damit das größte Unternehmen im Index war, ist sie 2013 mit 36 Mrd. Euro (3,5 Prozent des DAX) nur noch einen Bruchteil wert. Auch den Abstieg der großen Energieversorger durch die Energiewende kann man anhand der Branchengewichtung im Index 2007 und 2013 nachvollziehen. Haben E.ON und RWE im Jahr 2007 fast 15 Prozent ausgemacht, war es 2013 noch ein Drittel dessen (5 Prozent des DAX).

Aus dieser stetigen Veränderung aus Auf- und Absteigern und Wettbewerb, welcher extreme Exzesse verhindert, kann man langfristig von relativ stabilen Margen ausgehen, wenn sich am Wirtschaftssystem nicht fundamental etwas ändert, wie beispielsweise durch eine neue Währung, Krieg oder einen radikalen politischen Umsturz. Generell ist es also nicht schwer, eine langfristige Marge aus denen der Vergangenheit zu bestimmen. Und wenn jemand im Positiven wie im Negativen sagt: »Dieses Mal ist alles anders!«, ignoriert man ihn. Weder hat die Digitalisierung die Margen im Durchschnitt signifikant erhöht, noch hat die Finanzkrise 2008 die Marge der breiten Masse an Unternehmen gesenkt. Dies gilt für die gesamte Wirtschaft. Wahr ist auch, dass dies nicht für jede Branche und jedes Unternehmen alleine gilt.

Hat man im ersten Schritt die Marge bzw. die ewig gleitende Durchschnittsrendite festgelegt, muss man sich als Nächstes noch einen Startpunkt überlegen, von dem der gleitende Durchschnitt anfängt und bei dem man den Index als ungefähr fair bewertet ansehen kann. Anders als ein tatsächlicher gleitender Durchschnitt verändert sich unser ewig gleitender Durchschnitt nicht mit jedem neuen Kurs, sondern stellt einen Idealverlauf des Index ohne Schwankungen dar. Wenn man mehrere Jahrzehnte Betrachtungszeitraum hat, ist es einfach, den Startzeitpunkt zu wählen, aber nicht ganz trivial. Der Index sollte zuvor weder allzu stark über einen längeren Zeitraum gestiegen bzw. gefallen sein, noch danach allzu stark steigen bzw. fallen.

Wählt man den Startpunkt zu tief, wird es zu viele Verkaufssignale geben. Wählt man den Startpunkt zu hoch, wird es zu viele Kaufsignale geben. Am einfachsten nimmt man deshalb keinen fixen Startpunkt, sondern einen durchschnittlichen Kurs eines Börsenzyklus um den Mittelpunkt dieses Zyklus, also nicht den Höhe- oder Tiefpunkt. Die Berechnung des durchschnittlichen Kurses erfolgt identisch zum gleitenden Durchschnitt. Allerdings muss man auch hier vorsichtig sein. Nimmt man einen Börsenzyklus, der historisch eher untypisch ist, kann auch der Mittelpunkt ein zu optimistisches oder ein zu pessimistisches Bild liefern. Beispiele für solche historischen extremen Börsenzyklen wären die Große Depression Ende der 1920er-Jahre oder die Dotcom-Blase Ende der 1990er-Jahre. Zum Glück ist es in der Retrospektive relativ einfach, solche untypischen Börsenzyklen auszusortieren und mithilfe eines normalen Börsenzyklus den Mittelpunkt als Startzeitpunkt zu bestimmen.

Eine Hochrechnung des ewigen durchschnittlichen Kurses ab diesem Zeitpunkt mithilfe der ewigen durchschnittlichen Rendite ist die Basis meiner Einstellung gegenüber dem Markt. Ist der Markt der langfristig zu erzielenden Rendite enteilt oder nicht? Befinden sich die Marktteilnehmer in einer optimistischen oder pessimistischen Stimmung? Im Idealfall unterteilt die ewige gleitende Durchschnittsrendite den Markt in Höhenflüge und Krisenphasen.

Am Beispiel des DAX möchte ich dies verdeutlichen: Der DAX existiert erst seit 1988 und startete damals mit 1.000 Punkten. Er lässt sich künstlich noch weiter in die Vergangenheit zurückrechnen. Trotzdem kommt auch seit 1988 eine aussagekräftige Anzahl von täglichen Daten zusammen, sodass ich die Daten ab diesem Zeitpunkt für meinen Durchschnittskurs nutze.

Als Startpunkt meines Durchschnittskurses nehme ich den letzten vollständigen Börsenzyklus, der am 13.03.2003 mit 2.202 Punkten nach dem großen Dotcom-Crash gestartet ist und am 17.07.2007 mit 8.105 Punkten und der anschließenden Subprime-Markt-Krise beendet wurde. Der gewichtete Durchschnittskurs aller Tage dazwischen liegt bei 4.855 Punkten und der Mittelpunkt des Zyklus war der 11.05.2005. Wie schon erwähnt, liegt die durchschnittliche Rendite des DAX bei ca. 8 Prozent p.a., sodass man auf folgendes logarithmiertes Schaubild kommt:

Ewige Durchschnittsrendite DAX

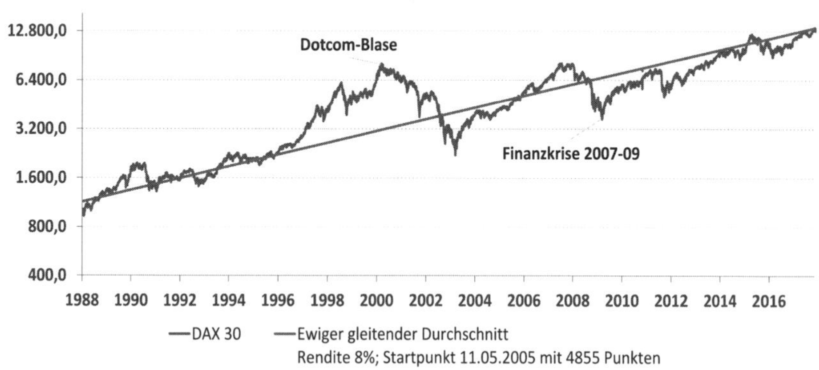

Bewegt sich der DAX über dem ewigen Durchschnitt, ist er überkauft und man sollte sich vornehm zurückhalten. Ist er unter dem ewigen Durchschnitt, ist er überverkauft und man sollte verstärkt kaufen. Der ewige Durchschnittskurs dient also dazu, zu sehen, ob der Markt der langfristig zu erzielenden Rendite enteilt ist oder nicht. Oder anders ausgedrückt, ob der Markt auf einem historisch hohen oder niedrigen Kursniveau ist.

Benjamin-Graham-Indikatoren

Das dritte Werkzeug setzt sich aus drei weiteren Indikatoren zusammen, auf die man laut Benjamin Graham achten sollte. Er hat in seinem Buch »The Intelligent Investor« versucht, den Unterschied zwischen Timing und den großen Kursverläufen aufzuzeigen. Eine Unterscheidung, die für die meisten marginal erscheinen mag und sich auch an der Wall Street nicht allgemein durchsetzen konnte, aber von Bedeutung ist. Der Unterschied besteht in erster Linie darin, dass man beim Timing versucht, den Börsenverlauf vorherzusagen, beim Nutzen der großen Kursschwankungen jedoch einfach antizyklisch handelt, wie es der erfahrene Investor versuchen sollte. Statt auf eine Börsenprognose zu hoffen (Markt-Timing), könnte man genauso gut eine Münze werfen. Das Resultat wird ungefähr dasselbe sein. Gäbe es eine funktionierende Vorhersagemethode für Markt-Timing, würde diese bald von allen Marktteilnehmern genutzt und würde den Markt wieder genauso unvorhersehbar machen wie zuvor. Aus diesem Grund ist es nicht anzunehmen, dass ein normaler Investor an Kursbewegungen am Markt erfolgreicher teilhaben kann als die Allgemeinheit, zu der er auch zählt.

Der Weg der großen Kursschwankungen ist dagegen der hier dargelegte: Man profitiert von den großen Marktzyklen und handelt antizyklisch. Wenn alle anderen verkaufen, kauft man, und wenn alle anderen kaufen, verkauft man. Hierzu hat Benjamin Graham neben dem schon genannten hohen KGV (Werkzeug I) und einem historisch hohen Kursniveau (Werkzeug II) drei weitere Indikatoren für einen teuren Markt genannt: (1) eine geringe Dividendenrendite im Vergleich zu den Renditen von Anleihen, (2) viel Spekulation auf Kredit, das heißt eine Menge Marktteilnehmer kaufen zusätzlich Wertpapiere – in der Hoffnung, der Preis steigt – indem sie sich verschulden, und (3) viele Erstemissionen von Aktien minderer

Qualität. Den letzten Punkt möchte ich noch um eine gehäufte Anzahl von Unternehmenszusammenschlüssen (englisch Merger) und Firmenübernahmen (englisch Acquisition), kurz M&A-Aktivitäten, ergänzen.

Sind diese Faktoren ausgeprägt, gilt erhöhte Vorsicht und der kluge Investor gehört eher zu den Verkäufern. Sind diese Faktoren dagegen nicht ausgeprägt, kann keine genaue Aussage über den Markt getroffen werden.

Von den zusätzlichen drei Faktoren möchte ich insbesondere die Dividendenrendite noch einmal hervorheben, da sich diese auch ohne Vergleich zu den Zinsen sehr einfach als Ersatz zum Shiller-KGV nutzen lässt. Zum Beispiel pendelt die Dividendenrendite des FTSE 100 aus Großbritannien normalerweise um 3 Prozent. 1999, vor dem Platzen der großen Dotcom-Blase, fiel sie auf ca. 2 Prozent und 2009, nach der Subprime-Krise, erhöhte sie sich auf über 5 Prozent. Wie auch immer, die meiste Zeit in den letzten 20 Jahren war sie im Rahmen von 3 Prozent, was zu einer ziemlich starken Annahme führen kann: Wenn die Dividendenrendite über 3 Prozent steht, ist es wahrscheinlich, dass sie fällt, und wenn sie unter 3 Prozent steht, ist es wahrscheinlich, dass sie steigt.

Um die Dividendenrendite steigen und fallen zu lassen, gibt es zwei Möglichkeiten: Die erste wäre, dass alle Unternehmen die Dividende signifikant erhöhen oder senken. Allerdings zeigt die Erfahrung, dass Unternehmen Dividenden lieber konstant halten, und falls sie die Dividende senken müssen, dies normalerweise in kleinen Schritten tun und versuchen, möglichst schnell wieder zur alten Dividende zurückzukehren. Die Manager möchten mit der konstanten Dividende zeigen, dass sie das Unternehmen trotz der Konjunkturzyklen im Griff haben und in guten Zeiten auch Geld für die schlechten Zeiten zurücklegen können. Ob dies ökonomisch sinnvoll ist, sei dahingestellt.

Dies zeigt uns, dass die zweite Möglichkeit wahrscheinlicher ist: Eine Veränderung der Dividendenrendite wird mit hoher Wahrscheinlichkeit durch eine Veränderung des Aktienkurses verursacht.

Die Implikation davon ist folgende: Wenn die Dividendenrendite bei 4 Prozent steht (ein gutes Stück vom 3-Prozent-Durchschnitt entfernt), kann man annehmen, dass die Dividendenrendite sinkt und dies wahrscheinlich über steigende Kurse passiert. Der Markt wäre aus Sicht des Value Investors ein Käufermarkt. Steht die Dividendenrendite umgekehrt bei 2 Prozent, kann man annehmen, dass sie wieder steigt und dies wahrscheinlich über fallende Kurse passiert. Der Markt wäre ein Verkäufermarkt. Der antizyklische Investor kann also auch die einfache Dividendenrendite ohne Zins als Indikator verwenden.

Time in the market beats timing the market

Wie ich eingangs schon erwähnt habe, ist das antizyklische Investieren eher etwas für fortgeschrittene Investoren, und die drei Werkzeuge (»Shiller-KGV«, »Ewige Durchschnittsrendite« und »Benjamin-Graham Indikatoren«) haben für den einfachen Investor nur einen praktischen Nutzen, um die Marktlage besser zu verstehen.

Das antizyklische Investieren kann auch zu viel verpasster Rendite führen, wenn man falsch aussteigt und dann jahrelang nicht wieder einsteigt, weil die Kurse nicht günstig genug werden. Die Unternehmen und mit ihnen die Wirtschaft schreiten aber stetig voran, sodass man dann reale Vermögenswerte auf der Straße liegen lässt. So führt das antizyklische Verhalten oft genug zu großer Frustration. Insbesondere, wenn es keinen richtigen Bärenmarkt gibt, der die Aktienkurse fallen lässt. Ein Bärenmarkt (auch Baisse genannt) bezeichnet dabei einen allgemeinen negativen Börsentrend mit fallenden Kursen. Die Kurse fallen meistens nachhaltig und nicht plötzlich, wie bei einem Crash in allen Marktsegmenten. In der Regel sind Investoren in einer Baisse eher pessimistisch eingestellt und bevorzugen Short-Positionen. Steigen dagegen die Kurse über einen langen Zeitraum, spricht man von einem Bullenmarkt oder auch Hausse. Die Kurse steigen meistens nachhaltig in allen Marktsegmenten. In der Regel sind Investoren in einer Hausse eher optimistisch eingestellt und bevorzugen Long-Positionen.

Jeder, der günstig kaufen will, wird sich in so einem Bullenmarkt einsam und verlassen vorkommen. Allzu oft wird er dann seine guten Vorsätze fallen lassen und doch kaufen. Damit agiert er prozyklisch und hat im schlechtesten Fall günstig verkauft und teuer wieder eingekauft. Deshalb betone ich noch einmal, dass Geduld die wichtigste Eigenschaft eines Investors sein muss (sowohl in steigenden als auch in fallenden Märkten), und für das antizyklische Investieren ein hohes Selbstvertrauen vonnöten ist.

Gleichzeitig ist eine antizyklische Haltung für den Investor auch in seinem sozialen Umfeld oft nicht einfach. Wenn alle anderen Anleger guter Stimmung sind, muss man sich oft rechtfertigen, warum man verkauft. Man geht zu Partys und hört sich tolle Geschichten an, wo und wie Freunde gerade investiert sind und in kürzester Zeit Gewinne eingestrichen haben. Wird man dann gefragt, was man selbst derzeit an der Börse macht, lautet die langweilige Antwort: »Verkaufen und Kasse aufbauen.« Erst wenn keiner mehr Aktien besitzen möchte und oft die Gesamtwirtschaft am Boden liegt, genau dann geht man einkaufen und freut sich über all die Schnäppchen, die man macht, während Freunde und Kollegen mit Sorge pessimistisch in ihre Depots gucken. Für diese Haltung braucht man die richtige Einstellung.

Hat man nicht die richtige Einstellung, sollte man lieber nach einem festen Investitionsplan agieren und sich gar nicht der Psyche der Masse aussetzen. Hierzu gibt es den schönen Spruch »Time in the market beats timing the market« (»Zeit im Markt schlägt den richtigen Zeitpunkt«). Er soll verdeutlichen, dass eine Buy-and-Hold-Strategie in den meisten Fällen eine Trading-Strategie schlägt.

Schlüsselpunkte

- Antizyklische Investoren brauchen ein gutes Gespür und noch größeres Selbstvertrauen als ein Buy-and-Hold Investor. Gibt es keinen richtigen Bärenmarkt, kann das antizyklische Investieren zu viel Frustration führen.
- Je länger ein Kurs einem negativen Trend folgt, umso wahrscheinlicher wird eine Trendumkehr, wenn es keine fundamentalen Veränderungen gab.
- Drei Werkzeuge für das Einschätzen des Marktes sind:
  - Das Shiller-KGV, welches über 20 einen teuren, unter 15 einen günstigen Markt zeigt.
  - Die ewige Durchschnittsrendite, die für die meisten Aktienmärkte zwischen 6 Prozent und 10 Prozent pro Jahr liegt.
  - Die Benjamin-Graham-Indikatoren, die für einen teuren Markt eine geringe Dividendenrendite, viele Spekulationen auf Kredit und Erstemissionen von Aktien minderer Qualität zeigen.

WIE MIT EINEM CRASH AN DER BÖRSE UMGEHEN?

Die Märkte neigen dazu, kurz- bis mittelfristig zu über- oder zu untertreiben und in Zyklen zu schwanken. Der antizyklische Investor weiß, dass die Aktienmärkte dabei langfristig effiziente Bewertungsmaschinen sind, und kann sich auf diese großen Zyklen einstellen. Er erkennt auch einen allzu euphorischen Markt und versucht, sich in einer solchen Phase zurückzuhalten. Jetzt sollte man sich als Investor aber Gedanken über die Folgen eines Börsencrashs (oder Börsenkrachs) machen. Ein Börsencrash unterscheidet sich dabei von einem Bärenmarkt (oder Baisse) in erster Linie durch die unerwartete Geschwindigkeit, mit der die Kurse fallen.

Der Crash ist die emotional wohl schwierigste Phase für einen Investor, vor allem, wenn er noch nicht viel Erfahrung hat. Als Börsencrash wird meistens eine relativ kurze Zeitspanne von wenigen Tagen bis zu wenigen Wochen bezeichnet, in der die Börse durch panikartige Verkäufe bzw. einen kurzzeitigen Angebotsüberhang an Aktien stark fällt.

Ein Crash kommt dabei selten aus heiterem Himmel. Er lässt sich zwar, wie alle anderen Marktbewegungen, nicht genau vorhersehen, aber es gibt Warnsignale. Sie lassen auf eine erhöhte Wahrscheinlichkeit eines Börsencrashs schließen. Ein Crash tritt dabei meist im Endstadium einer Spekulationswelle auf. In dieser Zeit glauben die meisten Anleger, dass die Kurse weiter steigen und nichts mehr schiefgehen kann. Ein Irrtum.

In den Finanzzentren ist dann vom »Bild«- oder Taxifahrer-Indikator die Rede. Diese Metapher besagt, wenn einem auf der Straße zu Aktien geraten wird, sollte man verkaufen. Konkret, wenn die Bildzeitung auf ihrer Titelseite empfiehlt, Aktien zu kaufen, oder der Taxifahrer versucht, Aktientipps zu geben, ist der Zeitpunkt gekommen, zu verkaufen, und das Platzen der Spekulationsblase in einem großen Börsencrash naht.

Der kritische Moment ist erreicht, wenn fast alle Börseninteressierten Aktien besitzen und kaum noch jemand in der Lage ist, weitere Aktien zu kaufen und die Nachfrage für höhere Kurse zu stellen. In der Realwirtschaft würde man sagen, wenn der Markt von einem Nachfragemarkt (mit Nachfrageüberhang) auf der Kippe zu einem Angebotsmarkt (mit Angebotsüberhang) steht. Meistens bedarf es dann nur eines relativ kleinen, auf den ersten Blick unbedeutenden Ereignisses, damit die Stimmung kippt. Solche Ereignisse können Staatspleiten, wie Argentinien 1998, oder Unternehmenspleiten, wie die Investmentbank Lehman Brothers 2008, sein. Die 400-jährige Börsengeschichte ist geprägt von Börsencrashs. Allen gemein ist: Ist die Stimmung gekippt, bricht die Hölle los. Alle Medien berichten über die schreckliche wirtschaftliche Situation und welche negativen Einflüsse auf die Konjunktur wirken. Das eigene Depot ist tiefrot und täglich sieht man sein Vermögen und seine Gewinne in kürzester Zeit auf breiter Front dahinschmelzen.

Es kann zu Rückkopplungseffekten kommen, die den negativen Trend noch verstärken. Einige Marktteilnehmer verkaufen, wodurch die Kurse fallen. Das treibt weitere Marktteilnehmer dazu, ebenfalls zu verkaufen, und die Kurse fallen weiter. Besonders dramatisch wird es, wenn Maschinen (Computerprogramme) mit bestimmten Investmentstrategien das Handeln übernehmen und bei bestimmten Kursen oder aufgebrauchten Risikopuffern automatisch verkaufen. Den ersten reinen computergesteuerten Crash gab es am 6. Mai 2010 in New York. Der Dow Jones verlor dabei innerhalb von wenigen Minuten 10 Prozent seines Wertes. Es kam zu einem dramatischen Überangebot an Aktien, und die Kurse fielen rapide.

Als wertorientierter Investor kann man in einer solchen Phase nur zwei Dinge tun: Ruhe bewahren und kaufen. Auch wenn die Preise weiter fallen, sollte er nicht zurückschrecken. Der hartgesottene wertorientierte Investor kauft auch dann weiter, wenn die Kurse schon wieder leicht steigen, und hört erst auf, wenn sich die Börse in einer klaren Aufwärtsbewegung befindet. Dann wartet er, bis die allgemeine Euphorie an die Märkte zurückgekehrt ist, und steigt aus.

Hierbei haben die meisten privaten Investoren einen Vorteil, da sie normalerweise weit weg von den Finanzzentren, wie New York, London oder Frankfurt, leben. Sie lassen sich weniger leicht von der Stimmung der Masse anstecken. Wenn man erfolgreich an der Börse sein will, schließt man während eines Börsencrashs am besten alle Türen, man liest keine Nachrichten, die jünger als drei Monate sind, und kauft. Doch so leicht, wie dies klingt, so schwer ist es. Es ist extrem schwierig, sich gegen den allgemeinen Konsens zu stellen und zu kaufen, wenn alle anderen zum Verkaufen raten. Freunde, Kollegen, die Medien und Experten sind sich einig. Und sie alle meinen, man liegt falsch.

Diese Art des Investierens ist ein sehr einsamer Prozess. Es ist eine intellektuelle Aufgabe, bei der man die Idee des antizyklischen Handelns auf seiner Seite hat und zum Schluss mit seiner Entscheidung alleine dasteht. Der Anleger muss auf sich selbst vertrauen, auf seine Analysen, auf seine Auswahl und die günstige Marktsituation nutzen. Man muss kühl und ein bisschen zynisch und eingebildet sein, um sich der Meinung der Masse zu entziehen. Dabei ist dies eine notwendige Bedingung, um erfolgreicher als die Mehrheit zu sein. Die Mehrheit kann keine überdurchschnittliche Rendite erzielen. Nur einer Minderheit kann es gelingen, an der Börse erfolgreicher zu sein. Und diese Minderheit muss etwas anderes machen als die Masse. Die Masse verkauft bei fallenden Kursen. Die Masse behält nicht die Nerven. Der kluge Investor darf jetzt nicht den Kopf verlieren. Aus diesem Grund müssen Sie die Grundregeln des Investierens immer beherzigen: Halten Sie genügend Kasse vor, sodass Sie nicht auf die Liquidierung von Aktien angewiesen sind, und bringen Sie Zeit und Geduld mit.

Investieren im Börsencrash ist eine Frage der Charakterstärke. Wenn man von der hier gezeigten Idee des antizyklischen Handelns und der Qualität der Unternehmen in seinem Portfolio überzeugt ist, dann muss man durchhalten. Trauen Sie sich dies nicht zu, gibt es andere Methoden, wie z. B. das Cost-Average-Verfahren, um systematisch von einem Börsencrash zu profitieren, ohne dass Sie opportunistisch und egozentrisch handeln müssen. Diese Methoden werden im nachfolgenden Kapitel genau erklärt und beziehen sich in erster Linie auf die Frage der Höhe der Anlagequote und ob man diese fixiert oder variabel wählt.

Schlüsselpunkte

- Der Börsencrash ist die emotional schwierigste Phase für einen einfachen Investor.
- In einem Börsencrash gibt es zwei Dinge zu tun: Ruhe bewahren und kaufen.
- Während eines Börsencrashs sollte man sich nicht von der Stimmung der Masse anstecken lassen. Die Masse der Anleger kann keine überdurchschnittliche Rendite erzielen.

FIXE VS. VARIABLE ANLAGEQUOTE

Für die meisten Investoren ist es unrealistisch, auf einen deutlich erkennbaren Bärenmarkt oder Börsencrash zu warten, bevor sie das erste Mal Aktien kaufen. Man sollte schon vorher an die Börse herantreten und immer eine bestimmte Quote in Aktien investieren. Je nachdem, welche Mentalität und Erfahrung der Anleger besitzt, kann er seine Anlageklassenquote fixieren oder variabel zugunsten von Aktien, Anleihen oder anderen Anlageklassen verändern. Die Höhe der durchschnittlichen Aktienquote sollte der Investor entsprechend seiner Risikoneigung und seinem verfügbaren Vermögen festlegen.

Es gilt für alle wertorientierten Investoren, dass sie ihre Portfoliostruktur nicht hinsichtlich kurzfristiger Marktschwankungen verändern. Der Anteil der verschiedenen Anlageklassen bestimmt sich in erster Linie aus der Lebenssituation und dem daraus verfügbaren Geld sowie der langfristigen Einschätzung der Märkte. Dies sind Faktoren, die auf eine gleichbleibende Anlagequote über einen Horizont von mehreren Jahren abzielen. Die Überprüfung der Portfoliostruktur, wenn auch wichtig, sollte deshalb nicht häufiger als einmal im Jahr stattfinden.

Viele Anleger vertrauen bei ihrer Portfoliostruktur auf professionellen Rat. Manchmal ist das gut, manchmal auch nicht. Finanzberater fürchten das Risiko; allerdings weniger das Risiko, das Geld des Anlegers zu verlieren als vielmehr ihren guten Ruf. Es gilt die Regel, dass unabhängig von der Anlagesumme immer ein Drittel des Portfolios in Anleihen und ein Drittel des Portfolios in Aktien gehalten wird. Das letzte Drittel wird je nach Risikoneigung verteilt. Dies ist ein Standardrezept, das für die Mehrheit der Anleger gut funktioniert. Was ist aber, wenn man Multimillionär ist und nur einen winzigen Bruchteil seines Vermögens zum Leben braucht? Was ist, wenn man nächstes Jahr ein Haus bauen möchte, dazu einen Kredit benötigt und die Kreditkonditionen vom Vermögen abhängen, das man mitbringt? Wenn der eigene Geldbedarf keinen etwaigen Börsenrückschlag zulässt, dann sollte man gar nicht an der Börse investiert sein. Wenn Sie kein Geld verlieren können, investieren Sie nicht in Aktien! Man sollte beim Anlegen immer als Erstes die eigene Lebenssituation zugrunde legen und dementsprechend sein Portfolio aufbauen.

Das richtige System

Auf der Suche nach einem Anlagesystem sollte man als Erstes darauf achten, dass es in der Vergangenheit funktioniert hat. Allerdings sollte man darauf nicht blind vertrauen. Etwas positiv in der Vergangenheit getestet zu haben, garantiert erst einmal noch nicht, dass es auch in der Zukunft weiterhin klappt. Man sollte von dem Anlagesystem überzeugt sein. Es sollte nachvollziehbare Gründe geben, warum es in der Zukunft weiterhin funktioniert und nicht verändert werden muss. Als Investor muss man immer dann vorsichtig sein, wenn es keine rationalen Gründe für ein wiederkehrendes Phänomen gibt. Ein rein statistischer Zusammenhang ist nicht ausreichend.

Zweitens sollte ein Anlagesystem nicht dazu führen, dass man seine Quote allzu oft anpassen muss. Es gibt nur wenige Dinge, die einem langfristig orientierten Investor mehr Geld aus der Tasche ziehen als eine sich ständig ändernde Portfoliostruktur. Eine Portfoliostruktur sollte nicht aufgrund einer kurzfristigen Markteinschätzung oder weniger neuer Informationen ständig angepasst werden. Man darf von ihr nicht regelmäßig abweichen, nur weil man die Überzeugung hinsichtlich der vorherigen Vermögenseinteilung verloren hat.

Fixe Anlagequote

Für Börsenneulinge und Anleger, die nicht so viel Zeit mit Investmententscheidungen verbringen möchten, bietet sich eine einfache fixe Anlagequote an. Eine fixe Anlagequote schaltet Emotionen aus und ist ein Mix aus schwankungsarmen Anleihen oder einer Kasse und schwankungsstarken Aktien. Sie passt das Portfolio automatisch an die Markverhältnisse an. Das heißt, in Phasen, in denen die eine Anlageklasse verhältnismäßig billig im Verhältnis zu der anderen ist, wird diese gekauft, und in Phasen, in denen sie verhältnismäßig teuer ist, wird verkauft.

Der Grund ist denkbar einfach: Bei jeder Überprüfung der Zusammensetzung werden schlecht gelaufene Anlagen gekauft und gut gelaufene verkauft. Um das zu demonstrieren, nehmen wir an, dass wir ein Portfolio aus 50 Prozent Aktien und 50 Prozent Anleihen bauen. Nach einem Jahr überprüfen wir das Portfolio. Während dieser Zeit sind Aktien um 20 Prozent gestiegen, während Anleihen sich nicht verändert haben. Das Portfolio besteht also, ausgehend von unserer Anfangsinvestition, aus 60 Prozent Aktien und 50 Prozent Anleihen. Um jetzt das alte 50:50 Verhältnis wiederherzustellen, verkaufen wir 5 Prozent der Aktien und kaufen dafür 5 Prozent Anleihen, sodass unser Portfolio ausgehend von der Anfangsinvestition nun aus 55 Prozent Aktien und 55 Prozent Anleihen besteht. Im zweiten Jahr fällt der Aktienmarkt um 9 Prozent, während die Anleger in dem vermeintlich »sicheren Hafen« Anleihen Schutz suchen und die Notenbanken zur Stabilisierung der Wirtschaft den Zins senken. Die Kurse von Anleihen steigen daraufhin um 9 Prozent, sodass sich bei unserer zweiten Überprüfung 50 Prozent Aktien und 60 Prozent Anleihen im Portfolio befinden. Wieder schichten wir um. Dieses Mal von Anleihen in Aktien, sodass wir wieder 50:50 Aktien und Anleihen mit einer Gesamtperformance von 10 Prozent Rendite haben.

Der Vorteil der regelmäßigen Überprüfung der Portfoliostruktur zeigt sich im Vergleich zu einer einfachen Buy-and-Hold-Strategie von 50 Prozent Aktien und 50 Prozent Anleihen. Ausgehend von unserer Anfangsinvestition hätte sich diese Strategie im gleichen Zeitraum wie folgt entwickelt: Aus 50 Prozent Aktien mit einem 20-prozentigen Anstieg und einem 9-prozentigen Rücksetzer wären 54,6 Prozent geworden; aus 50 Prozent Anleihen mit einem einmaligen 9-prozentigen Anstieg wären 54,5 Prozent geworden. Insgesamt hätte man also 0,9 Prozent weniger Ergebnis nach zwei Jahren gehabt.

Diese Re-Allokationsstrategie mit einer fixen Anlagequote funktioniert nur bei mindestens einer schwankenden Anlage und Anlagenklassen, die nicht vollständig im gleichen Zyklus zueinander laufen. Dies wären zum Beispiel eine Kasse und eine schwankende Anlagekategorie, wie Aktien oder Anleihen. Wenn sich viele Anlageklassen in jüngster Vergangenheit auch recht gleichförmig verhalten haben, laufen zu einem gewissen Grad sichere Anleihen und Aktien auch immer noch gegensätzlich zueinander. Man kann also auch diese beiden Anlageklassen miteinander kombinieren.

Mithilfe dieser Strategie kann man theoretisch bei jeder kleinsten Abweichung des Portfolios den Gewinn sichern und bei fallenden Märkten nachkaufen. Allerdings muss man einen guten Mix aus Anpassung des Portfolios und Handelsgebühren finden. Aus diesem Grund sollte man nicht allzu oft das Portfolio umschichten. Um den Märkten auch eine gewisse Zeit zur Entfaltung zu geben, funktioniert eine jährliche Umschichtung gut. Die Anlagequote, wenn auch fix gewählt, wird also nur einmal im Jahr angepasst.

Die richtige Anlagequote

Die richtige Quote zur richtigen Risikoneigung muss jeder Anleger für sich selbst finden. Ein guter Anhaltspunkt ist, sich selbst folgende Frage zu stellen: Mit welchem Anteil Verlust meines Vermögens kann ich nachts noch ruhig schlafen? Multipliziert man diese Zahl mit zwei, ermittelt man seine Aktienquote. Zusätzlich als Standardrezept, ob mit oder ohne professionellen Ratschlag, kann man sich als Anleger auch wie folgt orientieren:

- 30–50 Prozent: risikoscheue Anleger
- 50–70 Prozent bedingt risikobereite Anleger
- 70–100 Prozent risikofreudige Anleger

Eine weitere einfache Faustformel besagt, dass man als Aktienquote die Prozentzahl von

$$100 - \text{Alter}$$

wählt. Was mich an dieser Formel reizt, ist die Idee dahinter:

Junge Investoren haben an den Finanzmärkten wenig zu verlieren, aber viel zu gewinnen. Wer jung ist und eine Arbeit hat, von dessen Einkommen er seine regelmäßigen Ausgaben problemlos decken kann, den beeinträchtigen Kursrückgänge im Alltag nicht. Das zur Verfügung stehende Einkommen aus der Arbeit reicht aus, um die Kosten zu decken. In jungen Jahren kann man also problemlos eine hohe Aktienquote halten.

Dagegen haben ältere Anleger, die ihren Lebensunterhalt aus ihrem Vermögen beziehen müssen, im Vergleich mehr zu verlieren. Aufgrund ihrer Lebenssituation sollten sie eine niedrigere Aktienquote wählen. Allerdings gibt es auch hier Ausnahmen. Ein Unternehmer, der seine Firma mit 60 Jahren für 20 Mio. Euro verkauft hat, kann auch im Alter problemlos eine höhere Aktienquote als 40 Prozent halten. Benötigt er pro Jahr zum Leben beispielsweise 200.000 Euro, dann würde er für seinen Lebensunterhalt selbst bei einem großen Börsencrash mit 50 Prozent Vermögensverlust (10 Mio. Euro), seinem Portfolio nur 2 Prozent des Kapitals entnehmen. Eine Rendite, die er auch nach Inflationen langfristig mit Aktien problemlos verdient.

Hat man dagegen als gut verdienender Angestellter zum Renteneintritt mit 65 Jahren 500.000 Euro für die Altersvorsorge zurückgelegt und entnimmt jährlich 25.000 Euro, um den Lebensunterhalt zu bestreiten, werden dem Portfolio nach einem Börsencrash 10 Prozent des Kapitals entzogen. Eine Rendite, die Aktien nach Inflation im Durchschnitt nicht erwirtschaften können. Der Anleger sollte aufgrund seiner Risikotragfähigkeit also einen geringeren Anteil an Aktien halten: Nach besagter Faustformel 35 Prozent. Dies wäre tatsächlich eine Summe, die auch nach einem Crash von –50 Prozent seine Altersvorsorge nicht übermäßig gefährdet.

Cost-Average-Verfahren

Neben der sturen Fixierung auf eine Quote kann man auch ein anderes einfaches Verfahren heranziehen, um Börsenschwankungen zu nutzen, ohne dass man den Markt einschätzen muss – das sogenannte Cost Averaging. Hierbei wird die Anlagesumme monatlich um einen bestimmten Betrag erhöht, ohne eine Quote zu berücksichtigen. Dieses Verfahren ermöglicht dem Anleger zufriedenstellende Ergebnisse, weil es ihn daran hindert, zur falschen Zeit zu verkaufen. Beim Cost-Average-Verfahren investiert der Anleger jeden Monat den gleichen Betrag, um eine oder mehrere Aktien zu kaufen. Verkauft wird nur, wenn man das Geld benötigt. Steigen die Kurse, kauft der Anleger weniger Aktien. Fallen die Kurse, kauft er mehr Aktien. Durch diese Methode wird das Markt-Timing ausgeschaltet und man bekommt nahezu die durchschnittliche Rendite der Aktien oder des Marktes. Die Rendite liegt allerdings leicht unter der Rendite der Einmalanlage, wenn die mittlere Rendite der Anlage positiv ist.

Die Vorteile dieser Methode liegen neben dem Ausschalten des Markt-Timings in der finanziellen Disziplin und dem Effekt, dass Verluste weniger schlimm aussehen. So hat das Cost Averaging eine psychologische Wirkung, da der Einstiegskurs der Aktien mit dem Markt steigt und fällt und es nicht direkt beim ersten Börsencrash zu allzu großen Verlusten im Depot kommt. Verluste und Gewinne werden stetig verwässert. Ein außergewöhnliches Ergebnis sollte man von dieser Methode nicht erwarten, aber ein gewöhnliches. Für die meisten einfachen Anleger wäre so ein Ergebnis eine Verbesserung zum aktuellen Status. Das Cost-Average-Verfahren lässt sich heutzutage einfach und kostengünstig umsetzen. Die meisten Banken bieten Sparpläne auf unterschiedliche Fonds an. Der Anleger braucht sich um die regelmäßigen Käufe nicht selbst kümmern, sondern muss nur sehen, dass genügend Geld auf seinem Konto ist.

Die variable Anlagequote

Die fixe Quote und das Cost-Average-Verfahren sind einfache Methoden für den passiven Anleger. Die folgenden Methoden sprechen den aktiven Anleger an, der sich gerne und mit einem höheren Zeitaufwand um seine Geldanlage kümmert.

Die Möglichkeit, seine Anlagequote je nach Marktlage umzuschichten, ist ein schwieriges Unterfangen. Trotzdem gibt es viele Investoren, die ihre Quote nicht fixieren, sondern in einem bestimmten Rahmen, wie zum Beispiel zwischen 60 Prozent bis 80 Prozent, schwanken lassen. Für die gewählte Anlagequote kann sich der Anleger an den drei Werkzeugen des antizyklischen Investierens orientieren: (1) Shiller-KGV, (2) ewige Durchschnittsrendite und (3) Graham-Indikatoren. Daneben braucht es viel Erfahrung und Geduld, um Märkte richtig einzuschätzen und anhaltende Übertreibungsphasen auszusitzen. Ob der erfahrene Investor mit variablen Quoten besser abschneidet, ist ungewiss. Aus diesem Grund sollte man im Zweifel lieber keine Veränderung seines Portfolios unternehmen und nicht handeln. Der echte Investor ist nur selten gezwungen, Aktien zu verkaufen.

Hier sei noch einmal gesagt: Wenn man versucht, den Ertrag zu maximieren, indem man zwischen verschiedenen Anlagen wechselt und die Mischung der Vermögenswerte ständig verändert, dann senkt man wahrscheinlich den Ertrag. Viele Investoren denken, sie müssten aktiv handeln und immer Möglichkeiten finden, möglichst viel aus ihrem Portfolio herauszuholen, obwohl es oft besser wäre, einfach abzuwarten.

Die Voraussetzung, damit man nicht handeln muss, ist natürlich, dass man am Anfang die richtige Entscheidung getroffen hat. Aus diesem Grund setzen viele sehr erfolgreiche Investoren auf eine Buy-and-Hold Strategie. Hierbei wird ähnlich wie beim Cost-Average-Verfahren die Anlagequote nicht beachtet. Man investiert so lange in ein Unternehmen, bis das Unternehmen nicht mehr überzeugt, und ignoriert bis dahin Konjunktur- und Marktschwankungen vollständig. Im Idealfall hat man Unternehmen über mehrere Jahrzehnte im Portfolio, wie Coca-Cola oder Nestlé, die Kriege, Währungsreformen, Länderpleiten und alle anderen Unsicherheiten unbeschadet überstehen und die man deshalb nicht verkaufen muss. Hat man die Buy-and-Hold Strategie verinnerlicht, bietet sie den Vorteil, dass man sich vollständig auf die Analyse des Unternehmens konzentrieren kann. Wichtig ist dabei, das Unternehmen sehr gut zu kennen.

Schlüsselpunkte

- Für die meisten Investoren sind strukturierte Anlagesysteme sinnvoller als opportunistisches Handeln.
- Ein gutes Anlagesystem ist plausibel, hat sich in der Vergangenheit bewährt und benötigt wenige Portfolioumschichtungen. Die Portfoliostruktur sollte nicht häufiger als ein Mal im Jahr angepasst werden müssen.
- Einfache Anlagesysteme sind die fixe Anlagequote je nach Risikoneigung und das Cost-Average-Verfahren. Eine variable Anlagequote braucht dagegen einen deutlich höheren Aufwand des Investors.
- Viele langfristig erfolgreiche Investoren setzen auf eine Buy-and-Hold Strategie, ohne das Portfolio regelmäßig anzupassen.

NUR IN DAS INVESTIEREN, WAS EINEN INTERESSIERT

»Was der Bauer nicht kennt, isst er nicht.« Während man grundsätzlich neugierig und aufgeschlossen durch die Welt gehen sollte, gilt es beim Investieren (auch beim globalen Investieren), konservativ zu sein, das heißt, der Bauernweisheit zu folgen. Es geht nicht darum, das exotischste Unternehmen zu finden. Wenn man das Unternehmen als Investment und nicht als Aktienspekulation kauft, dann ist es wichtig, sich mit dem Unternehmen identifizieren zu können und sein Geschäft zu verstehen. Möchte man kein Geld verlieren, muss man begreifen, was man kauft.

Versteht man das Unternehmen, seine Produkte und seine Märkte nicht, kann man nur mit Gewissheit sagen: Man hat keine Ahnung, was in der Zukunft mit dem Unternehmen passiert. Wenn man keine Ahnung hat, was in der Zukunft passiert, kann man nicht bestimmen, was das Unternehmen heute wert ist. Aus diesem Grund sollte man seinen eigenen Kompetenzbereich bestimmen und sich klar darüber sein, was man versteht und was nicht. Nur, wenn man seinen eigenen Kompetenzbereich kennt, hat man eine Chance, das Unternehmen bewerten zu können. Der Bereich, den man aus kulturellen Gründen, Erfahrungen und Wissen nicht versteht, wird dabei immer um ein Vielfaches größer sein als der Bereich, der leicht verständlich ist. Dies ist nicht schlimm, aber es ist wichtig, es zu verinnerlichen.

Um seinen eigenen Kompetenzbereich festzulegen, hilft eine kleine Übung. Sie ist angelehnt an die Idee des wertorientierten Investors Phil Town und des Managementexperten Jim Collins. Mit ihr kann man seinen Kompetenzbereich mithilfe des Igel-Prinzips aus drei sich überschneidenden Kreisen festlegen:

Kompetenzanalyse

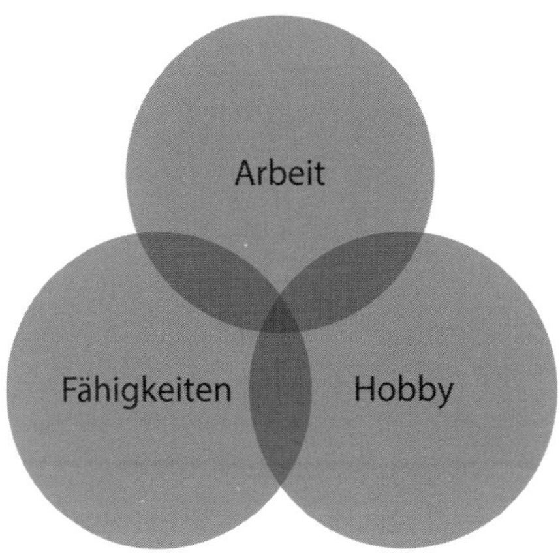

Dazu beantwortet man zu jedem Kreis eine entsprechende Frage:

1. Womit verdiene ich mein Geld?
2. Was macht mir Spaß?
3. Worin bin ich gut?

Man sollte auch seine Freunde, seine Familie und andere Menschen fragen, die die eigenen Fähigkeiten, Arbeit und Hobbys kennen, um einen ausgewogeneren Blick auf sich selbst zu bekommen. Anschließend schreibt man in den ersten Kreis alles, was einem Geld einbringt, in den zweiten Kreis, wofür man eine Leidenschaft hat, und in den dritten Kreis, wofür man Talent besitzt.

Für mich gilt folgendes:

Beispiel Kompetenzanalyse

Kreis 1: Arbeit	Kreis 2: Hobby	Kreis 3: Fähigkeiten
Finanzen/ Fondsmanagement	Fotografieren	Mathematik/ Logisches Denken
Bloggen	Kochen	Programmieren
Verlagswesen/ Publizieren	Reisen	Designen
	Lesen	Lehren
	Finanzen	

Nun sucht man Dinge, die in mehr als einem Kreis auftauchen und auf ein bestimmtes Produkt, Branche oder Unternehmen hindeuten. Bei mir sind das: Ich habe schon Artikel in Zeitungen und dieses Buch publiziert; ich fotografiere und designe gerne. Mir fällt es also wahrscheinlich leichter, Medienkonzerne und Verlage zu verstehen. Gleichzeitig kann ich programmieren und blogge seit mehreren Jahren. Damit habe ich automatisch ein gewisses Verständnis für Internet-Unternehmen. Alles, was in mehreren Kreisen auftaucht, hat eine gewisse Bedeutung für einen. Mit hoher Wahrscheinlichkeit versteht man diese Sachen besser als die meisten Menschen. Beim Investieren sollten wir uns auf diese Bereiche konzentrieren.

Viele Anleger haben den Wunsch, nicht nur in der Heimat zu investieren. Ich rate davon ab! Wenn ein Unternehmen seine Geschäftsberichte nicht in einer Sprache publiziert, die man kennt und beherrscht, oder wenn das Unternehmen in einem Kulturkreis zu Hause ist, der sich grundsätzlich von dem eigenen unterscheidet, dann investiert man besser nicht. Wenn man die Sprache und die Kultur nicht versteht, kann man auch das Unternehmen nicht verstehen.

Man muss darauf achten, nicht auf eine überhebliche und emotionale Stimme im Inneren zu hören, die einem mehr Kompetenzen zuspricht, als man hat. Zwar gibt es heute viele Hilfsmittel, die einem einen vermeintlich guten Zugang zu exotischen Firmen geben: Übersetzungsprogramme, Börsenkommentare und Analysen von Dritten. Bei der Suche nach Investmentgelegenheiten sollte man aber davon die Finger lassen.

Man sollte sich vor allem auf entwickelte Länder, wie die USA, West-Europa, Japan, Kanada, Neuseeland, Australien, Singapur und nicht chinesische Unternehmen in Hongkong konzentrieren: Länder mit einer stabilen Wirtschaft, einer vernünftigen Regierungsform und Unternehmen, deren Produkte man kennt und die in den eigenen Kompetenzbereich fallen. Es werden sich genügend Investitionsmöglichkeiten anbieten.

Schlüsselpunkte

- Es ist wichtig, das Unternehmen zu verstehen, in das man investiert. Das gilt auch für die Kultur, in der das Unternehmen beheimatet ist, und die Sprache, in der das Unternehmen berichtet.
- Um ein Unternehmen zu verstehen, muss man seinen eigenen Kompetenzbereich kennen.
- Der Bereich, den man nicht versteht, wird immer um ein Vielfaches größer sein als der Bereich, den man leicht versteht.

WESHALB MAN NICHT IN SCHWELLENLÄNDER INVESTIEREN MUSS

Für die meisten Anleger und ihr Investment gilt es, eine stabile Wirtschaft mit einer vernünftigen Regierungsform zu wählen. Der Grund ist, dass die meisten Firmen aus Entwicklungs- und Schwellenländern (sogenannte Emerging Markets) nicht in unseren Kompetenzkreis fallen.

Unternehmen aus Emerging Markets konzentrieren sich oft auf ihr lokales Geschäft, da sie dort höhere Wachstumsraten erzielen, und sie sind anderen gesellschaftlichen und politischen Mechanismen ausgesetzt, als man sie aus Industrienationen kennt. Investitionen in solche Länder setzen deshalb eine hohe regionale Kenntnis und ein Vertrauen in die dortige Rechtssicherheit voraus. Das hohe Wachstum, welches die meisten Anleger in Schwellenländer zieht, ist dabei nicht nur der demografischen Entwicklung und den Aufholprozessen geschuldet, sondern oft der Ausbeutung von Arbeitskräften und der Umwelt. Dabei haben Schwellenländer die unangenehme Eigenschaft, die Schwelle nie so recht zu überschreiten. Gleichzeitig sind die Währungsschwankungen oft unvorhersehbar und machen eine Anlage für den in Euro rechnenden Investor unkalkulierbar. Es gibt Ausnahmen, wie zum Beispiel Südkorea oder Singapur, die den Sprung von einer wirtschaftlich weniger entwickelten Nation zu einer führenden Wirtschaftsnation geschafft haben. Die meisten Schwellenländer sind für die Geldanlage jedoch unsichere und instabile Orte, die zeitweise enorme Gewinne liefern, aber genauso erschreckend schnelle Verluste.

So zeigt sich, dass auf jede Erfolgsgeschichte mindestens ein Misserfolg im gleichen Ausmaß kommt. Als Beispiel jüngerer Vergangenheit sind hier vor allem südamerikanische Länder zu nennen, wie Venezuela (seit 1998 sozialistisch regiert) oder Argentinien (Staatsbankrott und Zusammenbruch des Finanzsystems 2002). Hier wurden Investoren durch politische Entscheidungen und mangelndes Vertrauen enteignet. Genauso schlimm hat sich Russland im Fall des nicht linientreuen Ölkonzerns Yukos verhalten. Dieser wurde nach mehreren, vermutlich politisch motivierten Rechtsprechungen 2006 für bankrott erklärt. Zwar haben frühere Aktionäre des Konzerns vor einem Schiedsgericht Russland auf die Zahlung von 50 Mrd. US-Dollar verklagt, aber eine Zahlung steht noch aus.

Als Schwellenland der großen Hoffnung sehen die meisten Anleger China – das bevölkerungsreichste Land der Welt. Jedoch gehören viele Aktiengesellschaften, die an den Börsen in Shanghai, Shenzhen und Hongkong gelistet sind, größtenteils dem Staat oder werden von ihm indirekt kontrolliert. Westliche Investoren sind nur stille Partner ohne Schutz. Wenn die Kommunistische Partei Chinas ihre Politik ändert, kann dies ohne Entschädigung zu hohen Verlusten führen.

Bei der Geldanlage ist es hilfreich, auf eine stabile Wirtschaft mit einer vernünftigen Regierungsform zu achten. Möchte man trotzdem in Schwellenländer investieren, kann man dies indirekt über multinationale Konzerne erreichen. Als langfristig denkender Investor kann man so von dem positiven demografischen Wandel und dem Aufholprozess profitieren, ohne größere Sorge vor Bilanzmanipulationen oder Enteignungen zu haben.

Als Beispiel für solche indirekten Schwellenländerinvestments sind die deutschen Autobauer VW, BMW und Daimler zu nennen. Durch eine stetig wachsende Mittelschicht ist China seit 2009 der größte Automarkt der Welt. Auch die deutschen Autobauer haben von diesem Trend profitiert. Sie haben ihren Anteil in China am Umsatz in den letzten Jahren zum Teil auf mehr als 20 Prozent ausgebaut. Das heißt, dass von jedem erwirtschafteten Euro in der deutschen Automobilindustrie 20 Cent aus China kommen.

Multinationale Lebensmittelkonzerne, wie Nestlé, Coca-Cola und Procter & Gamble, erwirtschaften große Teile ihrer Umsätze in Südamerika und Asien. Selbst Luxusgüterhersteller, wie Richemont, LVMH und Prada, machen im Schnitt fast 30 Prozent ihrer Umsätze in Asien, exklusive der Industrienation Japan. Hierbei sind die unzähligen reichen und superreichen Touristen aus Peking und Moskau nicht mit eingerechnet, welche die teuren Boutiquen in Paris und Zürich stürmen, sondern der tatsächliche Umsatz vor Ort.

Diese Beispiele zeigen, dass man nicht unbedingt direkt in den Schwellenländern investieren muss. In einer globalisierten Welt kann man über Beteiligungen mit vertrautem Rechtssystem auch indirekt von der wirtschaftlichen Entwicklung anderer Länder profitieren.

Ich möchte nicht missverstanden werden, Investitionen in Schwellenländer sind nicht zu verteufeln. Mit Direktinvestitionen oder der Bereitstellung von Krediten, wie Mikrokrediten, in Schwellenländern fördert man deren Entwicklung und leistet damit eine große Hilfe, um die Armut der Welt zu bekämpfen. Man kann mit der Bereitstellung von Kapital Hilfe zur Selbsthilfe betreiben. Allerdings sollte man dann diese soziale Komponente auch in den Mittelpunkt seiner Ausgabe stellen und nicht den Investmentaspekt.

Wie bei den Schwellenländern sollte man auch in entwickelten Ländern beim Investieren berücksichtigen, wie gut man die Kultur und die Wirtschaft tatsächlich kennt. Wenn man als deutscher Investor in Österreich investiert oder umgekehrt, mögen die Unterschiede recht klein wirken. Dagegen ist die wirtschaftliche Kultur bei dem EU-Nachbarn Frankreich schon eine ganz andere. Mit seinem zentralistischen Aufbau und den starken Gewerkschaften unterscheidet sich die französische Wirtschaft bereits stark von der deutschen, auch wenn der Unterschied im Vergleich zu Schwellenländern gering ausfallen mag.

Schlüsselpunkte

- Investitionen in Schwellenländern setzen eine hohe regionale Kenntnis und ein Vertrauen in die dortigen Rechtssysteme voraus. Währungsschwankungen machen eine Investition in Schwellenländern zusätzlich oft unkalkulierbar.
- Schwellenländer habe die unangenehme Eigenschaft, die Schwelle nie so recht zu überschreiten.
- Für eine Anlage in Schwellenländern sind multinationale Konzerne oft besser geeignet als eine direkte Investition.

SICH NICHT VON DER MEINUNG DER ANDEREN BEEINFLUSSEN LASSEN

Wenn man eine Person für eine Problemlösung bezahlt, findet sie mit Sicherheit auch ein Problem. Dies gilt nicht nur für Unternehmensberater, Rechtsanwälte und Automechaniker, sondern auch für Finanzberater, Analysten und Broker.

Bei jeder Vorhersage und bei jeder Einschätzung muss man überprüfen, was die Motivation des Urhebers ist. Die meisten Menschen machen das, wofür sie bezahlt werden. Bei der Wertpapieranalyse von Banken geht es darum, den Anlegern eine Handlungsempfehlung zu geben, damit sie handeln können. Allerdings stimmen diese Anlageempfehlungen nur selten mit den Zielen eines langfristigen, wertorientierten Investors überein. Der Grund ist einfach: Der Anlagehorizont bei den meisten Banken ist ein Jahr! Das ist kein Scherz. Banken schauen für ihre Kunden nur selten länger in die Zukunft. Denn nach einem Jahr möchte man eine neue Handlungsanweisung geben, um an neuen Handelsgebühren zu verdienen. Der prognostizierte Kurswert (Zielkurs) ist derjenige, den die Aktie in 12 Monaten erreichen sollte. Ob er erreicht wird, hängt von vielen Aspekten ab – hauptsächlich von der Stimmung des Marktes. Dies sollte man auch bedenken, wenn man das nächste Mal einen Finanzartikel in einer Zeitung oder im Internet liest und dort Sätze stehen, wie »UBS belässt BASF SE auf ›Buy‹« oder »MORGAN STANLEY belässt DAIMLER AG auf ›Neutral‹«.

Ein adäquater Zeithorizont für eine Aktienprognose wäre eigentlich derjenige, mit dem der Investor investieren möchte. Wie schon erwähnt, sollte das für Aktieninvestments fünf Jahre sein. Für eine 5-Jahres-Prognose kann man nur mit sehr hoher Unsicherheit einen genauen Zielkurs bestimmen. Ich bin der Meinung, man sollte es gar nicht erst versuchen. Besser ist es, wenn nötig, Kursspannen anzugeben und in relativen Bewertungen, wie KGV (Kurs-Gewinn-Verhältnis) oder KBV (Kurs-Buchwert-Verhältnis), zu sprechen. Das KGV bezeichnet dabei den Kurs, geteilt durch den Gewinn pro Aktie. Es gibt mit dem Vielfachen des Gewinnes an, wie das Unternehmen derzeit an der Börse bewertet ist oder wie viele Jahre es braucht, um einen Kurs (den Preis eines Unternehmens) mit dem derzeitigen Gewinn zu bezahlen. Es ist eine erfolgsorientierte Kennzahl, während das KBV eine substanzorientierte Kennzahl ist. Es bezeichnet den Kurs, geteilt durch den Buchwert pro Aktie. Der Buchwert steht dabei für das Eigenkapital. Das KBV gibt mit dem Vielfachen des Buchwertes an, wie ein Unternehmen derzeit an der Börse bewertet wird.

Aus einer solchen eher unpräzisen und relativen, aber vielleicht richtigen Bewertung würden sich allerdings viel weniger Handlungsanweisungen ableiten lassen. Im Gegensatz zum fixen Zielkurs in 12 Monaten verändern sich das KGV und das KBV durch den wirtschaftlichen Erfolg des Unternehmens und können deshalb trotz steigender oder fallender Kurse gleichbleiben. Dann kann der Finanzanalyst und -berater keinen neuen Zielkurs mit neuer Handlungsanweisung ausrufen. Aus diesem Grund gibt es in der Regel keine unpräzisen und relativen Bewertungen von Bankberatern.

Gleichzeitig muss man ehrlicherweise auch sagen, dass Bankanalysten auf ein williges Publikum treffen. Wenn die Quartalsberichte schwach ausfallen, wollen die meisten Menschen sofort verkaufen. Wenn sie gut ausfallen, wollen sie kaufen. Dies entspricht der Logik des Finanzwesens und einer kurzfristigen Anlagestrategie. Das Problem ist nur, dass diese Logik nicht vernünftig ist und langfristig nicht mehr Geld einbringt. Wenn man das Geld so anlegt, wie es die Mehrheit gerade jetzt macht oder die Finanzdienstleister empfehlen, erhält man auch nur die Rendite der Mehrheit. Jedoch ist dies eher die Rendite, welche die Institute an der Wall Street und in den glänzenden Türmen in Frankfurt reich macht, und nicht die Mehrheit der Anleger.

Zum Glück sind Depotkosten inzwischen bei den meisten Direktbanken weggefallen und Ordergebühren bei einer Onlineaufgabe in ein elektronisches Handelssystem günstig. Aber Vorsicht, dies gilt nicht für alle Hausbanken. Wenn Banken einem also raten würden, ein gutes und solides Unternehmen zu kaufen und dieses 20 Jahre zu halten, würden die meisten von ihnen kein Geld mehr verdienen. Aus diesen Gründen halten die Händler der Banken ständig Ausschau nach Möglichkeiten, neue Anlageideen vorzuschlagen und irgendwie Gebühren zu verdienen. Erfolgreiche Händler sind ungeduldig, wenn man zu lange auf einer Position sitzen bleibt und wenn kein Geld bewegt wird, verdient die Bank nichts. Wird man also von der Sell-Side (den Leuten in der Bank, die Produkte verkaufen) angesprochen, sollte man sich deren Motivation – jeden zum Handeln zu bewegen – bewusst sein. Aus diesem Grund muss man selbst suchen und kann sich nicht allein auf professionellen Rat verlassen.

Wenn ich neue Ideen analysiere, konzentriere ich mich deshalb grundsätzlich zuerst auf Primärinformationen (Jahresberichte, Bilanzen, Presseberichte, Verkaufszahlen von Händlern). Im zweiten Schritt lese ich Branchenberichte und allgemeine Studien zu der jeweiligen Industrie. Diese findet man einfach bei Branchenverbänden. Erst dann lese ich Kommentare, Research und rede mit der unternehmenseigenen Abteilung für Investor Relations oder dem Management. Die Investor-Relations-Abteilung beschreibt dabei eine zielgerichtete, systematische und kontinuierliche Kommunikation mit aktuellen und potenziellen Eigen- und Fremdkapitalgebern sowie Medien. Grundsätzlich sind die Vertreter der Abteilung für Investor Relations einfach die Ober-Marketingbeauftragten für die eigenen Aktien des Unternehmens. Ihr Job ist es nicht, zu sagen, dass die Aktie zu teuer ist.

Bei allen Einschätzungen von Dritten frage ich mich, was ihre Motivation ist. Leider sind auch viele Blogs mit vermeintlich unabhängigen Kommentaren kritisch zu sehen. So wird vermutet, dass Investmentbanken auf unabhängigen Finanzplattformen, wie zum Beispiel Seeking Alpha, publizieren, mit dem Ziel, die Aktienkurse kurzfristig in eine gewünschte Richtung zu treiben. Aus diesem Grund sollten solche Kommentare, wie auch Bankenresearch, in erster Linie dazu dienen, die eigene Einschätzung zu hinterfragen, nicht aber, sie aufzubauen. Ich nutze Berichte von Bankanalysten und Kommentare auf Blogs deshalb in erster Linie, um zu sehen, ob ich alle wichtigen Aspekte bedacht habe, und weniger, um mich auf ihre tatsächliche Analyse zu verlassen. Insbesondere der erste Bericht eines Analysten (eng. Initial Coverage) beleuchtet dabei viele Facetten eines Investments und regt zum Nachdenken an. Das Fazit und die Prognose des Aktienkurses kann man aber getrost überlesen. Als Privatanleger bekommt man diesen ersten Bericht eines Analysten leider selten zur Verfügung gestellt, aber es lohnt sich, auf der Investor-Relations-Seite nach diesen Berichten zu suchen oder einmal nachzufragen, ob das Unternehmen diese nicht bereitstellen kann.

Auch das Fazit und die Prognosen aus einem direkten Gespräch mit dem Unternehmen muss man leider oft ignorieren. Vertreter von Unternehmen sind naturgemäß äußerst positiv auf ihr Unternehmen zu sprechen und meistens negativ gegenüber der Konkurrenz. Um auch kritische Antworten zu bekommen, muss man gute Fragen stellen. Bevor man in ein solches Gespräch geht, sollte man aber seine Hausaufgaben machen und relativ weit mit der eigenen Analyse sein. Wenn man mit einem Unternehmensvertreter sprechen kann, sollte man vorbereitet sein. Die wichtigste Frage sollte nicht unbedingt lauten: »Wie wird sich Ihr Umsatz im nächsten Jahr entwickeln?«

Hier sind meine Lieblingsfragen an einen Manager:

Was ist besonders an Ihrer Unternehmenskultur?

Dies ist eine gute Frage für den Einstieg, weil sie sehr offen ist und man sie normalerweise nur schwer aus den Unternehmensberichten lesen kann.

Wenn Sie 10 Jahre Ihre Ersparnisse in einen Ihrer Konkurrenten anlegen müssten, welcher wäre dies? Alternativ: In welchen Lieferanten oder Kunden würden Sie investieren?

Die Frage ist gut, da man allgemein etwas über den Markt erfährt. Sie zeigt außerdem die Stärken der Konkurrenten und wie der Manager damit umgeht.

Wenn Sie einen Ihrer Konkurrenten verkaufen müssten, welcher wäre dies?

Umgedreht zur vorherigen Frage. Zeigt die Schwächen oder Überbewertungen im Markt.

Was hat das Unternehmen in den letzten Jahren getan, um seinen nachhaltigen Wettbewerbsvorteil auszubauen?

Die Frage zeigt, ob das Unternehmen einen Wettbewerbsvorteil hat und ihn weiterentwickelt.

Wenn Sie eine Übernahme tätigen, wie gehen Sie dabei vor? Was ist Ihr Prozess?

Hier möchte man wissen, ob das Unternehmen und der Manager opportunistisch handeln, ob Übernahmen verstanden werden und ob sich die verantwortlichen Personen unter Umständen ein Denkmal durch Übernahmen setzen möchten.

Was ist die größte Veränderung in den letzten 5 Jahren in Ihrer Industrie?

Unternehmen stehen im kontinuierlichen Wandel. Heute im Zeitalter des Internets und der Digitalisierung schneller als zuvor. Ist dies im Unternehmen bekannt? Die Frage soll zeigen, wie man auf den Wandel reagiert.

Was machen Sie, was Ihre Konkurrenz jetzt noch nicht macht?

Die Frage kommt von Phil Fisher. Betonung liegt auf »jetzt«, da jeder Vorteil irgendwann von der Konkurrenz kopiert wird.

In welcher Form ist Technologie eine Chance und in welcher Form ein Risiko für Sie?

Bezieht sich auf die zwei Fragen zuvor. Technologischer Wandel ist heute wichtiger als jemals zuvor. Das Bewusstsein für diesen Wandel im Unternehmen sollte durch diese Fragen deutlich werden.

Wenn ich ausreichend Kapital zur Verfügung hätte, was würde mich davon abhalten, in einem Jahr Kopf-an-Kopf mit Ihnen im Wettbewerb zu stehen?

Die Frage soll klären, ob es einen Wettbewerbsvorteil über das notwendige Kapital hinaus gibt.

Wenn Ihr Unternehmen morgen nicht mehr existieren würde, was würden Ihre Kunden vermissen?

Geht auch in die Richtung herauszufinden, was der Wettbewerbsvorteil eines Unternehmens ist.

Worüber beschweren sich Ihre Kunden am meisten? Und wie behandeln Sie das Thema?

Kein Unternehmen ist perfekt. Wo liegen die Schwächen des Unternehmens und wie werden sie behandelt?

Was unterschätzen Investoren an Ihrem Geschäft?

Auch eine schöne Frage für den Schluss, da der Manager hier noch einmal glänzen kann.

Was ist Ihre Meinung zu Aktienrückkäufen und Dividenden?

Zeigt das Verständnis im Unternehmen über Kapitalallokation.

Haben Sie eine gute Buch-Empfehlung?

Zeigt etwas über den Charakter der Person, mit der man spricht. Ist die Antwort: »Ich habe keine Zeit zum Lesen«, möchte man vielleicht zeigen, wie hart man arbeitet. Die Antwort ist aber eher ein negatives Zeichen, weil man überarbeitet oder unorganisiert ist. Gibt es eine Empfehlung, zeigt dies, dass man sich weiterbilden möchte und intellektuell neugierig ist.

Nach meiner Erfahrung kommt man nur über diese Art von Fragen an Antworten, die nicht wie aus der PR-Abteilung klingen. So hört man auch mal Gutes über Konkurrenten und kritische Angaben über das eigene Unternehmen.

Gespräche mit dem Unternehmen sind immer mit äußerster Vorsicht zu genießen. Man muss zwischen den Zeilen lesen können. Es ist nicht notwendig, mit einem Unternehmen zu sprechen, und kann in einzelnen Fällen sogar gefährlich sein, wenn man auf einen besonders charismatischen, aber nicht integren Manager trifft. Wenn man solche offenen, weichen Fragen stellt, kann man sich einer guten Antwort leider nicht sicher sein.

Dazu ein Beispiel aus der Praxis: Ich habe mal zusammen mit dem Finanzchef einer der größten deutschen Energieversorger gegessen und ihn gefragt, ob sich das politische Umfeld für eben jene Energieversorger in Deutschland gebessert hat. Er sagte mir darauf, ich soll nach einem bestimmten aktuellen Video des damaligen Wirtschaftsministers Sigmar Gabriel suchen, bei dem er einem Greenpeace-Aktivisten kontert. Dieses Video vermittelte den Eindruck, dass das Wirtschaftsministerium positiv gegenüber den Versorgern eingestellt sei. Kaum eine Woche später wurde jedoch eine neue CO_2-Abgabe für Kohlekraftwerke eingeführt, die den Energieversorgern einen weiteren Teil ihres Geschäftes entzog und ihre Aktienkurse in den Keller trieb. War dies offensichtliche Täuschung? Nein, aber das Video hat mir ein positives Bild der Beziehung zwischen Wirtschaftsminister und Energieversorger vermittelt, ohne dass es diese gegeben hätte.

Alle meine bisherigen Erfahrungen haben mich gelehrt: Man sollte sich beim Kauf eines Unternehmens immer auf die eigene, selbsterarbeitete Analyse stützen. Wenn man auf die Einschätzung eines Dritten angewiesen ist, sollte man die Finger von dem Investment lassen und nicht in das Unternehmen investieren. Verlässt man sich trotzdem auf andere, sollte man darauf achten, dass sie die gleichen Interessen wie man selbst haben, und sein Portfolio streuen.

Schlüsselpunkte

- Bei einer Analyse sollte man sich zuerst auf die Primärinformationen und dann auf die Informationen aus zweiter Hand konzentrieren. Einschätzungen von Dritten sollten in erster Linie dazu dienen, die eigene Meinung zu hinterfragen.
- Die Informationen von Vertretern der Investor-Relations-Abteilung sind mit Vorsicht zu genießen, da sie in gewisser Weise die Marketingbeauftragten der eigenen Aktie sind.
- Eine gute Prognose sollte über denselben Zeitraum erfolgen wie das Investment selbst.
- Statt eines präzisen Zielkurses sollte man besser eine Kursspanne oder eine relative Bewertung für die Zukunft bestimmen.

WIESO DIVERSIFIKATION SINNVOLL IST

Wenn man keine Ahnung hat, was man tut, sollte man breit streuen. Je unsicherer man ist, umso mehr sollte man diversifizieren. Umgekehrt: Je sicherer man mit einer Anlage ist, umso mehr kann man sie konzentrieren. Aus diesem Grund sollten Anleger, die sich nicht intensiv mit ihren Anlagen beschäftigen möchten, in breit gestreute Indexfonds oder aktiv gemanagte Fonds investieren. Nur Anleger, die Spaß und Zeit haben, sich intensiv mit ihren Investments auseinanderzusetzen, können ein konzentrierteres Portfolio fahren.

Wichtig ist dabei allerdings, nicht nur ein gutes Verständnis von den einzelnen Investments zu haben, sondern auch ein gutes Verständnis des eigenen Unvermögens. Wer glaubt, mehr als eine gute Anlageidee pro Jahr zu haben, täuscht sich mit großer Wahrscheinlichkeit. Sich dies einzugestehen fällt den meisten Anlegern, mich eingeschlossen, schwer. Man sollte die eigenen Annahmen und das eigene Wissen ständig hinterfragen, ohne dabei unsicher zu werden. Die größten Unfälle an der Börse ereignen sich, wenn sehr viel Ego auf eine Fehlannahme trifft. Und dies passiert häufig.

Um dieses zu vermeiden, sollte man deshalb einzelne Investments, zumindest beim Kauf, nicht zu hoch gewichten. Grundsätzlich gilt, auch für ein konzentriertes Portfolio, mindestens 15 Unternehmen zu halten. Mit einem gestreuten Portfolio, über mehrere Branchen und Länder, deckt man einen großen Teil des unsystematischen Risikos der einzelnen Kaufentscheidung ab. Das unsystematische Risiko ist dabei ein Begriff aus der Portfolio-Theorie, der das Risiko der einzelnen Anlage im Gegensatz zum Marktrisiko (systematisches Risiko) beschreibt. Im Zusammenhang mit dem echten Investitionsrisiko beschreibt es das Risiko, mit einer Anlage falsch zu liegen. Das systematische Risiko ist dagegen, beim echten Investieren das falsche Anlagesystem gewählt zu haben und damit dauerhaft niedrigere Renditen einzufahren.

Die Portfolio-Theorie besagt außerdem, dass je mehr Anlagen dem Portfolio hinzugefügt werden, umso niedriger das Risiko im Verhältnis zur Rendite ist. Die Schwankungen des Portfolios nehmen mit zunehmender Anzahl Anlagen ab. Dies hört sich erst einmal gut an. Aber als aktiver wertorientierter Anleger sollte man nicht zu viele Unternehmen kaufen. Der Grund ist einfach: Je stärker man streut, desto weniger hängt die Rendite des Gesamtportfolios von den Einzelentscheidungen ab. Natürlich verringert man damit negative Auswirkungen, wenn man sich irrt, bzw. überschätzt hat. Aber man verringert auch die positiven Auswirkungen bei richtigen Entscheidungen. Sollte sich eines der Investments über mehrere Jahre hinweg als richtig herausstellen und gut entwickeln, muss man, entgegen der Lehrbuchmeinung, nicht verkaufen, um die Position aktiv zu reduzieren. Insbesondere dann nicht, wenn man das Unternehmen immer besser kennenlernt und keine bessere Alternative findet.

Man sollte das Investment dagegen einfach laufen lassen und von der guten Entscheidung, die man getroffen hat, profitieren.

Schlüsselpunkte

- Je unsicherer man ist, umso mehr sollte man diversifizieren.
- Mit einem gestreuten Portfolio über mehrere Branchen und Länder deckt man einen großen Teil des unsystematischen Risikos der einzelnen Kaufentscheidung ab.
- Je stärker man streut, desto weniger hängt die Rendite des Gesamtportfolios von der Einzelentscheidung ab.

SELBSTWAHRNEHMUNG UND INVESTIEREN

Fehlannahmen beim Aktienkauf passieren und darauf sollte man gefasst sein. Die größten Fehler geschehen trotz sorgfältiger Vorbereitung und Auswahl durch die eigene falsche Wahrnehmung. Ein diversifiziertes Portfolio und eine gute Selbstkenntnis können dagegen helfen.

Der größte Feind des wertorientierten Investors ist der Zweifel an seiner Haltung und seine Voreingenommenheit. Die meisten Anleger beschäftigen sich mit den Unternehmen, mit den Nachrichten, mit Formeln und mit ihren Analysen, nicht aber mit der Art und Weise, wie sie Information aufnehmen, selektieren und nutzen. Der Mensch ist keine Maschine, die alle Informationen aufnimmt und richtig bewertet, sondern nimmt sie je nach Erfahrung, Wissen und Gefühl anders auf. Dabei werden die eigenen Einflussmöglichkeiten und Fähigkeiten allzu leicht überschätzt. Man hält sich für besser informiert, klüger und kompetenter, als man eigentlich ist. Dies gilt insbesondere, wenn man Neueinsteiger an der Börse, jung und männlich ist. Man glaubt, besser zu sein als der Durchschnitt der Anleger. Dies gilt für die Mehrheit der Investoren und bedeutet, dass ein Teil der Investoren die eigene Leistung überschätzt oder die Leistung der anderen unterschätzt.

Es gibt zu diesem Thema interessante Experimente aus mehreren Fachrichtungen. Zum Beispiel wurden Autofahrer nach ihrer Fahrfähigkeit im Vergleich zu anderen Autofahrern oder Fondsmanager nach ihrer Anlagefähigkeit im Vergleich zu anderen Fondsmanagern befragt. Das Ergebnis ist immer das gleiche: Die Mehrheit der Befragten glaubt, besser zu sein als der Durchschnitt, was nicht sein kann.

Auch sind die meisten Menschen oft übermäßig zuversichtlich hinsichtlich ihrer eigenen Überzeugung. Sie messen dieser einen zu hohen Grad an Richtigkeit zu. Dies kann einfach durch Fragen mit numerischen Antworten getestet werden, zum Beispiel: Geben Sie eine Spanne an, wie viele Einwohner Berlin hat oder wo ein Aktienkurs zum Ende des Jahres steht. Solche Fragen haben gezeigt, dass die meisten Menschen ihre Antwort zu eng wählen. Sie überschätzen die Genauigkeit ihrer subjektiven Antwort und sollten eigentlich breitere Spannen angeben.

Für Investoren ist eine wichtige Erkenntnis aus solchen Experimenten, sich selbst zu fragen, ob man auch betroffen ist.

Interessanterweise erkennt man übermäßig selbstbewusste Investoren häufig daran, dass sie wesentlich mehr kaufen und verkaufen als andere Investoren. Sie überschätzen ihre Fähigkeiten und die Informationen, die sie erhalten, und werden daraufhin aktiv.

Diese Investoren haben eine unrealistische Einschätzung darüber, welchen Mehrwert sie mit ihrem Handeln gegenüber Untätigkeit erzielen. Viele Informationen sind für die langfristige Entwicklung eines Unternehmens unwichtig und eine Aktion erübrigt sich. Wichtig ist, die Qualität des Unternehmens richtig einzuschätzen, nicht die Fähigkeit, die nächsten Quartals-, Halbjahres oder auch Jahreszahlen genau vorherzusehen. Wer sich bewusst lange mit der Frage der Qualität des Unternehmens beschäftigt und diese immer wieder hinterfragt, braucht nicht auf kurzfristige News zu reagieren.

Gleichzeitig haben viele Investoren, nachdem sie sich entschieden haben, ein Problem damit, Informationen richtig zu deuten. Sie selektieren die Nachrichten dahingehend, dass sie ihre ursprüngliche Entscheidung unterstützen und nehmen die tatsächliche Aussagekraft der Information nur noch eingeschränkt wahr. Dies sorgt kurzfristig für ein gutes Gefühl. Langfristig verschlechtert es jedoch das eigene Anlageergebnis.

Aus diesem Grund suche ich bewusst nach Informationen, die meine eigene These über die hohe Qualität meiner Beteiligung infrage stellen. Es ist unangenehm, sich damit zu beschäftigen, was bei einem Investment alles schiefgehen kann, für eine langfristig gute Performance aber unumgänglich. Wenn man das Gefühl hat, 100 Prozent sicher zu sein, sollte man nach Informationen suchen, welche die gefühlte Sicherheit auf ein gesundes Maß reduzieren. Der Satz »Ich bin mir zu 100 Prozent sicher« ist einer der teuersten Sätze für Investoren.

Investieren hat immer mit Unsicherheit und Ungenauigkeit zu tun. Ich liege lieber ungenau und unsicher richtig, als genau und sicher falsch. Es hilft dem Investor, sich mit der eigenen Unsicherheit zu beschäftigen, nicht übertrieben aggressiv in den Markt zu gehen und zurückhaltend zu agieren.

Schlüsselpunkte

- Jeder Investor macht Fehler. Man sollte sich darauf einstellen.
- Die meisten Investoren überschätzen sich. Sie denken, ihre Informationen seien genauer als die Informationen anderer Investoren und ihr Handeln sei besser als der Durchschnitt.
- Ein Investor sollte sich bei jeder Aktion fragen, welchen Mehrwert er mit seinem Handeln gegenüber Untätigkeit erzielt.
- Viele Investoren suchen nach Informationen, die sie selbst bestätigen, anstatt zu versuchen, die eigene Entscheidung infrage zu stellen.

WESHALB SHORTEN KEINE OPTION FÜR WERTEORIENTIERTE INVESTOREN IST

Ein großer Teil der Medienberichterstattung über die Börse bezieht sich auf das sogenannte Shorten von Wertpapieren bzw. Leerverkäufe von Wertpapieren. Es wird oft als die Königsdisziplin im Fondsmanagement bezeichnet und ist für Privatpersonen nur im eingeschränkten Maße über Optionen und Futures möglich. Der Future bezeichnet dabei einen Terminkontrakt, bei dem sich der Käufer und Verkäufer verpflichten, eine bestimmte Menge eines bestimmten Vermögenswertes zu einem bestimmten Preis an einem bestimmten Termin zu liefern bzw. abzunehmen. Damit lassen sich Leerverkäufe relativ kostengünstig umsetzen. Im Gegensatz zur teureren Option hat man keine Wahlmöglichkeit, ob man zum gewählten Termin verkaufen oder kaufen möchte. Leerverkäufe haben viel Kritik einstecken müssen und können zu Irrationalitäten, wie dem explosionsartigen Kursanstieg von VW während der Porsche-Übernahme 2009, führen. Der Grund ist, dass beim klassischen Leerverkauf der Investor ein Wertpapier veräußert, über welches er zum Verkaufszeitpunkt nicht verfügt. Da der Verkäufer das Wertpapier nicht besitzt, muss er es zu einem späteren Zeitpunkt über die Börse zurückkaufen. Er hofft darauf, dass der Kurs bis dahin gefallen ist, sodass er es günstiger kaufen kann. Sein Gewinn ist die Differenz zwischen dem anfänglichen Veräußerungspreis und dem späteren Rückkaufpreis. Allgemein beschrieben ist es die Spekulation auf fallende Kurse. Da der Spekulant das Wertpapier zum Verkaufszeitpunkt nicht besitzt, ist er darauf angewiesen, dass es einen liquiden Markt gibt, wo er das Wertpapier auch tatsächlich bekommt.

Um beim VW-Beispiel zu bleiben: Porsche hat versucht, VW zu übernehmen. Gleichzeitig haben viele Hedgefonds und andere professionelle Spekulanten darauf gesetzt, dass der Kurs fällt, weil sie dachten, Porsche kaufe weniger Aktien und VW sei zu teuer. Sie liehen sich viele VW-Aktien und verkauften diese. Zum Teil veräußerte man auch an Porsche. Als Porsche dann verkündete, bereits über mehr als 80 Prozent der stimmberechtigten Aktien von VW zu verfügen und die Aktien auf keinen Fall zurück verkaufen zu wollen, fiel den Leerverkäufern auf, dass es nicht mehr genügend Aktien gab, um all ihre offenen Positionen zu decken. Die Folge war, dass alle Leerverkäufer auf einmal durch eine zu enge Tür wollten. Wenn die Kurse entgegen der Erwartungen der Leerverkäufer steigen, so müssen zur Verlustbegrenzung viele Leerverkäufer ihre Wertpapiere zurückkaufen, was den Kurs weiter nach oben treibt, damit die Verluste der Leerverkäufer ausweitet und weitere Leerverkäufer dazu zwingt, ihre Positionen einzudecken. Es gab bei VW einen Nachfrageüberhang und einen sogenannten Short Squeeze. Der Kurs der VW-Aktie vervielfachte sich innerhalb von wenigen Tagen und kostete die Spekulanten, die sich gegen die VW-Übernahme gestellt hatten, viel Geld. Unter anderem gab es auch den tragischen Fall des Unternehmers und Privatiers Adolf Merckle, der in der Folge der Spekulation dachte, sein Lebenswerk verloren zu haben, und sich das Leben nahm.

Die Regeln für Leerverkäufe haben sich seitdem geändert, um Märkte stabiler zu machen und Exzesse, wie bei VW/Porsche, zu verhindern. Als liberal denkender Mensch kann man sich über die politische Bevormundung bei Short-Geschäften beschweren, als langfristiger und wertorientierter Anleger ist man von dieser Regel aber kaum betroffen. Im Grunde sollte man auf Leerverkäufe freiwillig verzichten.

Beim Value Investing geht es darum, unterbewertete Wertpapiere zu identifizieren, um mit dem Kauf eine überdurchschnittliche Rendite zu erzielen. Zwar könnte man daraus schließen, dass man das Value Investing auch umdrehen kann und überbewertete Aktien identifiziert, um mit dem Verkauf überdurchschnittliche Renditen zu erzielen. Dies ist aber nicht der Fall. Der Grund ist einfach: Timing. Timing beschreibt bei Wertpapieren, den richtigen Zeitpunkt des Ein- oder Ausstiegs zu treffen. Das Kapitel »Antizyklisch Investieren« hat diese Thematik bereits beschrieben.

Die Grundidee des Timings für Value Investoren ist, die langen Börsenzyklen systematisch zu nutzen und immer verstärkt im schwächeren (pessimistischen) Markt investiert zu sein und im stärkeren (optimistischen) zu desinvestieren und die Zeit für sich arbeiten zu lassen. Das Prinzip dahinter ist einfach: Kaufe günstig Unternehmensbeteiligungen in schwachen Phasen des Aktienmarktes. Warte, bis diese sich erholt haben, und lege dein Geld nach einer starken Phase aufs Konto. Die Problematik liegt in der Entscheidung, wann ein Markt oder eine Aktie von den anderen Anlegern zu pessimistisch oder optimistisch bewertet wird, und darin, ausreichend Geduld zu haben, um auf diese Zeitpunkte zu warten.

Grundsätzlich ist das Warten für die Käuferseite unproblematisch, selbst wenn man einen Fehler beim Timing macht. Nach dem Erkennen einer Unterbewertung eines Wertpapiers, zum Beispiel einer Aktie bzw. des zugehörigen Unternehmens, spielt Timing keine große Rolle, da man die Zeit auf seiner Seite hat. Bewegt sich die Aktie zukünftig seitwärts oder verliert noch weiter an Wert, ändert dies nichts an der Einstellung gegenüber der zugrunde liegenden Firma. Wenn das Unternehmen Gewinne erwirtschaftet, steigt der innere Wert der Investition oder die Dividende stetig an. Das Unternehmen wird unterbewertet und damit eine gute Investition bleiben. Trotz der Unterbewertung steigt der Wert der Aktie mit der Zeit.

Anders verhält es sich mit Leerverkäufen. Hat man die Überbewertung richtig erkannt, spielt das Timing eine entscheidende Rolle. Bewegt sich die Aktie zukünftig seitwärts oder nur leicht nach oben, kann sich die Einstellung des wertorientierten Investors gegenüber dem Unternehmen anders als der Kauf auf der Long-Seite vollständig ändern. Erwirtschaftet das Unternehmen Gewinne, wird das Wertpapier zu einem unbestimmten Punkt in der Zukunft wieder fair und anschließend unterbewertet sein. Der Leerverkauf ist zu diesem Zeitpunkt keine gute Investition mehr und man muss seine Position ändern. Entwicklungen wie der Börsengang von Facebook mit ca. 100 Mrd. Dollar Marktkapitalisierung, eine Bewertung von Tesla mit einer Marktkapitalisierung ca. halb so groß wie Daimler oder BMW, aber einem Bruchteil der Absatzzahlen oder das 1-Produkt-Unternehmen GoPro mit einer Marktkapitalisierung ca. halb so groß wie Nikon, das seit Jahrzehnten führend bei verschiedenen Kamerasystemen ist, könnten als neue Dotcom-Blase und im gewissen Rahmen als Überbewertung gesehen werden und irgendwann platzen. Einige fundamentale Kennzahlen deuten darauf hin. Allerdings hat Google gezeigt, dass eine gehypte Aktie manchmal zu Recht gehypt ist. Das Platzen des Aktienkurses bleibt dann aus. Facebook, Tesla und GoPro könnten sich etablieren und die heutigen hohen Bewertungen rechtfertigen, ohne dass der Kurs nachgibt, dann würde ein Leerverkauf ein verlustreiches Geschäft. Noch schlimmer wird das Geschäft, wenn ein Dritter das Unternehmen nicht für überbewertet, sondern für günstig hält und ein Kaufangebot ausspricht, wie im Fall von Porsche/VW. Damit ist jeder Leerverkauf sofort beendet, und wenn man Pech hat, muss man mehr zahlen, als einem geboten wird, da der Markt für solche Aktien austrocknet. Auch Unternehmen, die heute Verluste einfahren und deshalb teuer aussehen, sind bei Short-Spekulanten beliebt. Allerdings versuchen all diese Unternehmen, einen Turnaround zu schaffen, und arbeiten nicht für den Leerverkäufer. Gelingt es einem solchen Unternehmen, in die Gewinnzone zurückzukehren, sind die Verluste des Leerverkäufers verheerend. Obwohl man möglicherweise mit der anfänglichen Bewertung richtiggelegen hat, kann eine Short-Spekulation Verluste bedeuten, da fast alle Marktteilnehmer gegen einen arbeiten, man mit seiner Positionierung zeitlich begrenzt und den Launen des Marktes ausgesetzt ist. Der wertorientierte Investor sollte dagegen Anlageentscheidungen treffen, die nicht von der Psychologie der Masse und damit deren Emotionen abhängig sind. Er sollte außerdem Entscheidungen treffen, bei denen die Mehrzahl der involvierten Personen für den Investor arbeiten und nicht gegen ihn. Für wertorientierte Investoren sind Leerverkäufe daher ausgeschlossen.

Schlüsselpunkte

- Leerverkäufe können zu erratischen Kursverläufen führen, wenn eine große Anzahl Leerverkäufer am Werk ist.
- Als langfristiger Value Investor sollte man freiwillig auf Leerverkäufe verzichten, da die Timing-Komponente bei Leerverkäufen eine zu große Rolle spielt.
- Die Zeit und die Mehrzahl der involvierten Personen arbeiten bei Leerverkäufen immer gegen den Spekulanten.

WESHALB OPTIONEN KEINE OPTION FÜR WERTEORIENTIERTE INVESTOREN SIND

Beim echten Investieren geht es darum, langfristige Beteiligungen an einem Unternehmen einzugehen bzw. mit Wertpapieren nicht zu spekulieren, sondern ihren Wert zu kennen und sie günstiger zu kaufen. Für Optionen gilt dasselbe, auch wenn sie Wetten auf einen festgelegten Ausgang sind.

Beim Kauf von Optionen bezahlt man eine Art Versicherungsprämie für eine einseitige Chance, das Wertpapier zu einem festen Preis innerhalb eines festgelegten, relativ kurzen Zeitraums zu kaufen oder zu verkaufen. Für Investoren geht es nicht darum, auf den Ausgang der Option zu spekulieren, sondern den inneren Wert von Optionen zu kennen. Der Wert von Optionen liegt für Investoren in den zwei Möglichkeiten, den Kauf oder Verkauf eines Wertpapiers mit ihrer Hilfe zu einem bestimmten Datum abzubilden:

Statt des Kaufs eines Wertpapiers zum Preis X kann der Kauf durch den Kauf einer Call-Option oder Verkauf einer Put-Option mit Strike X abgebildet werden.

Statt des Verkaufs eines Wertpapiers zum Preis X kann der Verkauf durch den Kauf einer Put-Option oder Verkauf einer Call-Option mit Strike X abgebildet werden.

Bei einfachen börsengehandelten Optionen als Ersatz für das zugrunde liegende Wertpapier gibt es selten eine Differenz zwischen Wert und Preis. Das heißt, man kann als Investor den Kauf von Optionen eigentlich ausschließen.

Steht zum Beispiel die Deutsche-Post-Aktie bei 40 Euro, kann man für ca. 1,50 Euro eine Call-Option kaufen, die einen berechtigt, in sechs Monaten die Deutsche-Post-Aktie für einen Strike zum heutigen Kurs zu kaufen. Steht die Aktie unter 40 Euro, muss man nichts machen und die Option verfällt wertlos. Steht sie über 40 Euro, bekommt man die Aktie zu 40 Euro ins Depot. Man zahlt also 1,50 Euro für die Chance auf Aktienkursgewinne ohne das Risiko auf größere Verluste als die 1,50 Euro für die Optionsprämie. Es ist eine Spekulation auf die Entwicklung des Aktienkurses über 41,50 Euro in den nächsten sechs Monaten.

Wie im Kapitel »Unterschiede zwischen Investieren und Spekulieren« dargelegt, wird es schwierig, eine Methode zu finden, wie man aus einer kurzfristigen Spekulation einen Mehrwert generiert. Zudem lässt sich der Optionsschreiber über die Optionsprämie, ähnlich einer Versicherungsprämie, höher bezahlen, als der mathematisch neutrale faire Preis wäre.

Für einen langfristigen Investor kann es also nur interessant sein, in das Versicherungsgeschäft einzusteigen und selbst Optionen zu schreiben. So kann man seinen Einstiegskurs reduzieren oder seinen Ausstiegskurs erhöhen. Am Beispiel der Deutschen Post kann man also, anstatt die Aktie oder die Call-Option zu kaufen, auch Put-Optionen schreiben. Hierbei bietet man dem Käufer an, dass man ihm in sechs Monaten die Aktie zu 40 Euro abkauft, egal wo der Kurs steht. Dafür zahlt er dann 1,50 Euro. Faktisch reduziert man damit seinen Einstiegskurs auf 38,50 Euro, sofern die Aktie unter 40 Euro steht. Liegt der Kurs dagegen über 40 Euro, geht man hinsichtlich des Aktienbesitzes leer aus, hat aber 1,50 Euro verdient. Hier liegt auch das Problem:

Das Chance-Risiko-Verhältnis einer Option ist einseitig und durch diese Strategie verschlechtert sich die Portfoliostruktur mit großer Wahrscheinlichkeit.

Wenn man sich vorstellt, im Jahr zehn Aktienkauf-Ideen zu haben, und man statt des direkten Kaufs Put-Optionen mit relativ kurzer Laufzeit schreibt, um die Prämien einzusammeln, passiert Folgendes: Innerhalb der zehn Ideen gibt es neun gute und eine schlechte. Wie gesagt, auch die beste Analyse und das beste Verständnis von Unternehmen schützen uns nicht vor Fehlern. Jedoch kennt man die schlechte Idee heute noch nicht. Erst die Zeit wird zeigen, welche es ist.

Würde man alle Aktien einfach kaufen, würden sich 90 Prozent des Portfolios gut entwickeln und damit den einen Fehltritt ausgleichen. Geht man des Weiteren davon aus, dass sich die guten Ideen grundsätzlich besser entwickeln als die schlechten, dann sammelt man bei der Put-Option-Strategie sicher die Aktien aus der schlechten Idee ein, aber nur mit einer Wahrscheinlichkeit von (9–x)/10 die guten Ideen. Das heißt die Portfolioperformance wird langfristig schlechter ausfallen, trotz der eingesammelten Optionsprämien. Kurzfristig sieht die Performance beim Schreiben von Optionen aufgrund der Prämien zwar gut aus, langfristig erhöht sich aber die Wahrscheinlichkeit, schlechter abzuschneiden.

Das Gleiche gilt auch für das Schreiben von Call-Optionen (anstelle des direkten Verkaufs). Hier geht es vor allem darum, den Verkaufskurs zu erhöhen bzw. mit dem Besitz von Aktien noch regelmäßige Einnahmen neben der Dividende zu generieren. Zwar ist dies der Fall, aber man nimmt sich damit die Chance auf positive Überraschungen. Ich hatte in den letzten sieben Jahren nach der großen Finanzkrise vier Übernahmen in meinem Portfolio. Alle bei Unternehmen, die auf meiner Verkaufsliste standen, da sie sich relativ gut entwickelten. Hätte ich regelmäßig Call-Optionen verkauft, um meine kurzfristige Rendite zu erhöhen, wären mir auf die besagten Aktien mindestens 30 Prozent Rendite entgangen. Das heißt, ich hätte vier meiner besten Performer sicher verkauft und meine schlechteren Werte zum Teil behalten. Die Wahrscheinlichkeit, langfristig herausragende Renditen zu erzielen, verschlechtert sich auch hier.

Aus diesem Grund sollten sich wertorientierte Investoren auch vom Schreiben von Optionen fernhalten. Obwohl die kurzfristigen Gewinne sehr verlockend sind, erhöht sich langfristig die Wahrscheinlichkeit, schlechter abzuschneiden.

Schlüsselpunkte

- Optionen stellen eine Art Versicherung auf steigende oder fallende Kurse in einem festgelegten Zeitraum dar.
- Für langfristige Investoren kann es interessant sein, als Stillhalter in das Versicherungsgeschäft einzusteigen und selber Optionen zu schreiben.
- Das Schreiben von Optionen kann zu einer Verschlechterung der langfristigen Portfolioentwicklung führen, auch wenn sich die Entwicklung kurzfristig verbessert.

GEBÜHREN UND DAS INDIREKTE INVESTIEREN

Das Handeln mit Wertpapieren kostet Geld. Ein wichtiges Thema beim Investieren ist die Kostendisziplin. Oft ist es besser, ein bisschen Energie in die Senkung der Ausgaben zu stecken als ausschließlich in die Auswahl der richtigen Anlage. Mit weniger als zwei Stunden Aufwand im Jahr lassen sich mehrere Hundert Euro sparen. Zwar sind heutzutage die Kosten dank hoher Transparenz im Internet und des Wettbewerbs zwischen verschiedenen Börsenplätzen und Banken stark gefallen, trotzdem ist für den Suchenden noch der eine oder andere Euro herauszuholen.

Insbesondere einige Landesbanken und Sparkassen erheben im Privatkundengeschäft prozentuale Depotführungs- und Handelsgebühren. Kein Konzept für die heutige Zeit, insbesondere wenn keine Beratungs-

und/oder Zusatzleistung gefordert ist. Diese Institute setzen darauf, dass man ihnen nicht den Rücken zukehrt, sobald man ihnen einmal verfallen ist. Die meisten Kunden scheuen den Aufwand, alle Einzugsermächtigungen und Daueraufträge zu ändern, und bleiben ein Leben lang bei derselben Bank. Dank einer Zahlungskontenrichtlinie der Europäischen Union müssen Banken diese Dienste aber inzwischen automatisch an die neue Bank übertragen. Trotzdem wechselt der Deutsche statistisch häufiger seinen Hausarzt als seine Bank. Deshalb locken viele Banken mit hohen Wechselprämien und kümmern sich nur wenig um den Erhalt der Kunden. Eine Tatsache, die man für sein Depot und das dazugehörige Konto nutzen kann.

Grundsätzlich habe ich neben meinem Girokonto immer ein oder mehrere Konten und Depots bei Direktbanken. Diese sollen nicht für den Lohn und die täglichen Ausgaben genutzt werden, sondern reine Wertpapierverrechnungs- und Anlagekonten sein. Bei Direktbanken hat man langfristig das beste Preis-Leistungs-Verhältnis. Aber auch hier gibt es Unterschiede. Während die Depotführungs- und Kontoführungsgebühren in den meisten Fällen 0 Euro betragen und die Handelsgebühren sich pro Order bis 10.000 Euro fix auf ca. 10 Euro plus Fremdspesen und darüber hinaus fix auf 25 Euro plus Fremdspesen belaufen, gibt es einige Direktbanken, die unter diesen Gebühren liegen. Hier sollte man besonders auf die Nebenkosten achten. Es kann nämlich sein, wie es mir einmal passiert ist, dass Gebühren auf ausländische Dividenden erhoben werden. Da viele ausländische Titel viermal pro Jahr oder öfter auszahlen, haben diese Nebenkosten die Einsparungen im Handel schnell aufgefressen.

Die angesprochenen Fremdspesen lassen sich über die Wahl des Börsenplatzes niedrig halten. Sie sind aber abgesehen von einigen exotischen Börsenplätzen im Allgemeinen sehr niedrig. Zum Beispiel werden bei einem Handelsvolumen im digitalen Handel der Frankfurter Börse (Xetra) bis 12.500 Euro 69 Cent fixe Gebühren, danach 0,552 Basispunkte (0,00552 Prozent) erhoben. Grundsätzlich gilt: Elektronische Börsenplätze sind günstiger als Börsen mit einem Broker, und Handelsplätze, die von Banken intern betrieben werden, sind günstiger als die großen Börsen. Allerdings sind sie häufig auch illiquider, das heißt, man bekommt nicht unbedingt die gewünschte Anzahl Aktien zum Kauf angeboten. Meine Wahl fällt deshalb meistens auf den offiziellen elektronischen Handel.

Im Vergleich zu den Direktbanken zeige ich die Kosten bei einer Anlagesumme von 50.000 Euro bei einer Landesbank, die mir 2015 ein Angebot gemacht hat. Die Depotführungsgebühren sollten 0,63 Prozent im Jahr betragen und die Handelsgebühren 0,25 Prozent mit zusätzlichem Rabatt von 25 Prozent und 30 Prozent. Das heißt, die Depotgebühren hätten sich pro Jahr auf 238 Euro belaufen und pro ausgeführtem Auftrag in Höhe von 10.000 Euro hätte man 18,75 Euro plus Fremdspesen an Kosten gehabt. Man spart im direkten Vergleich also mehr als ein gutes Mittagessen pro Jahr bei einer Direktbank.

Bei den Gebühren muss der Investor, der nicht direkt in eigene Aktien, sondern über Fonds anlegt, mehr aufpassen als der Investor, der direkt in Einzelwerte anlegt. Ausgabeaufschläge, laufende Kosten und Gewinnbeteiligungen machen Fonds sehr teuer. Für den indirekten Investor kommen neben den Depotführungs- und den Handelsgebühren diese Kosten hinzu. Der indirekte Investor muss dabei zwischen aktiv und passiv gemanagten Fonds unterscheiden.

Aktiv gemanagte Fonds sind schwer zu vergleichen, da sie sehr unterschiedlich in ihrer Strategie sind. Hier gilt aus meiner Sicht, vertraut man dem Fondsmanager und ist mit der Rendite nach Gebühren zufrieden, kann man in diesen Fonds investieren, auch wenn die Gebühren hoch erscheinen. Für eine individuelle gute Dienstleistung muss man bereit sein, entsprechend zu zahlen. Ist man mit dem Fondsmanagement oder der langjährigen Rendite nicht zufrieden, können auch die niedrigsten Gebühren nicht helfen.

Das größte Problem für den Anleger ist dabei, einen guten aktiven Fonds zu finden. Ex post ist es leicht zu sagen, welcher aktive Fonds trotz hoher Gebühren gut war und welcher nicht. Ähnlich schwierig, wie die Kriterien für gute Unternehmen festzulegen, ist es, Kriterien für einen aktiven Fonds mit guter zukünftiger Entwicklung zu finden. Es gibt keine Zauberformel, die einem bei dieser Entscheidung hilft, aber einige Anhaltspunkte, die auf einen guten aktiv gemanagten Fonds hindeuten:

Ein einfaches und objektives Kriterium sind die *Kosten*. Zwar kann man argumentieren, dass man sich nur die Rendite nach Kosten ansehen sollte, da sie mit Ausnahme des Ausgabeaufschlages alle Kosten enthält und den Mehrwert, den ein Anleger für sein Geld bekommt, darstellt. Aber dies ist nur ein Blick in die Vergangenheit. Auch wenn die vergangene Entwicklung, vor allem in einer *rollierenden 3- und 5-Jahres-Rendite*, im Vergleich zum Index stets positiv sein sollte, sind geringe Kosten ein Zeichen für ein ehrliches Fondsmanagement. Insbesondere in schlechten Zeiten, die es bei jedem aktiven Fonds gibt, dürfen die Kosten, aufgrund des Zinseszinseffekts, nicht zu viel des angelegten Investments aufzehren.

Des Weiteren ist bei einem aktiven Fondsmanagement der *Fondsmanager* bzw. das Fondsmanagement-Team wichtig. Es trifft die Entscheidungen und legt die Grundlage für die zukünftige Fondsentwicklung. Um eine Zurechenbarkeit zu haben, sollte es *einen* Fondsmanager geben, der in letzter Konsequenz alleine für die Entscheidungen steht. Er zeigt damit Verantwortung. Zusätzlich gilt es, auf die Länge der Zugehörigkeit zum Fonds, die Karriere (bei wem hat er zuvor gearbeitet?) und die Beteiligung mit eigenem Geld am Fonds zu achten. Bei einem Wechsel des Fondsmanagers sollte der Fonds vollständig neu beurteilt werden. Zwar kann ein stabiles Fondsmanagement-Team das Ausscheiden eines einzelnen Teammitglieds verkraften, aber eine Änderung desjenigen, der die Entscheidungen trifft, verändert den Stil und das zukünftige Ergebnis des Fonds.

Unter der Prämisse, dass der Fonds wertorientiert investiert, können als weitere wichtige Kriterien eine *flexible Anlagepolitik* und ein möglichst *breites Wertpapieruniversum* angesehen werden. Umso größer das Anlageuniversum, umso besser kann der Fondsmanager auf zukünftige Entwicklungen reagieren. Auf lange Sicht muss sich der Fondsmanager anpassen können, das heißt, den Fokus nur auf eine bestimmte Region oder Branche zu legen, ist für eine langfristig gute Entwicklung nicht zielführend.

Ein weiteres wichtiges Kriterium ist die *Transparenz*. Zum Beispiel hinsichtlich der Kosten, der Anlagestrategie, der Kommunikation mit allen Investoren und des Portfolios. Transparenz kann zwar negative Seiten haben, wenn sich der Fondsmanager von ihr beeinflussen lässt oder andere Investoren von ihr so beeinflusst werden, dass sie auf Kosten des

Fonds investieren. Grundsätzlich zeigt Transparenz aber die Qualität des Fondsmanagements und macht sein Handeln überprüfbar.

Weitere Eigenschaften für einen guten aktiven Fonds sind:

- *eine niedrige Umschlagshäufigkeit,* das heißt der Fonds handelt wenig. Sie zeigt die Fähigkeit des Fondsmanagers, gute Unternehmen und Wertpapiere auszuwählen und mit diesen langfristig zu wachsen.
- ein gewisser Grad an *Diversifikation,* aber nicht zu stark. Wie schon im Kapitel »Wieso Diversifikation sinnvoll ist« dargelegt, schützt ein gewisser Grad von Diversifikation vor Fehlern.
- *keine Derivate und Wertpapierverleihgeschäfte.* Diese stellen ein zusätzliches Risiko des Totalverlustes dar, und es stellt eine Herausforderung dar, sie neben dem eigentlichen Portfolio zu betreuen.
- *Entwicklung in Krisenzeiten.* Kein Fonds und Fondsmanager kann vollständig beurteilt werden, ohne zu sehen, wie er in turbulenten Zeiten reagiert.
- *Unabhängigkeit,* insbesondere von anderen Finanzinstitutionen, wie Banken. Hier sind besonders kleine Fondsboutiquen hervorzuheben, die weniger Geld für große Marketing-Kampagnen ausgeben, dafür häufig inhabergeführt sind, selbst in ihre Fonds investieren und einen hohen Fokus auf das eigentliche Portfoliomanagement legen.
- gute *Anreize/Bonussysteme* für die Fondsmanager (faire Performance-Fee). Jede Art von Bezahlung beeinflusst den Fondsmanager. Aus diesem Grund sollte die Bezahlung ihm eine Grundsicherung geben, sodass er in schwächeren Phasen nicht anfängt zu spekulieren. Gleichzeitig sollte er eine Belohnung bei echter Performance über seinem Vergleichsindex und mit High-Water-Mark bekommen, von dem der Investor durch die gute Performance im gleichen Maße profitiert.
- *die richtigen Investoren.* Aufgrund der Möglichkeit, dem Fonds Liquidität zu entziehen, können Investoren den Fondsmanager unter Druck setzen. Besonders kritisch wird dies in Krisenphasen und wenn der Fonds eher in kleineren Unternehmen investiert ist. Ziehen die Investoren dann ihr Geld ab, muss der Fondsmanager unter Umständen in einen fallenden Markt einen schwer zu verkaufenden Titel abstoßen.

Aus diesem Grund sollten die Investoren eine Mentalität, die zum jeweiligen Anlagestil des Fonds passt, mitbringen.

Während die Auswahl eines aktiven Fonds schwierig ist, fällt die Auswahl eines passiven Fonds wesentlich leichter. Passiv wird meistens in Form von ETFs (Exchange Traded Funds bzw. börsengehandelter Indexfonds) angelegt. Die Vergleichbarkeit der ETFs ist hoch, wenn man sich für einen zugrunde liegenden Index entschieden hat, alle MSCI-World-Index-Fonds orientieren sich nun mal am MSCI World Index. Wichtige Merkmale beim Kauf eines ETF sind deshalb:

- eine *direkte (physische) Replizierung* des Index mit den zugrunde liegenden Wertpapieren – kein Derivateeinsatz.
- ein *seriöser ETF-Anbieter*. In Deutschland zum Vertrieb zugelassene ETFs erfüllen eigentlich immer diesen Grundsatz.
- *Kosten*. Es sollte keine Ausgabe- oder Rücknameaufschläge geben und die laufenden Gebühren sollten niedrig sein, am besten <0,3 Prozent.

Insbesondere den letzten Punkt möchte ich noch einmal verdeutlichen. Über einen langen Anlagehorizont macht es einen deutlichen Unterschied, ob ein passiver Fonds 0,25 Prozent Gebühren oder 0,50 Prozent Gebühren verlangt, wie nachfolgende Tabelle zeigt:

Entwicklung: Anlagesumme 10.000 Euro und Indexrendite 8 Prozent

Jahre	1	5	10	15	20
0,25% ETF	10.775 €	14.524 €	21.094 €	30.637 €	44.498 €
0,50% ETF	10.750 €	14.356 €	20.610 €	29.588 €	42.478 €
Einsparung	25 €	167 €	484 €	1.049 €	2.020 €

* ETF = Exchange Trade Fund bzw. börsengehandelter Indexfonds

Die Mehrausgaben im ersten Jahr mit 25 Euro sehen zwar für die meisten Anleger überschaubar aus, durch den Zinseszinseffekt potenzieren diese sich aber über einen langen Zeitraum zu einer immer höheren Summe. Dies zeigt noch einmal eindringlich, wie wichtig Kostendisziplin bei der Geldanlage ist.

Und um noch einmal die Vorteile eines ETF gegenüber einem aktiven Fonds hervorzuheben: ETFs haben eine breite Streuung, günstige Kosten und sind regelgebunden – Fehlentscheidungen gegenüber dem Markt sind nicht möglich. Demgegenüber sind die Nachteile, dass auch keine Outperformance gegenüber dem Markt möglich ist und dass es ein mögliches systematisches Problem mit ETFs gibt, wenn die Mehrheit aller Investoren nur ETFs besitzt. Da ein ETF ohne Unternehmensbewertung völlig blind in die Unternehmen des Index investiert, setzt er damit eine wichtige Funktion der Börse außer Kraft – die Preisfindung für den zugrunde liegenden Wert. Und auch wenn man als aktiver Value Investor eine solche Entwicklung begrüßen könnte, da sie zu mehr Kauf- und Verkaufsgelegenheiten führen könnte, birgt es eine enorme Gefahr für den ETF-Investor und die Wirtschaft als Ganzes. Wenn Unternehmen, um einfach an Geld zu kommen, nicht mehr um die Gunst der Investoren buhlen müssen, sondern um die Indexzugehörigkeit, verändert sich ein wesentlicher Mechanismus in unserer Marktwirtschaft.

Schlüsselpunkte

- Wenn man keine Beratungsleistung in Anspruch nimmt, sind die Gebühren bei Direktbanken meistens am günstigsten. Für eine individuelle gute Dienstleistung, sowohl bei Banken als auch Fonds, muss man bereit sein zu zahlen.
- Kriterien für einen guten aktiven Fonds sind die rollierende 3- und 5-Jahres-Rendite, niedrige Kosten, der Fondsmanager, eine flexible Anlagepolitik und ein breites Anlageuniversum unter dem Mantel des Value Investing. Zudem ist die Transparenz aller genannten Punkte wichtig.
- Kriterien für einen guten passiven Fonds (ETF) sind eine direkte (physische) Replizierung, ein seriöser Anbieter und niedrige Kosten.

WIE GIBT MAN EINEN WERTPAPIERAUFTRAG RICHTIG AUF?

Die einzugebenden Daten bei Handelsauftrag sind bei allen Banken ähnlich. Die drei wichtigsten Angaben sind:

- die Anzahl der zu kaufenden Stücke oder der Nominalwert,
- die Wertpapierkennungsnummer (WKN oder ISIN) und
- das Limit.

Das Aufgeben einer guten Order ist eine Kunst für sich: Es ist ein Tanz mit dem Markt, die richtige Abwägung zwischen aggressivem und zurückhaltendem Vorgehen. Dies gilt insbesondere für illiquide Nebenwerte, bei denen mit kleineren Aufträgen schon der Markt bewegt werden kann.

Es geht um Geduld und die richtige Kontrolle der Emotionen – kurz um Disziplin. Es gibt dabei nicht die eine richtige Methode und den einen richtigen Weg. Die richtige Ausführung gibt einem nur selten eine höhere Rendite, stellt aber die letzte Hürde zum Kauf und Verkauf einer Aktie dar und ist damit eine imaginäre Grenze. Überschreitet man sie, ist man oder ist man nicht mehr Aktionär mit allen Risiken und Chancen eines Unternehmers. Bleibt man davor stehen, gibt dies einem die Zeit, die Situation noch einmal zu überdenken. Was einem nicht passieren sollte, ist, die Grenze ständig aufs Neue zu überspringen.

Hierbei helfen einfache Methoden. Eine Methode ist zum Beispiel, sich auf nur *einen Handelstag in der Woche* festzulegen – zum Beispiel den Donnerstag. Von Freitag bis Mittwoch wird überlegt, was ge- oder verkauft wird und nur am Donnerstag werden die entsprechenden Aufträge geschrieben. Was ist der Vorteil? Der Vorteil liegt darin, nicht zum Spielball des Marktes zu werden und plötzliche Kursturbulenzen als die eine Ein- oder Ausstiegsmöglichkeit zu sehen. Die meisten Nachrichten, die den Kurs stark beeinflussen, wirken für länger als einen Tag.

Oft sieht man zwar auf starke Kursrücksetzer und -anstiege am nächsten Tag eine Gegenreaktion und denkt, die Gelegenheit verpasst zu haben, dabei fällt und steigt die Aktie in der Folge einer starken Kursreaktion meistens noch länger in dieselbe Richtung. Ein überhasteter Ein- oder Ausstieg ist also nicht angebracht. Dies gilt insbesondere für signifikante Nachrichten, wie zum Beispiel den Dieselgate-Skandal bei Volkswagen. Obwohl man sich vielleicht schon Jahre mit dem Unternehmen beschäftigt, glaubt, die Produkte, die Märkte und das Geschäft zu verstehen, kann man eine solche Nachricht am ersten Tag nicht erfassen. Man sollte erst einmal abwarten. Als wertorientierter Investor, der dazu vielleicht noch das antizyklische Gen in sich trägt, ist man versucht, sich immer gleich gegen den Markt zu stellen und es besser zu wissen. Der Markt ist aber in der Verarbeitung von kurzfristigen Nachrichten sehr effizient, sodass man sich sicher sein sollte, langfristig richtigzuliegen. Eine tatsächliche Einstiegsmöglichkeit liegt nur vor, wenn der Markt einen Fehler macht und sich die langfristige Perspektive des Unternehmens nicht geändert hat. Bei Dieselgate habe ich nicht nur eine Woche gewartet. Nach der Nachricht und einem Kursverlust von 40 Prozent habe ich mir selbst ein Kaufverbot für Volkswagen für drei Monate auferlegt. Eine Abschätzung der Situation war mir aber auch nach dieser Zeit nicht möglich, sodass ich keinen Kauf getätigt habe.

Eine weitere Methode liegt darin, den eigenen *Einstiegskurs zu verwässern*. Hierfür tätigt man nicht seine vollständige Anlage mit einem Kauf, sondern stückelt sie. Es ist selten, dass man den absoluten Tiefpunkt trifft, und einfacher, von Beginn an eine Reserve zum Nachkaufen zu haben. Hier muss man natürlich zuerst abwägen, wie hoch die Handelskosten ins Gewicht fallen. Sollte das vollständige Anlagevolumen aber über 3.000 Euro liegen, gibt es die Möglichkeit, wie folgt vorzugehen: Ein Drittel investiert man bei seinem ersten Ziel-Einkaufskurs (zum Beispiel zehn Aktien à 100 Euro bzw. 1.000 Euro Investitionssumme). Ein weiteres Drittel investiert man, wenn 80 Prozent des Zielkurses erreicht sind (13 Aktien à 80 Euro bzw. 1.000 Euro Investitionssumme) und das letzte Drittel, wenn die Aktie noch einmal um 50 Prozent des Durchschnittskurses gefallen ist (22 Aktien à 45 Euro bzw. 1.000 Euro Investitionssumme). Sie lachen jetzt vielleicht, aber das passiert öfter, als man denkt. Fällt eine Aktie so extrem, kauft man final 45 Aktien (10 + 13 + 22) anstatt einmalig 30 Aktien (3.000 Euro Investitionssumme/100 Euro Aktienkurs). So muss der Aktienkurs nur um 50 Prozent steigen, um die Verluste auszugleichen, und man ist mental eher gewillt, die Aktien weiter zu halten. Fällt die Aktie jedoch um mehr als 50 Prozent vom Einstiegskurs und man hat kein Pulver mehr, um noch einmal zu schießen, wird es für viele Anleger sehr unangenehm. Die Aktie muss sich mehr als verdoppeln, um in die Gewinnzone zu kommen. Hat sich die Aktie vom Tief einmal verdoppelt, sind insbesondere Börsenneulinge schnell dabei, zu verkaufen. Frei nach dem Motto: Hauptsache keine Verluste mehr im Depot. Ein großer Fehler, der darauf zurückzuführen ist, dass wir die ursprünglichen 100 Euro als Anker im Kopf haben (Status quo) und zum Teil, dass wir den Verlust höher gewichten als den Gewinn. Uns haben die Verluste mehr geärgert, als der anschließende Anstieg uns gefreut hat und wir wollen unter allen Umständen die Wiederholung dieses Verlusts vermeiden.

Das richtige Kurslimit sollte auch immer betrachtet werden. Grundsätzlich gilt, umso illiquider das Wertpapier ist, umso wichtiger ist ein Limit. Ein großes Unternehmen aus dem DAX kann man getrost ohne Limit am Markt kaufen oder verkaufen, ist der eigene Zielkurs unter- oder überschritten. Ist der Wert aber weniger liquide und ein sogenannter Micro-Cap, muss man ein Limit setzen. Ansonsten wird man trotz sichtbarem Geld-Kurs ganz schnell gelinkt. Der Geld-Kurs ist dabei der höchste Preis, zu dem ein Börsenhändler das Wertpapier kaufen möchte. Nur ist es so, dass es oft keine tatsächliche Nachfrage nach der Aktie zu diesem Kurs gibt, sondern der Kurs ein theoretischer ist. Der Börsenhändler kann den Geld-Kurs bei Eingehen einer Order ändern bzw. nimmt oft den Kurs, zu dem er tatsächlich eine Gegenpartei findet. Dieser Kurs kann aber deutlich unter dem Preis liegen, den man bei Betrachten des Geld-Kurses erwartet hat. Meine Methode, um den erwarteten Preis zu bekommen, ist dabei, nahe im Geld mit einer tagesgültigen Limit-Order zu arbeiten. Eine Limit-Order beschreibt dabei einen Kauf- oder Verkaufsauftrag an der Börse mit einer Ober- (Kauf) oder Untergrenze (Verkauf). Dieses Limit muss unter Umständen mehrmals angepasst werden, sollte das System mit dem Geldkurs nachziehen. Hier gilt es, den Markt genau zu beobachten.

Zum Schluss noch ein Wort zur Order-Gültigkeit. Es gibt viele Leute, die faul sind. Sie schreiben langlaufende Limit-Orders, mit Limits weit vom aktuellen Kurs entfernt (>5 Prozent), in der Hoffnung, dass sie irgendwann erreicht werden. Es ist besser, mit einem Auftrag zu warten, bis der eigene Zielkurs erreicht ist, und dann eine Limit-Order zu schreiben, die wahrscheinlich ausgeführt wird. Ansonsten passiert es einem, dass man eine Übernahme oder Gewinnwarnung verpasst. Ich gehörte am Anfang meiner Börsenzeit leider zu diesen faulen Order-Schreibern. Vier Wochen vor der Übernahme von Aleo Solar durch Bosch hatte ich (am Anfang des Monats) eine Order ultimo (bis Ende des Monats) zum Verkauf geschrieben. Sie war gut 10 Prozent über dem aktuellen Kurs. Am letzten Tag meines Auftrags, am 31.07.2009, schoss die Aktie hoch, ich habe zu meinem Limit verkauft und ca. 30 Prozent Rendite verpasst, da nach Börsenschluss das Übernahmeangebot veröffentlicht wurde.

Schlüsselpunkte

- Man sollte nicht ständig ein Wertpapier kaufen und verkaufen, sondern sich ein System überlegen, bei dem man langfristig investiert.
- Methoden für langfristiges Handeln sind: sich einen festen Handelstag oder ein festes Vorgehen zum Nachkaufen zu überlegen.
- Je illiquider ein Wertpapier ist, umso wichtiger ist ein Kurslimit.
- Aufträge sollten nicht mit langer Laufzeit platziert werden, sondern besser bei Nichtausführung täglich neu geschrieben werden.

EIN KURZES WORT ZU MUSTERDEPOTS

Ich höre immer wieder von Freunden, dass sie tolle Ergebnisse mit ihren Musterdepots erzielen. Es ist in unserer Gesellschaft ein weit verbreitetes Phänomen, von hypothetischen Erfolgen zu sprechen: »Wenn ich das gemacht hätte…«. Kommt man in eine solche Situation, dass jemand einem von seinen Musterdepot-Erfolgen erzählt, sollte man Folgendes machen: Man nickt höfflich, sagt, wie toll sein Ergebnis ist, und fragt, was der schlechteste Titel war und warum. Die meisten Menschen übertreiben schon bei ihren realen Depots maßlos und erzählen von Erfolgen, während sie ihre Misserfolge meistens vergessen. Auf Erfolge in Musterdepots braucht man deshalb nichts zu geben. Das Handeln in einem Musterdepot ist ähnlich wie das Pokern ohne Einsatz. Man geht größere Risiken ein und überschätzt die Chancen. Die wenigsten Menschen sind in der Lage, ihre Emotionen so zu kontrollieren, dass sie ein Musterdepot wie ein reales Depot führen könnten. Ohne die Möglichkeit des tatsächlichen Verlustes ist es einfach, auch nur bei einem minimal besseren Chance-Risiko-Verhältnis all-in zu gehen, ohne nervös zu werden. Ein Spiel, welches sich mit echtem Geld vollkommen verändert.

Aus diesem Grund höre ich mir lieber an, wieso jemand eine Position eingeht und was seine Philosophie ist, das Ergebnis ist mir egal. Ein einmaliges Ergebnis zeigt nicht, ob eine Entscheidung richtig oder falsch war. Wenn einem von erfolgreichen Anlagen oder Musterdepots erzählt wird, fragt man nach dem Grund für das Eingehen der Positionen und warum die Wahrscheinlichkeit für Erfolg hoch war. Kluge Investoren suchen nicht das beste Unternehmen oder das absolut günstigste Unternehmen hinsichtlich KGV oder KBV, sondern das Unternehmen, bei dem der Preis nicht das vollständige Potenzial des Wertes widerspiegelt. Damit erhöhen sie ihre Chancen auf Erfolg.

Gleichzeitig gibt es bei jeder Anlage einen großen Teil an Unsicherheit. Das heißt, eine erfolgreiche oder nicht erfolgreiche Entscheidung kann man nicht allein auf Grundlage eines Ausgangs bewerten. Man muss den Analyseprozess einschätzen, die Auswahl der Parameter, alternative Auswahlmöglichkeiten, die Wahrscheinlichkeit des Erfolgs (nicht die Frage, ob es funktioniert hat) und dann überlegen, ob man zum gleichen oder zu einem anderen Entschluss gekommen wäre. Diese Einschätzung muss unabhängig vom bekannten Ergebnis erfolgen. Kurz gesagt: Aufgrund der Unsicherheit können Musterdepots und Erfolge nicht allein anhand des Ergebnisses bewertet werden – die Konsistenz und die Analyse müssen stimmen.

Um einen Investor und seine Fähigkeiten zu bewerten, bewertet man seine Konsistenz in den Entscheidungen. Jeder kann ein herausragendes Jahr oder eine herausragende Anlage haben, wenn er bereit ist, das entsprechende Risiko einzugehen und die möglichen Verluste zu ignorieren. Wichtiger ist, dass die Mehrzahl der Investitionen erfolgreich ist und es keine extremen Ausreißer nach unten gibt. Wichtig ist nicht, spekulativ auf kurze, herausragende Gewinne zu setzen. Diese gehen so häufig schief, wie sie glücklich enden.

Für Anleger, die über ein Musterdepot nachdenken, wäre mein Vorschlag zum Üben deshalb ein anderer. Teilt man die Investitionssumme, die zur Verfügung steht, durch vier und übt nur mit einem Viertel, begrenzt dies das Risiko und zeigt gleichzeitig, wie man im wirklichen Leben agiert. Die restlichen drei Viertel kann man nach eigener Risikoneigung in Aktien- und Anleihefonds eines Fondsmanagers seines Vertrauens oder in ein Index-Produkt stecken. So kann man seine Emotionen testen, denn Investieren mit echtem Geld ist selten 100-prozentig objektiv und rational. Zwar hängt ein Großteil des Erfolgs vom Wissen über Bilanzierung, Wirtschaft und Finanzen ab, also eigentlich von objektiven und rationalen Kriterien, aber es braucht im gleichen Maße ein Verständnis für die Psychologie und seiner eigenen Emotion.

Das Verhalten der Anleger-Masse (und man sollte sich selbst mit einschließen) ist nicht zwingend rational. Zwar sagt uns die Finanzwissenschaft, dass Märkte mit dem rational handelnden Homo oeconomicus effizient sein sollten. In solchen Märkten wäre es unmöglich, ein besseres Ergebnis zu erzielen als eben dieser Markt. Meine Erfahrung zeigt mir aber, dass es an der Börse außergewöhnliche Situationen gibt. Es gibt sie im Guten wie im Schlechten. Ausgelöst werden sie in erster Linie von menschlichem Verhalten, getrieben von Emotionen oder falschen Annahmen. Selten gibt es außergewöhnliche Situationen, weil rationale Überlegungen eine Mehrzahl der Menschen in die falsche Richtung getrieben haben. Der wertorientierte Investor versucht natürlich, rational zu bleiben, seine Emotionen unter Kontrolle zu behalten und eine Distanz zum Geschehen aufzubauen.

Schlüsselpunkte

- Eine gute Entscheidung lässt sich nicht allein auf Grundlage des Ausgangs bewerten. Wichtig ist es, zu erfahren, warum jemand eine Position eingegangen ist, nicht, welche Erfolge einzelne Entscheidungen hatten.
- Um einen Investor zu bewerten, sollte man die Konsistenz und die Entwicklungen seines Entscheidungsprozesses bewerten.
- Wenn man das Investieren »üben« möchte, sollte man dies mit echtem Geld machen, um zu sehen, wie man auf echte Gewinne und Verluste reagiert.

DISTANZ ZUM GESCHEHEN AN DER BÖRSE GEWINNEN

Neben der Liebe zum Investieren und zu den Unternehmen, in die man investiert hat, ist es nicht verkehrt, das eine oder andere Mal Distanz zum Geschehen an der Börse zu gewinnen. Das tägliche Auf und Ab an den Märkten kann sehr fesselnd sein. Am Anfang schaut man auf jede Kursbewegung. Das kann sehr erfüllend sein. Man sollte aber aufpassen, dass man von diesen kurzen Kursbewegungen nicht abhängig wird wie ein Spielsüchtiger. Ich mache keinen Scherz. Ich kenne Menschen, die auch während eines Urlaubs täglich mehrfach ihre Aktienkurse anschauen müssen, selbst wenn sie mir sagen, dass ihr Portfolio solide aufgestellt ist. Ich selbst habe lange gebraucht, um eine gewisse Distanz zum Geschehen aufzubauen.

Aufgrund meiner Arbeit in der Finanzbranche fällt es mir dabei nicht leicht, diese Distanz immer aufrechtzuerhalten. Trotzdem habe ich kein Problem, längere Zeit nur Nachrichten über meine Unternehmen zu lesen und nicht mehrmals täglich auf die Kurse zu schauen. Zudem habe ich es mir zur Angewohnheit gemacht, nur einmal im Monat jede Position systematisch zu hinterfragen, das ist eigentlich noch viel zu häufig. Bei einem Immobilienkauf oder einer Private-Equity-Beteiligung fragt sich der Investor schließlich auch nicht täglich, ob es richtig war, den Kauf zu tätigen oder nicht.

Der Aktienmarkt ist geprägt von Hochs und Tiefs, die auf jedes Portfolio durchschlagen. Es gibt keinen Investor, der diesem Zyklus entgehen kann. Langfristig wird man, wenn man versucht, wie ein Unternehmer zu denken, und sich an die Grundregeln des Investierens hält, erfolgreich sein. Kurzfristig ist die Börse unvorhersehbar. Man braucht Geduld. Diese Geduld ist mit der Selbsterkenntnis (Was sind meine Stärken und Schwächen? Wo kenne ich mich aus, wo nicht? Wann muss ich mich hinterfragen?) die wichtigste Eigenschaft eines Investors.

Die meisten Menschen können die Zukunft nicht besser einschätzen als irgendjemand anderes, sie machen keine besseren Analysen, haben keine besseren Informationen, aber ein paar kennen ihre Grenzen besser. Das Kennen der eigenen Unzulänglichkeit ist für das erfolgreiche Investieren wichtiger, als eine Vielzahl von Vorhersagen zu treffen, die Kurse an der Börse zu verfolgen und oft zu handeln. Ich wiederhole mich hier, weil es sehr wichtig ist, dies zu verinnerlichen. Es geht beim Investieren vor allem darum, ständig seine Grenzen zu hinterfragen, zu warten und weniger darum, die Zukunft der Zahlen richtig vorherzusehen und die Kurse zu verfolgen.

Man sollte bewusst auf Abstand gehen.

Bevor man investiert, überdenkt man besser zweimal, wie groß die Chancen sind, zu gewinnen. Wenn man eine gute Idee hat, wartet man mit der Umsetzung ruhig mal einen Monat. Man sollte Zeit mitbringen. Man sollte langfristig in Jahren denken, besser noch in Jahrzehnten, und den Zinseszins für sich arbeiten lassen. Man sollte die tägliche Unruhe, verursacht durch Quartalsberichte, monatliche Makrostatistiken und wöchentliche Arbeitsmarktzahlen ignorieren. Einfacher gesagt als getan. Man sollte nicht zu oft handeln und man sollte nicht versuchen, die Auf- und Abwärtsbewegungen des Marktes genau zu treffen. Bei einem Börsencrash vermeidet man es am besten ganz, in das eigene Depot zu sehen und sich von Verlusten oder Einstiegskursen beeinflussen zu lassen. Damit kann man sich Geld und Nerven sparen. Es geht darum, Ruhe zu bewahren und so selten wie möglich zu verkaufen, am besten nie.

Schlüsselpunkte

- Man darf sich nicht durch das Auf und Ab an der Börse verrückt machen lassen.
- Man sollte seine Portfoliopositionen nicht zu häufig grundsätzlich hinterfragen.
- Wichtiger für das Aufstellen von Prognosen sind für das Investieren das Kennen der eigenen Grenzen und Geduld.

WANN SOLLTE MAN VERKAUFEN?

»Kaufen Sie eine Palette erstklassiger Aktien, nehmen Sie Schlafmittel, um ein paar Jahre zu schlafen, ohne die Stürme und die Gewitter zu hören, die draußen in der Zwischenzeit toben. Wer diesen Rat befolgt, konnte anschließend angenehme Überraschungen erleben.«

André Kostolany

Es ist richtig, dass erstklassige Unternehmen langfristig durch ihren stetig steigenden Gewinn gut für diejenigen sind, die investiert bleiben. Die Gewinne schlagen sich dabei in einem unstetig steigenden Aktienkurs nieder. Auch sollte man nicht verkaufen, wenn in einer Aufwärtsphase der Optimismus langsam überhandnimmt. Denn dann entgehen einem saftige Kursgewinne. Der Kursanstieg ist in dieser Phase oft stärker als der eigentliche Gewinnanstieg. Eine solche Aufwärtsphase kann sehr lange anhalten, und nichts ist schlimmer, als am Seitenrand zu stehen und für lange Zeit nicht mehr kaufen zu können, weil die Kurse unaufhörlich steigen. Der Verkauf kann dann, trotz Gewinnen, zu großer Frustration führen, und ein Großteil der Rendite wird verpasst. Insbesondere wenn es keinen richtigen Bärenmarkt gibt, der die Aktienkurse wieder fallen lässt. Dann wird sich jeder, der günstig kaufen will, einsam und verlassen vorkommen. Allzu oft wird man seine guten Vorsätze fallen lassen und doch kaufen. Damit agiert man prozyklisch und hat günstig verkauft und teuer wieder eingekauft. Eine Buy-and-Hold-Strategie wäre besser gewesen.

Man darf den Realismus aber nicht vollständig aus den Augen verlieren. Wenn Luftschlösser gebaut werden und fundamentale Kennzahlen keine Rolle mehr spielen sollen, ist es Zeit, zu verkaufen.

Auf Unternehmensbasis gibt es Situationen, wo außergewöhnliche Ereignisse, wie ein einmaliger hoher Auftrag, eine sehr gute Konjunkturstimmung, eine Übernahmespekulation oder eine bestimmte Präferenz bei der Masse der Investoren für einen bestimmten Sektor oder eine bestimmte Region Kursbewertungen in Höhen bringen, die weit entfernt von allen vernünftigen, nachvollziehbaren Bewertungen sind. Dann ist es Zeit, zu verkaufen. Wenn jeder glaubt, ein bestimmtes Investment sei ein Schnäppchen, hohe angenommene Wachstumsraten würden bis weit in die Zukunft fortgeschrieben, und behauptet wird, es gäbe keine Anlagealternative, dann ist die Anlage von der Masse der Anleger wahrscheinlich auf ein Preisniveau gebracht worden, bei dem es kein Schnäppchen mehr ist und man sich besser nach einer Alternative umschaut.

Als Anhaltspunkte nehme ich für eine regelmäßige schnelle Einschätzung die drei folgenden Kennzahlen: KGV, KBV und Dividendenrendite. Sie ersetzen keine vollständige Unternehmensanalyse, aber geben einem schnell ein Bild der aktuellen Lage.

Als ich angefangen habe zu investieren, habe ich mir beim Kauf einer Anlage schon überlegt, zu welchem Kurs ich wieder verkaufe, und dies auch umgesetzt – ein Fehler, wie sich herausgestellt hat. Zum Beispiel habe ich Wacker Neuson, einen Baumaschinenhersteller aus Deutschland, 2009 fair zwischen 9 bis 10 Euro bewertet, bei unter 7 Euro gekauft und mir gesagt, bei 12 Euro verkaufe ich. Gesagt, getan: Ende 2010 wurden die 12 Euro erreicht und ich habe verkauft. Bei meiner damaligen Verkaufskalkulation habe ich nicht miteinbezogen, dass das Unternehmen in zwei Jahren wertvoller geworden ist und meine ursprüngliche Kalkulation von 10 Euro als fairer Wert veraltet war. Bis Ende 2017 stieg die Aktie auf über 30 Euro – ein satter Gewinn, der mir entgangen ist. Um die Wiederholung eines solchen Fehlers zu vermeiden, bewerte ich heute alle Unternehmen vor meinem Verkauf neu.

Ich vermeide es, mir einen Anker zum Verkauf anhand eines festen Kurses zu setzen. Da man aber einen Anhaltspunkt benötigt, um eine neue Einschätzung treffen zu können, versuche ich die oben genannten drei einfachen Kennzahlen bei der regelmäßigen Betrachtung meines Portfolios zu nutzen. Dabei bereinige ich den Gewinn, um außerordentliche positive oder negative Einflüsse, nutze das KBV in erster Linie bei anlageintensiven Unternehmen und lasse mich nicht von Sonderausschüttungen blenden. Sollte sich größere Diskrepanz zwischen den aktuellen und vergangenen Kennzahlen auftun, bewerte ich das Unternehmen erneut.

Schlüsselpunkte

- Es ist genauso schwierig, den richtigen Zeitpunkt zum Verkaufen wie den zum Kaufen zu finden. Man sollte sich keine festen Kursanker für den Verkauf setzen, sondern besser relative Kennzahlen, wie das KGV, das KBV oder die Dividendenrendite.
- Der Verkauf kann trotz Gewinn zu großer Frustration führen, wenn er zu früh erfolgt.
- Wenn Luftschlösser gebaut werden und fundamentale Kennzahlen keine Rolle mehr spielen, ist es Zeit, zu verkaufen.

TEIL 3

ANALYSE ZUM INVESTIEREN

»Prognosen sind schwierig, besonders wenn sie die Zukunft betreffen.«

MARK TWAIN

Wir treffen unzählige Entscheidungen jeden Tag. Die wenigsten bewusst. Unser Leben ist geprägt von vielen größeren und kleineren Wegen, die wir einschlagen. Dabei helfen uns Erfahrung und Instinkt. Der menschliche Kopf ist eine regelrechte Entscheidungsmaschine, die unglaublich viele Informationen blitzschnell verarbeitet, ohne dass wir etwas davon mitkriegen. Jede Entscheidung, die wir dabei treffen, ist ein Urteil für und gegen etwas.

Dies gilt auch für unser wirtschaftliches Handeln. Wenn wir mit dem Wissen, dass eine Tafel Schokolade unserer Lieblingsmarke 2 Euro kostet, in einen Supermarkt gehen und eine andere Marke im Sonderangebot zu 1,50 Euro kaufen, treffen wir ein Urteil über Geschmack und Preis. Da die meisten Menschen viel Erfahrung in dieser Aufgabe haben, können sie instinktiv das Preis-Leistungs-Verhältnis bewerten. Hier zeigt sich: Ein Urteil ist nicht gleichzusetzen mit einer Bewertung. Ein Urteil ist geprägt von einer Bewertung. Diese Bewertung kann bewusst oder unbewusst, spärlich oder umfangreich erfolgen. Je größer die Entscheidung, umso mehr Gedanken machen sich die Menschen um die Bewertung. Während eine Tafel Schokolade schnell gekauft ist und eine fehlerhafte Bewertung und damit ein schlechtes Urteil wenige negative Folgen hat, bewerten die meisten Menschen, bevor sie beispielsweise ein Auto kaufen, bewusst mehrere Parameter: Wie viel PS hat das Auto? Was gehört zur Grundausstattung? Welche Zusatz-Pakete gibt es? Welche Farben kann man auswählen? Was bin ich bereit zu zahlen? Wenn die bewusste Bewertung abgeschlossen ist, lassen sie sich ein Angebot machen, treffen eine Entscheidung und kaufen das Auto oder suchen weiter. Dabei ist wichtig zu wissen, dass eine Entscheidung nicht ausschließlich auf objektiv messbaren Werten beruht, sondern auch auf Faktoren, die nicht quantifizierbar sind, wie Geschmack und Bauchgefühl.

Eine Investmententscheidung sollte wie eine Entscheidung für einen Autokauf getroffen werden. Dennoch habe ich Situationen erlebt, bei denen Anleger eine Aktie aus dem Bauch heraus gekauft haben, ohne die Erfahrung, wie beim Schokoladenkauf, mitzubringen. Sie haben ein Unternehmen gekauft, ohne sich zu fragen: Was macht das Unternehmen? In welche Richtung steuert es? Wie sieht die Bilanz und die Gewinn-und-Verlust-Rechnung aus? Was bin ich bereit zu zahlen? Viele Anleger kaufen stattdessen, weil jemand ihnen sagte, der Preis steigt. Sie entscheiden, ohne zusätzliche Informationen eingeholt zu haben.

Informationen und eine umfangreiche Bewertung sind für eine Investmententscheidung aber wichtig, ohne sie kann man keine gute Auswahl treffen und unser Portfolio und die Welt mitgestalten. Ein wertorientierter Investor ist in seiner Entscheidung, zu kaufen oder nicht, ein Richter über Unternehmen. Wie der Richter in der Strafkammer sollte der Investor vor seinem Urteil möglichst viele Informationen sammeln und eine qualifizierte Bewertung über das Unternehmen abgeben können.

DIE GRUNDLAGEN

Höhere Mathematik ist nicht nötig, um ein Unternehmen zu bewerten. In den meisten Fällen reichen einfache Dreisätze aus, um gute Bewertungskennzahlen zu bekommen. Wichtiger ist es, ein gutes Verständnis des Bilanzwesens und der Buchhaltung sowie deren Grenzen zu haben. Auf dem Papier sehen viele Dinge gut aus, in der Wirklichkeit nicht. Außerdem braucht es bei der Bewertung ein gutes Verständnis des Geschäftsmodells. Es geht darum, Wettbewerbsvorteile zu erkennen, Kunden- und Lieferantenstrukturen zu verstehen, strukturelle Probleme möglichst frühzeitig aufzudecken und das Management zu beurteilen.

Da man nicht alles beim ersten Mal versteht, die Realität sich ständig ändert und damit jede Bewertung schon bei ihrer Entstehung veraltet und fehlerhaft ist, sollte man sie ständig hinterfragen. Dinge zu hinterfragen, ist die wichtigste Aufgabe bei einer guten Bewertung: die Analyse, die Daten, die Informationen, die Aussagen, die Meinungen und die eigenen Gedanken. Wenn man es schafft, die eigenen Gedanken ständig zu hinterfragen, wird man ein besserer Investor. Das ist schwierig, insbesondere wenn wir uns an feste Konventionen gewöhnt haben. Hilfreich ist dabei, seine Gedanken umzudrehen.

Das Umdrehen von Gedanken oder Lösungsansätzen ist eine Technik, die aus der Mathematik kommt, aber auf alle Lebensbereiche anwendbar ist. Einer der Begründer der Umkehr- oder inversen Funktion war der deutsche Mathematiker Carl Gustav Jacob Jacobi. Statt auf A → B folgen zu lassen, versucht man eine Formel zu finden, bei der auf B → A folgt. Wenn man einen Lösungsweg von hinten aufzieht, kommt man unter Umständen zu einer unerwarteten Erkenntnis.

Dazu ein Beispiel aus dem wirklichen Leben: Im konventionellen Denken glauben wir, dass das Glücklichsein ein Ziel ist, welches es zu erreichen gilt. Wenn wir dies oder das machen, sind wir glücklich. Wenn wir zum Beispiel in Urlaub fahren, sind wir glücklich. Wenn wir ein großes Projekt auf der Arbeit abschließen, sind wir glücklich. Ein Umdrehen dieses Gedankens gibt einem einen neuen Eindruck. Wenn wir glücklich sind, würden wir dies und das machen, nur besser. Wenn wir glücklich sind, können wir den Urlaub besser planen und ihn wesentlich mehr genießen. Wenn wir glücklich sind, würden wir motivierter arbeiten und unsere Projektziele übertreffen. Das Umdrehen der Gedanken bringt uns hier auf ganz neue Gedankenansätze.

Beim Investieren gilt das Gleiche: Wenn es die konventionelle Denkweise ist, dass mehr Geld zu steigenden Aktienkursen führt, fragt man sich, ob nicht steigende Aktienkurse zu mehr Geld führen. Aktien können beliehen werden und stellen bei Übernahmen selbst eine Art Währung dar. Oder der weit verbreitete Gedanke, dass gute Manager zu guten Unternehmen führen. Kann es nicht sein, dass gute Unternehmen gute Manager anlocken?

Jeder Gedanke sollte hinterfragt werden und ganz besonders die Gedanken zur eigenen Bewertung. Man sollte nie einer Bewertung blind vertrauen.

Da eine Bewertung viel Zeit in Anspruch nimmt, am Anfang oft fehlerhaft ist und erst nach einer längeren Beobachtung des Unternehmens gut wird, sollte man seine Reaktion nach einer Bewertung zügeln. Deshalb ein wichtiger Ratschlag: *Man muss bei einer Bewertung nüchtern bleiben.* Wenn man sich eine längere Zeit intensiv mit einem Unternehmen auseinandergesetzt hat, will man die Analyse gerne mit einem Kauf krönen. Allerdings sollte man sich erst einmal zurückhalten und nicht direkt eine große Position in dem neu bewerteten Unternehmen aufbauen. Man kann mit einer kleinen Position anfangen oder setzt das Unternehmen erst einmal auf eine Beobachtungliste, die jeder Investor führen sollte. Dann prüft man regelmäßig, ob die eigenen Annahmen und Einschätzungen stimmen. Das Kaufen einer kleinen Position kann einem dabei helfen, das Unternehmen intensiver zu verfolgen und nicht aus den Augen zu verlieren.

Bei meinem eigenen Portfolio gehe ich ähnlich vor. Ich habe zehn Titel, die ich sehr gut kenne und die ca. 50 Prozent meines Portfolios ausmachen, weitere 30, die ich intensiv beobachte und in die ich größtenteils investiert bin, und ca. 100 Titel auf meiner Beobachtungsliste, die von Zeit zu Zeit in das aktive Portfolio wechseln. Dabei muss die Bewertung stimmen, aber auch mein Bauchgefühl. Wenn der Bauch eine andere Meinung zu einem Unternehmen hat, als die Bewertung ausweist, dann hört man lieber auf seinen Bauch und überprüft die Bewertung.

Schlüsselpunkte

- Höhere Mathematik ist nicht nötig, um ein Unternehmen zu bewerten. Es geht in erster Linie um ein gutes Verständnis des Geschäftes und der Bilanz.
- Es ist wichtig seine eigene Meinung ständig zu hinterfragen, ohne wankelmütig zu werden. Eine Methode ist dabei die Umkehr der Gedanken.
- Die eigene Bewertung, insbesondere am Anfang, ist häufig emotional positiv geprägt und sollte deshalb nicht direkt zum Kauf führen.

DIE WICHTIGSTEN KRITERIEN BEI DER BEWERTUNG VON UNTERNEHMEN

Kein Unternehmen ist identisch, deshalb ist auch das Vorgehen bei der Bewertung bei keinem Unternehmen identisch. Es gibt keinen Königsweg, den man bei jedem Unternehmen anwenden kann. Es gibt aber vier wichtige Punkte, die bei jeder Bewertung eine Rolle spielen:

- die Bilanz,
- die Wettbewerbssituation,
- die Kundenstruktur und
- das Geschäftsmodell.

Daneben sollte man auch einen Blick auf die Besitzstruktur, die Lieferanten und das Management werfen. Hat man sich zu all diesen Punkten eine Meinung gebildet, versteht man das Unternehmen zu einem hohen Grad und kann ein Investmenturteil fällen.

Ich habe es mir zur Angewohnheit gemacht, während meiner Analyse No-Gos zu definieren. Hürden, die, wenn sie überschritten werden, dazu führen, dass ich mich nicht weiter mit dem Unternehmen beschäftige. Meine Zeit ist begrenzt und nicht jedes Unternehmen ist es wert, von mir analysiert zu werden. Das heißt nicht, dass es generell nicht wert ist, analysiert zu werden, nur bin ich nicht der Richtige. Dies geht los beim *Geschäftsmodell*. Verstehe ich es oder nicht? Ich schließe zum Beispiel ganze Branchen oder Regionen von meiner Analyse aus, wenn ich der Meinung bin, sie nicht zu verstehen. Ich mache mir nicht die Mühe, Banken zu analysieren – zu kompliziert – oder chinesische Unternehmen – kulturell/rechtlich für mich nicht zu verstehen. Wenn man einen Jahresabschluss nicht versteht, heißt das nicht, dass man dumm ist, sondern einfach nur, dass man das Unternehmen nicht weiter analysieren sollte. Am häufigsten schließe ich aber Unternehmen aufgrund der *Bilanzqualität* aus. Ein Investment in ein Unternehmen mit einer Bilanz, die nicht solide ist, ist zu riskant. Gibt es eine zu hohe Verschuldung oder regelmäßige Liquiditätsanforderungen, die nicht sicher zurückerwirtschaftet werden können, muss man das Unternehmen nicht weiter analysieren. Um schnell eine größere Anzahl an schlechten Unternehmen auszusortieren, kann auch der Einsatz eines Auswahlwerkzeugs (Screening) nützlich sein.

Selten schließe ich Unternehmen von meiner Analyse aus, weil mir die Wettbewerbssituation oder die Kundenstruktur nicht gefällt. Aus diesem Grund starte ich bei meiner Bewertung meistens mit einem Blick auf die Bilanz, denn den Jahresabschluss zu analysieren ist notwendig für ein gutes Investment. Trotzdem sollte man vor allem das Geschäftsmodell verstehen. Stellt das Unternehmen seine Geschäftstätigkeiten nicht ein, ist es für die Bewertung der wichtigere Teil. Denn wenn Investieren nur eine einfache Zahlenanalyse wäre, hätte jeder Anleger nur Gewinner in seinem Depot. Um gute Aussichten zu erkennen und erfolgreich zu investieren, braucht es eine Analyse des Geschäfts.

Ich bevorzuge Unternehmen mit einer starken *Wettbewerbsposition* mit Kunden, die nach Möglichkeit nicht sehr preissensitiv sind, aber dies ist kein Muss, sondern eine Frage des Preises, den man am Ende zahlt. Mir gefallen Massenartikel des täglichen Bedarfs, wie aus dem Verlagswesen, der Nahrungsmittel- und Hygienebranche, kurzlebige Haushaltswaren oder Restaurantketten. Da der Mensch ein Gewohnheitstier ist, ist die Preissensitivität bei vielen dieser Produkte nicht sehr hoch. Es kann davon ausgegangen werden, dass die Gewinne gleichmäßig steigen und sinken und dass das Management nicht veranlasst wird, diese zu übertreiben. Genauso betrachte ich auch Zykliker aus der Baubranche, Rohstoffunternehmen oder Industriegüterhersteller. Hier ist zwar die Gefahr, dass schlechte Managemententscheidungen das Unternehmen vernichten, größer, dafür kommen Kaufgelegenheiten häufiger als bei nicht zyklischen Unternehmen. Insbesondere wenn die Markteintrittsbarrieren hoch sind, zum Beispiel aufgrund von natürlichen Monopolen (Rohstoffe) oder teuren Anlagen (Chemie), spricht auch bei einem Zykliker nichts gegen ein Investment. Allerdings sollte man die Gewinne dieser zyklischen Unternehmen stark normalisieren und zudem wissen, an welcher Stelle man sich ungefähr im Konjunkturzyklus befindet. Daher ist das Investieren in nicht zyklische Unternehmen einfacher.

Interessant wird es bei der Analyse und als Investment, wenn *starke Marken* im Spiel sind. Wenn Kunden bereit sind, für ein ähnliches Produkt mehr Geld auszugeben, zum Beispiel Apple vs. andere Smartphones, Microsoft Office vs. Open Office oder Coca-Cola und Pepsi vs. andere Cola-Marken. Wichtig ist, die Marktdynamik zu verstehen und zu wissen, wann tatsächlich eine Markenstärke vorliegt und wann es nur eine vermeintlich starke Marke ist. Vermeiden sollte man Modetrends. Marken und Modetrends sind nicht zu verwechseln. Wenn einen Sommer lang Gummi-Krankenpfleger-Sandalen modern sind, dann heißt das nicht, dass Crocs eine starke Schuhmarke ist, sondern nur, dass sie einen Sommer lang in Mode sind. Dagegen werden die roten Sohlen von Manolo Blahnik wohl auch in zehn Jahren mit hoher Wahrscheinlichkeit noch der Traum vieler Frauen sein.

Neben der Bilanz und dem Geschäftsmodell mit der Wettbewerbsposition und der Wettbewerbsdynamik sollte man grundsätzlich bei einer Bewertung auch das *Management* hinterfragen. Werden die Interessen der Aktionäre und Mitarbeiter ausreichend berücksichtigt? Versucht das Management nicht nur, das eigene Gehalt oder seinen Status zu optimieren? Viele Manager neigen dazu, sich ein Denkmal setzen zu wollen und das Unternehmen mit einem großen Paukenschlag zu verändern. Solches Verhalten zeigt sich oft in spektakulären Übernahmen, die die Finanzpresse für mehrere Tage bestimmen. Die meisten Übernahmen sind für die Aktionäre des kaufenden Unternehmens jedoch wertzerstörend. Sie lenken die Aufmerksamkeit des Managements von den operativen Aufgaben ab. Große Übernahmen sind für mich deshalb häufig ein rotes Tuch und deuten nicht auf gutes Management des täglichen Geschäfts hin.

Schwierig ist es, mit dem Management persönlich über solche Dinge zu sprechen. Meistens sind CEOs sehr gute Redner und wirklich von ihren Ideen überzeugt. Ich bevorzuge es deshalb, erst einmal Geschäftsberichte zu lesen und mir dort die Strategie und die Taten des Managements erklären zu lassen. Wenn man jemanden persönlich kennt, mit ihm persönlich gesprochen hat, dann bewertet man sein Handeln anders, als wenn man es neutral aus dem Geschäftsbericht liest.

Hinsichtlich des Managements, Übernahmen und der langfristigen Strategie sind meistens Familienunternehmen im Vorteil. Das heißt, bei einer Analyse sollte auch die *Besitzstruktur* berücksichtigt werden. Welche Investoren hat man zum Partner in seiner Anlage? Sind es eher langfristig orientierte Investoren wie man selbst? Sind die anderen Anleger aus einem bestimmten spekulativen Grund investiert, der sie bei negativem Ausgang abspringen lässt? Sind aktivistische Investoren an Bord, die versuchen, den Preis auf den von ihnen bestimmten Wert zu heben? All dies kann man durch den Geschäftsbericht, die Hauptversammlung und Nachrichtenportale herausfinden. Man kann zum Beispiel bei kleineren Unternehmen feststellen, dass das Aktionariat eher lokal ist und oft einen langfristigen Investmenthorizont hat. So sind auf der Hauptversammlung von CEWE-Color aus meiner Heimatstadt in erster Linie Investoren aus und rund um Oldenburg, die sich, neben der Stiftung der Gründerfamilie, einbringen und das Wohl der Firma als Ganzes für die Stadt im Auge haben.

Ein weiterer wichtiger Aspekt der Analyse ist, die einzelnen Punkte der Bewertung in Beziehung zueinander zu setzen. Zum Beispiel gehen Besitzstruktur, Managementkultur und Fremdkapitalquote oft Hand in Hand. Ändert sich das eine zum Positiven oder Negativen, verändert sich meistens auch das andere. Ein Großinvestor oder eine kontrollierende Familie sorgt sich stärker um die Belange der Firma und wählt danach das Management aus, was wiederum die Fremdkapitalquote festlegt. Andersherum verhält es sich mit der Fremdkapitalquote. Ist sie hoch, kann auf einen bestimmten Charakter im Management und unter den Besitzern, die das Management auswählen, geschlossen werden.

100 Prozent Eigenkapital ist eine ehrliche Sache. Wenn man von jemandem klauen will, dann von jemand anderem. Das heißt, betrügeri-

sche Firmen sammeln normalerweise so viel fremdes Kapital ohne Mitbestimmungsrechte ein, wie es ihnen möglich ist. Als Beispiele der jüngeren Vergangenheit lassen sich Prokon mit seinen Genussrechten oder KTG Agrar und German Pellets mit seinen Anleihen und Genussrechten nennen. All diese inzwischen insolventen Unternehmen mit ihren Geschichten um Nachhaltigkeit sind in erster Linie durch Fremdkapital gewachsen und hatten Manager, die im Verhältnis wenig eigenes Kapital eingesetzt haben. Es zeigt sich also, dass man die einzelnen Teile einer Bewertung in Zusammenhang bringen muss.

Um all diese Aspekte zu erkennen, sollte man insbesondere für die ersten Analysen viel Zeit einplanen. Mit dem Grad der Erfahrung steigt dann auch die Geschwindigkeit, mit der man eine Investmententscheidung fällen kann. Über Warren Buffett wird behauptet, dass er in einer halben Stunde entscheiden könne, ob er ein Unternehmen kaufen will oder nicht. Dafür benötigt man neben sehr viel Erfahrung aber auch eine sehr selbstbewusste Geisteshaltung. Da es auf der Welt kaum einen anderen Menschen mit der gleichen Erfahrung wie Warren Buffett im Investieren gibt, sollte man am Anfang mehr Sorgfalt und eine kritischere Haltung gegenüber sich selbst und seinen Investmententscheidungen einnehmen.

Um effizient zu arbeiten, empfehle ich deshalb folgendes Vorgehen:

1. Als Erstes führt man eine grobe Suche nach Ländern, Branchen und ersten Kennzahlen durch, um das eigene Investmentuniversum zu verkleinern.
2. Anschließend fängt man an, diese Liste von A bis Z durchzuarbeiten. Wenn eine Hürde (No-Go) erreicht wird, überspringt man sie nicht, sondern geht direkt zum nächsten Unternehmen. Da Ausschlusskriterien in der Bilanz offensichtlicher sind, beginnt man am besten mit einer Bilanzanalyse.
3. Zum Schluss setzt man sich tiefergehend mit dem Geschäft auseinander. Hierbei sieht man sich neben dem Unternehmen die Konkurrenz, Branchenverbände, statistische Ämter und alle anderen Quellen an, die Informationen aus erster Hand bereithalten. Erst dann wird eine Entscheidung zum Kauf oder Nichtkauf getroffen.

Schlüsselpunkte

- Das Bewerten eines Unternehmens funktioniert nicht nur über Zahlen. Eine Unternehmensanalyse ist immer umfassend. Alle Faktoren eines Unternehmens stehen in Beziehung zueinander.
- Die wichtigsten Punkte bei einer Unternehmensbewertung sind die Bilanz, das Geschäftsmodell, die Wettbewerbssituation, die Kunden, die Lieferanten, das Management und die Besitzstruktur.
- Um die eigene Zeit effizient einzuteilen, sollte man sich Grenzen (zum Beispiel bei Bilanzkennzahlen) setzen, die zum Abbruch der Analyse führen.
- Je nach Unternehmen sollte man den Fokus bei der Analyse auf andere Faktoren legen. Bei zyklischen Unternehmen sollte man verstärkt auf die Bilanz achten, während bei nicht-zyklischen Unternehmen die Marke und die Wettbewerbsstärke eine größere Rolle spielen.

SCHRITT 1: DAS ANLAGEUNIVERSUM VERKLEINERN

Eines der sinnvollsten Werkzeuge eines jeden wertorientierten Anlegers sind Auswahlsuchen in Datenbanken (sogenannte Screenings). Es gibt auf der Welt heute ca. 60.000 gelistete Unternehmen. Stellt man sich vor, sie alle nur fünf Minuten analysieren zu wollen, müsste man allein dafür ca. 210 Tage durcharbeiten. Eine unmögliche Aufgabe. Um diese Anzahl zu reduzieren, kann man Screenings nutzen.

Bei einem Screening durchsucht man eine große Anzahl Unternehmen aus einer Datenbank nach bestimmten Kriterien, wie zum Beispiel Ländern, Branchen, Gewinn- oder Bilanzkennzahlen. Wichtig ist es, die Suchkriterien nicht zu eng zu wählen und zu wissen, dass man mit einem Screening nicht ein Ergebnis bekommt, in welches man ohne Analyse guten Gewissens investieren kann. Wir sind es heute gewöhnt, bei einer Suchmaschine einen Begriff einzugeben und schnell ein Ergebnis zu bekommen. Suchmaschinenanbieter versuchen zu erahnen, was wir wissen wollen, und uns dann genau die passende Antwort zu liefern. Screenings dagegen erfüllen diese Aufgabe nicht. Sie erfüllen nicht die Funktion, konkrete Anlageideen zu liefern. Ein Fehler, der oft gemacht wird und dann häufig zu einer sehr frustrierenden Anlageentwicklung führt. Ein Screening ersetzt nie eine Unternehmensbewertung bzw. erfüllt nicht die Aufgabe einer Unternehmensanalyse. Es dient in erster Linie dazu, das Anlageuniversum sinnvoll einzuschränken. Ein Screening ist ein Werkzeug, um die Zeit des Anlegers optimal einzusetzen. Hat man ein Screening durchgeführt, bekommt man als Ergebnis idealerweise einen Bruchteil von Unternehmen aus seinem Anlageuniversum, die man genau analysieren sollte.

Ich wähle meistens bestimmte Länder oder Branchen aus, auf die ich mich wegen bestimmter makroökonomischer Themen konzentrieren möchte, oder umgekehrt schließe ich Länder oder Branchen, die als Anlage derzeit nicht infrage kommen, aus. Gleichzeitig gibt es für mich die Regel, dass das Unternehmen zumindest einen Umsatz generieren muss, der größer als ein Sechstel der Marktkapitalisierung ist. Damit schließe ich Startups, Entwicklungsunternehmen oder Beteiligungsfirmen mit sehr unsicherer oder unregelmäßiger Geschäftsentwicklung aus. Ich bin kein Risikokapitalgeber, sondern setze auf etablierte Geschäfte. Ist man etwas konservativer, kann man zusätzlich definieren, dass das Unternehmen mindestens seit zehn Jahren existiert und im Durchschnitt Gewinn erwirtschaftet hat. Als letzten Punkt sortiere ich noch einen bestimmten Verschuldungsgrad aus. Der erste und tödlichste Grund, aus dem eine Aktie preiswert erscheint, sind zu viele Schulden. Trotzdem sollte man hier vorsichtig sein und branchenspezifische Kenngrößen verwenden. Unternehmen aus zyklischen Branchen ist ein niedrigeres Fremdkapital zu erlauben als aus anderen Branchen. Neben der Fremdkapitalquote hilft hier, das Fremdkapital im Verhältnis zur Ertragskraft zu setzen. Das Fremdkapital geteilt durch den jährlichen Geld-Rückfluss sollte 3 nicht überschreiten, und die Zinslast sollte kleiner als ein Drittel der erwarteten operativen Rendite nach Abschreibung und Amortisation sein. Aber auch hier gilt es aufzupassen. Nimmt man nur Zahlen aus dem letzten Jahr, können diese das Ergebnis stark verfälschen. Besser ist es, wenn möglich Durchschnitte über mehrere Jahre zu nehmen oder mit normalisierten Zahlen zu arbeiten. Dies setzt aber eine flexible und gut gepflegte Datenbank voraus, welche den meisten Anlegern nicht zur Verfügung steht. Für Privatanleger kann ich die Seiten www.finanzen.net und www.onvista.de für eine gute Auswahl an Screening-Kriterien empfehlen. Am besten sind natürlich große professionelle Datenbanken, wie Bloomberg oder Reuters. Diese sind aber entsprechend teuer. Daneben gibt es vielversprechende neue Gratisanbieter, wie www.simfin.com, die auf eine Community setzen, um eine umfangreiche Datenbank mit fundamentalen Kennzahlen zur Verfügung zu stellen.

Des Weiteren sollte man auf der Suche nach Ideen andere wertorientierte Investoren beobachten. Alle Fondsmanager müssen mindestens zweimal im Jahr ihr Portfolio offenlegen. Dies wird normalerweise nicht groß angekündigt. Man will vermeiden, dass die Konkurrenz »abguckt«. Die Daten gibt es trotzdem im Halbjahres- und Jahresbericht auf den Webseiten der Fonds. Dienstleister, wie Morningstar, versuchen, diese Daten zu sammeln, erleichtern die Suche und geben eine gute Übersicht über das weltweite Fondsuniversum. Hier kann man die Fonds nach Stilen und Regionen sortieren, um anschließend passende Nebenwerte und Value-Fonds herauszusuchen und das Anlageuniversum auf diese Weise zu verkleinern.

Schlüsselpunkte

- Das Screening ist eines der wichtigsten Werkzeuge eines Investors, um seine Zeit effizient zu nutzen.
- Kriterien für das Screening können dabei frei gewählt werden und zum Beispiel Länder, Branchen, Umsatz, Gewinn oder der Verschuldungsgrad sein.
- Das Durchsuchen einer Datenbank mithilfe von Auswahlkriterien ist nicht zu verwechseln mit der Suche durch einen Algorithmus im Internet.
- Ein weiteres Auswahlwerkzeug können die Portfolioveröffentlichungen erfolgreicher Fondsmanager sein.

SCHRITT 2: ANALYSE DER BUCHFÜHRUNG

Hat man eine erste Liste von Unternehmen erstellt, geht man diese von A bis Z durch. Dabei wird jedes Unternehmen in seine Bestandteile zerlegt und seine Funktionsweise verstanden. Als ersten Schritt empfehle ich, dabei die Inhaltsangaben zu studieren. Diese werden bei jedem börsengelisteten Unternehmen zum Glück mitgeliefert – die Jahresabschlüsse. Hier betrachtet man neben der Gewinn-und-Verlust-Rechnung (GuV) vor allem die Bilanz und die Geldflussrechnung. Bei ordnungsgemäßer Buchführung sollte der Jahresabschluss ein Bild entsprechend den tatsächlichen Verhältnissen der Vermögens-, Finanz- und Gewinnlage des Unternehmens vermitteln.

Die ersten Fragen, die man sich deshalb stellen sollte, lauten: Welchen Eindruck machen die Jahresabschlüsse der letzten Jahre? Passen die gelieferten Zahlen zum tatsächlichen Geschäft? Gibt es auch Jahre mit Ausrutschern?

Kein Geschäft verläuft gradlinig. Wenn die Zahlen zu glatt sind, ist das ein erster Hinweis auf keine ordnungsgemäße Buchführung und damit auf Betrug.

Mir geht es an dieser Stelle in erster Linie um die Feinheiten der Bilanzanalyse und die Grenzen der Rechnungslegung. Eben die vielen kleinen Tricks und Fallen, die in der Bilanz lauern und die man in den meisten Lehrbüchern nicht findet. Es geht mir nicht darum, die klassische Bilanzanalyse zu beschreiben, denn dafür gibt es bereits genügend Lektüre.

Rechnungslegungsstandard

Als Erstes sollte man sich vergewissern, welcher Rechnungslegungsstandard verwendet wird. Heute wird bei den meisten börsengelisteten europäischen Unternehmen IFRS (International Financial Reporting Standards) und in den USA US-GAAP (Generally Accepted Accounting Principles) verwendet. Diese beiden Standards wurden in den letzten Jahren stark harmonisiert, sodass es kaum noch Unterschiede gibt. Die größten Unterschiede liegen wohl nach aktuellem Stand bei der erfolgswirksamen Erfassung von Aktienoptionen unter US-GAAP und in der Aktivierung von internen Entwicklungskosten, die nach IFRS unter bestimmten Bedingungen zulässig und unter US-GAAP ausgeschlossen sind.

Anders verhält es sich mit lokalen Rechnungsabschlussstandards. Diese finden für den öffentlich zugänglichen Jahresabschluss vor allem bei kleinen Unternehmen immer noch Anwendung. Ansonsten werden sie in erster Linie für die Steuerabschlüsse genutzt und sind relativ statisch. So erlaubt der IFRS zum Beispiel wesentlich mehr Bewertungsspielräume als der deutsche Jahresabschluss nach dem Handelsgesetzbuch (HGB). Das hat zur Folge, dass ordentliche Gewinne nach IFRS oft wesentlich höher ausgewiesen werden als nach HGB.

Ähnlich verhält es sich mit dem japanischen Rechnungslegungsstandard (Japanese GAAP), der konservativer als US-GAAP und IFRS ist. So wird zum Beispiel in Japan der Goodwill generell über 20 Jahre amortisiert, sodass nach Unternehmensübernahmen die Gewinne häufig niedriger ausfallen als unter IFRS oder US-GAAP. Goodwill bezeichnet dabei den Aufpreis zum Eigenkapital, den ein Unternehmen bereit ist für ein anderes Unternehmen zu bezahlen, wenn es dieses übernimmt. Es spiegelt den immateriellen Wert wieder, den das übernehmende Management z. B. den Marken, Kundenbeziehungen, selbstentwickelter Software und zukünftigen Gewinnen der neuen Tochter zurechnet und für die es heute bereit ist, mehr Geld auszugeben als das reine bilanzierte Eigenkapital. Grundsätzlich ist gegen Goodwill nichts einzuwenden, da jedes gute Unternehmen für einen höheren Wert als das Eigenkapital gehandelt werden sollte. Aufpassen muss man nur, dass der Goodwill auch tatsächlich werthaltig ist. Pflegt man die Marken und Kundenbeziehungen nicht ausreichend oder veraltet die Software, verringert sich der Wert des Goodwills über die Zeit. Nach IFRS oder US-GAAP kann man nach einer Überprüfung den Goodwill reduzieren. Schreibt man den Goodwill dagegen regelmäßig ab, reduziert dies Jahr für Jahr das Risiko einer Fehlbewertung.

Grundsätzlich lässt sich sagen, dass sowohl japanische als auch europäische Rechnungslegungsstandards traditionell mehr Wert auf den Erhalt des Geldbestands und eine gesunde Bilanz legen und in der Konsequenz Vermögenswerte schneller abschreiben und weniger Goodwill zulassen. Dadurch fallen die Gewinne dieser Unternehmen auf dem Papier niedriger aus, aber es ist mehr Spielraum für schlechte Zeiten vorhanden.

Spielräume

Im Zweifel bevorzuge ich Unternehmen und Rechnungslegungsstandards, die sich konservativ darstellen und nicht zu sportlich sind. Nutzt man die Bewertungsspielräume, indem man stille Reserven aufbaut und Kosten nach Möglichkeit nicht aktiviert, ist ein automatischer Risikopuffer in der Bilanz eingebaut.

Der Vorteil für den wertorientierten Investor: Viele Anleger machen sich nicht die Mühe, die Unterschiede in den Bilanzen herauszuarbeiten. Konservativ bilanzierte Unternehmen sind in normalen Zeiten daher oft günstiger bewertet.

Allerdings kann man auch für sportliche Zahlen und vor allem einen sportlichen Ausblick argumentieren: Dies kann die Mitarbeiter motivieren, in guten Zeiten den Zugang zum Kapitalmarkt erleichtern und bei Kapitalerhöhungen zu einem höheren Mittelzufluss führen. Für den wertorientieren Investor bietet eine sportliche Bilanz zusätzlich die Möglichkeit, bei einer Neubewertung, das heißt einer außerordentlichen Abschreibung, einen günstigen Einstiegszeitpunkt zu erhalten, da der Markt dann von dem Management und Unternehmen übermäßig enttäuscht wurde.

Für die Analyse ist es wichtig zu wissen, wann Unternehmen ihre Spielräume besonders gerne ausnutzen und sportliche Bilanzen revidieren. Kommt ein neuer Geschäftsführer (CEO), der mit dem alten abrechnet, oder ist das Ergebnis überwiegend schon negativ, kommt der große Bilanzputz (im Englischen passenderweise »Big-Bath« genannt). Da der neue Geschäftsführer die Ergebnisse seines ersten Jahres noch auf die Entscheidungen seines Vorgängers schieben kann, bildet er dann gerne zusätzlich Rückstellungen für allerlei Eventualitäten, die das Ergebnis verschlechtern. Ähnlich verhält es sich, wenn man den Aktionären sowieso schlechte Nachrichten überbringen muss. Da der Unbill schon vorhanden ist, kann man die Zahlen über zusätzliche Rückstellungen und Sonderabschreibungen auch noch etwas schlechter ausfallen lassen. Der Aufschrei wird nicht viel größer. Löst man die gebildeten Rückstellungen in den folgenden Jahren wieder auf, verbessern sich die Bilanz und das Ergebnis. Natürlich passiert dies alles nur auf dem Papier. Das Geschäft ändert sich weder im ersten noch in den Folgejahren, sodass man solche Bilanztricks kennen und richtig einordnen muss.

Betrügereien

Anders verhält es sich mit harten Betrügereien. Sie sind nur schwer zu erkennen und meistens Folge von:

- Buchhaltung, die außerhalb der eigentlichen Bilanz gemacht wird (auf Englisch »Off-Balance Sheet Accounting«),
- Gewinnsteuerung, indem man Einnahmen zu früh oder Kosten zu spät verbucht,
- Aktivierung von fiktiven Wirtschaftsgütern oder Kosten.

Zusätzlich gibt es meistens eine Befangenheit des Wirtschaftsprüfers. Grundsätzlich ist niemand vollständig vor Betrügereien geschützt. Anders als der Eindruck der Wirtschaftspresse uns glauben lassen kann, treten sie aber zum Glück äußerst selten auf. Die meisten Manager und Mitarbeiter im Unternehmen sind ehrliche Kaufleute. Als allgemeinen Rat gegen Betrügereien kann man festhalten, dass man sich an Unternehmen mit einfachen Bilanzstrukturen und Geschäftsmodellen, die man versteht, halten sollte. Auch ist es gut, auf die Sprache und die Art, wie sich das Unternehmen und das Management in einem Geschäftsbericht präsentiert, zu achten. Hier sind allzu glatte Geschäftsverläufe ohne Ecken und Kanten zu meiden. Ein Unternehmen ist wie alle anderen von Menschenhand geschaffenen Systeme nie ohne Fehler.

Wenn ein Unternehmen sich als das großartigste Unternehmen der Welt bezeichnet, wie zum Beispiel *Enron* (»The World's Greatest Company«), ist das vielleicht nur ein Versuch, von etwas abzulenken.

In diesem Fall hat man in erster Linie Geschäfte mit eigenen Offshore-Gesellschaften verbucht und diese nicht sauber in einer Konzernbilanz zusammengeführt. Man machte quasi Geschäfte mit sich selbst. Gleichzeitig hat man diese Geschäfte von Banken vorfinanzieren lassen und die Verbindlichkeiten nicht in der Bilanz angegeben. Daneben hat man noch weitere unsaubere Bilanzpraktiken betrieben, sodass man bei einem Jahresumsatz von 40 Mrd. US-Dollar im Oktober 2001 30 Mrd. US-Dollar zusätzliche Schulden offenbaren und Insolvenz anmelden musste. 60 Mrd. US-Dollar Börsenwert wurden vernichtet. Dies ist der schrecklichstmögliche Ausgang eines Bilanzbetrugs.

Meistens geht es etwas glimpflicher aus, wie im Beispiel von *Xerox*. Von 1997 bis 1999 hat man Umsätze aus kurzläufigen Vermietungsgeschäften in langläufige Leasingverträge umgewandelt und damit zu hohe Umsätze und Gewinne ausgewiesen. Nach US-GAAP ist es erlaubt, langfristige Leasingverträge, wie bei einem tatsächlichen Verkauf, vollständig im ersten Jahr als Umsatz zu verbuchen. Das Vermietungsgeschäft wird dagegen jeweils für jedes Jahr in Höhe des Vermietungssatzes als Umsatz verbucht. Xerox musste den Umsatz um 3 Mrd. US-Dollar und den Vorsteuergewinn der drei Jahre um 1,4 Mrd. US-Dollar korrigieren und zusammen mit dem Abschlussprüfer KPMG ein Bußgeld in zweistelliger Millionenhöhe zahlen.

Umsatz- und Gewinnbuchung

Auch wenn Betrügereien kaum zu erkennen sind, ist es eine der wichtigsten Aufgaben eines wertorientierten Investors, zu verstehen, wie sich Umsätze und Gewinne verhalten und woher sie kommen. Solange man das Unternehmen nicht liquidieren möchte, ist in den echten Umsätzen und Gewinnen der Wert des Unternehmens zu finden und nirgendwo anders. Umsätze sollten dabei die Summe der Erlöse einer Periode sein, die nach Bewirken einer Leistung entstehen. Ganz einfach gesprochen: Wie viel Geld hat das Unternehmen in einem bestimmten Zeitraum eingenommen? Die Umsätze ergeben sich aus der abgesetzten Menge der Produkte oder Dienstleistungen multipliziert mit dem Preis minus Rabatte, Skonti und Boni und werden unabhängig vom

Zeitpunkt eines tatsächlichen Zahlungseingangs erfasst. Der Gewinn ist der Anteil am Umsatz, der nach Abzug aller Kosten für die Eigenkapitalgeber übrig bleibt.

Sowohl die Betrachtung des Umsatzes als auch des Gewinns sollte immer im Zeit- (das Unternehmen im Zeitverlauf) und Betriebsvergleich (das Unternehmen im Vergleich zu anderen Unternehmen der gleichen Branche) stattfinden.

Unternehmen unterscheiden sich schon in der Erfassung der Umsätze. Wird eine Leistung über mehrere Perioden (i. d. R. mehr als ein Jahr) erbracht, können der Umsatz, die Kosten und der Gewinn über die gesamte Auftragsdauer verteilt werden. Dies ist häufig im Projektgeschäft anzutreffen. Beispiel für solche Projekte sind der Bau von großen Schiffen, der Bau von Autobahnen, der Bau von Fabriken oder anderen Bauwerken. Um die Umsätze und Gewinne richtig zuzuordnen, wird bei solchen Langfristfertigungen die Percentage-of-Completion-Methode in der internationalen Rechnungslegung verwendet. Die Umsatz- und Gewinnrealisierung wird so nach dem Leistungsfortschritt (bzw. Fertigstellungsgrad) ausgegeben. Bei der Bewertung ist hier besondere Vorsicht angebracht, da Probleme einfach in der Bilanz verschleiert werden können und sich dann erst am Ende des Projektes offenbaren.

Vorsichtig muss der Investor auch sein, wenn er nicht genau erkennt, woher Umsatzveränderungen kommen. Dies gilt für alle Unternehmen. So kann der Umsatz einmal durch den Preis oder durch das Volumen steigen oder sinken. Dabei kann eine moderate Umsatzsteigerung in einem stark wachsenden Markt darüber hinwegtäuschen, dass ein Unternehmen unterdurchschnittlich agiert. Werden Umsatzanstiege durch Volumenanstiege erreicht, die durch Preisrabatte oder bessere Zahlungsbedingungen/Skonti getrieben sind, ist dies ein eher negatives Zeichen. Können dagegen Preiserhöhungen durchgesetzt werden, ohne größere Anteile im Markt zu verlieren, ist dies ein positives Zeichen. Ohne die Absatzmengenstatistik zu kennen, ist eine Veränderung des Umsatzes nur schwer einzuschätzen.

Jede Schätzgröße in der GuV kann dazu dienen, die Ergebnisse zu manipulieren. Ist die GuV besonders durch solche Schätzgrößen geprägt, sind höhere Sicherheitsmargen angebracht, da das Unternehmen selbst in guter Absicht falschliegen kann. Ein solcher Fall, den ich als Aktionär miterlebt habe, war im Jahr 2014 *Tesco*. Tesco war zum damaligen Zeitpunkt die größte Supermarktkette Großbritanniens und die drittgrößte der Welt. Der Lebensmittelmarkt in Großbritannien hatte sich durch den Eintritt der deutschen Discounter stark verändert, sodass die etablierten Supermärkte unter Druck gerieten und sich auf mehr Wettbewerb, geringere Margen und Kostenreduzierung einstellen mussten. Carrefour musste in Frankreich einige Jahr zuvor eine ähnliche Marktveränderung durchlaufen, was mir als Blaupause für den Verlauf von Tesco diente und mich zu einem Kauf bewogen hatte. Aufgrund der starken Marktposition hatte Tesco mit Zulieferern und Herstellern von Lebensmitteln Extra-Rabatte vereinbart, wenn bestimmte Absatzziele erreicht wurden. Zum Beispiel würde Coca-Cola einen bestimmten Prozentsatz des Einkaufspreises an Tesco auszahlen, wenn 20 Millionen 2-Liter-Flaschen bis zum Ende des Jahres verkauft würden. Das Problem für die Finanzabteilung von Tesco ist, dass man zum Halbjahresbericht abschätzen muss, wie viel diese Rabatte am Ende des Jahres wert sind. Aufgrund des harten Wettbewerbs wurde Tesco von einem Absatzvolumenrückgang überrascht und musste am 22.09.2014 zugeben, dass man die Halbjahreszahlen zu positiv dargestellt hatte. Der Gewinn im Halbjahresbericht musste korrigiert werden und die Verunsicherung gegenüber dem Management und der Firma nahm in einer schwierigen Zeit noch einmal zu. Heute muss man sagen, dass die Wochen nach dem damaligen Kursverfall der ideale Zeitpunkt für eine Aufstockung meiner Position waren. Ich nutzte den Bilanzskandal dazu, meine Position zu verdoppeln. Anders als bei Enron und ähnlich wie bei Xerox war die Revidierung des Gewinns bei Tesco ein einmaliger Vorgang, der das Unternehmen nicht dauerhaft schädigte und mich in verhältnismäßig kurzer Zeit einen anständigen Gewinn realisieren ließ.

Inventarveränderungen

Wichtig im Zusammenhang mit dem Umsatz und Gewinn ist auch, auf das Inventar zu achten. Ein steigendes Inventar und im Speziellen ein steigender Lagerbestand, insbesondere im Verhältnis zum Umsatz, ist als nachteilig anzusehen. Meistens deutet ein solcher Anstieg auf eine Verschlechterung der Marktlage hin. Die Beliebtheit der Produkte hat abgenommen und das Unternehmen hat mehr Waren produziert oder eingekauft, als es ursprünglich zu verkaufen geplant hat. Außerdem erzeugt ein zu hoher Lagerbestand enorme Kosten; direkt durch die logistischen Anforderungen und indirekt durch die in der Regel laufend abnehmende Nachfrage nach Produkten, die veralten. Ausgenommen sind hier langlebige Alltagsprodukte, wie zum Beispiel Windeln. Besonders stark betroffen sind technische Modeprodukte, wie zum Beispiel die neusten Smartphones.

Zusätzlich lässt sich durch den Lagerbestand leicht die Rohertragsmarge manipulieren. Wenn der Wert des Lagerbestands am Ende einer Periode übertrieben wird, steigt der Gewinn. Dies ist der Fall, wenn das Management ungewöhnlich hohe Gewinne melden möchte, um die Erwartungen der Anleger zu erfüllen, Boni-Ziele zu erreichen oder Covenants (Kreditbedingungen) einzuhalten. Als Werkzeuge stehen dem Management hierfür mehrere Möglichkeiten zur Verfügung, wie die Verringerung der Bestandsverluste (Reserven), Mehrfachzählung oder höhere Bewertung der einzelnen Bestandskomponenten. Der höhere Gewinn ergibt sich dabei aus der Berechnung der Herstellungskosten der fertigen Produkte (COGS = Cost of goods sold):

$$\textit{Anfangsbestand} + \textit{Anschaffungskosten} - \textit{Endbestand} = \textit{Herstellungskosten (COGS)}$$

Erhöht man den Endbestand, fallen die Herstellungskosten in der Periode niedriger und der Rohertrag höher aus. Ein hoher Lagerbestand sieht also kurzfristig im Gewinn gut aus. Ist es aber nicht. Dieser Effekt löst sich in den Folgeperioden wieder auf und senkt die Gewinne dann entsprechend.

Aktienoptionen/-rückkäufe

Ein weiterer wichtiger Punkt, den es hinsichtlich der Profitabilität und der Bilanzanalyse zu beachten gilt, sind die ausstehenden Aktien des

Unternehmens. Viele Manager rühmen sich damit, große Aktienrückkaufprogramme aufzulegen, da sie damit zeigen, wie aktionärsfreundlich sie sind. Beim Aktienrückkauf erwirbt eine Aktiengesellschaft eigene Unternehmensanteile über die Börse. Diese dürfen maximal 10 Prozent der ausstehenden Aktien ausmachen, wobei die Aktionäre bei der Hauptversammlung dem Rückkauf zugestimmt haben müssen. Bei einem Aktienrückkauf erhöht sich der Gewinn und innere Wert der bei den Aktionären verbleibenden Anteile, da sich der Kuchen auf weniger Köpfe verteilt. Dies hat meistens einen positiven Einfluss auf den Aktienkurs.

Leider werden die Rückkaufprogramme selten netto kommuniziert, das heißt um die tatsächlich gesunkene Anzahl ausstehender Aktien. Meistens werden in den Unternehmensnachrichten nur die aufgebrachte Summe und die Zahl der gekauften Aktien selbst gemeldet. Wenn das Unternehmen aber gleichzeitig ein aktienbasiertes Vergütungsprogramm (Aktienoptionen) hat, dann fällt der tatsächliche Rückgang der ausstehenden Aktien geringer aus, als durch die Anzahl der vom Unternehmen gekauften Aktien suggeriert wird. Man muss also selbst die Anzahl Aktien zum Anfangs- und Schlussbestand prüfen, um den Netto-Rückgang zu bestimmten. Gibt ein Unternehmen hingegen Aktien aus, entweder selbstgehaltene oder neue Aktien, so verwässert dies damit den Gewinn und den inneren Wert der bestehenden Aktionäre. Der Kuchen wird auf mehr Köpfe verteilt.

Der Witz der internationalen Rechnungslegung ist dabei, dass Aktienoptionen vermeintlich keine erfolgswirksamen Kosten darstellen, da sie erst einmal nicht zahlungswirksam sind. Sie sind nicht in der GuV enthalten. Dadurch wirkt der Gewinn größer, als er eigentlich ist. Das Eigenkapital der Aktionäre wird verwässert und Aktienoptionen sind somit reale Kosten. Dies geht so weit, dass aus einem Verlust plötzlich ein Gewinn werden kann, wie am Beispiel von einigen Technologieunternehmen zu sehen ist: Nach IFRS hatte Twitter 2015 einen Nettogewinn von 162 Mio. US-Dollar; nach US-GAAP aber einen Verlust von 431 Mio. US-Dollar. Die Differenz erklärt sich zum großen Teil aus den 524 Mio. US-Dollar aktienbasierter Vergütungen, die im IFRS-Gewinn nicht enthalten sind. Gleiches war 2015 bei LinkedIn, inzwischen von Microsoft für 26 Mrd. US-Dollar gekauft, zu sehen: Aus 373 Mio. US-Dollar Gewinn werden 166 Mio. US-Dollar Verlust, wenn man die 510 Mio. US-Dollar Aktienvergütung hinzurechnet.

Dieses Problem besteht aber nicht nur bei Technologieunternehmen. Das Management von Coca-Cola, eines der großartigsten Unternehmen des letzten Jahrhunderts, verkündete 2014 einen »Equity Plan«, der Folgendes vorsah: Bis zu 500 Millionen Aktien können über drei Jahre hinweg als Bonus an Angestellte ausgegeben werden. Dies wäre das größte Aktienoptionsprogramm der damaligen Coca-Cola-Geschichte gewesen. Bei einer ausstehenden Anzahl Aktien von 4,4 Milliarden hätte das einer Verwässerung von über 11 Prozent entsprochen oder bei einem Börsenwert von 170 Mrd. US-Dollar zum Zeitpunkt der Bekanntgabe ca. 19 Mrd. US-Dollar an Kosten für die Aktionäre. Das Management rechtfertigte sich damit, dass gleichzeitig mehr Aktien zurückgekauft würden, sodass der Gewinn pro Aktie nicht durch die Aktienoption verwässert wird. Und auch wenn ich am Anfang davon gesprochen habe, dass man immer den Nettorückgang der Anzahl Aktien betrachten soll, um zu sehen, ob das Management tatsächlich die angegebene Anzahl Aktien zurückkauft, vermischt das Management hier zwei unterschiedliche Dinge miteinander: das Aktienoptionsprogramm und das Aktienrückkaufprogramm. Die Frage, die in diesem Zusammenhang von einigen Aktionären richtigerweise gestellt wurde: Um was könnten die Gewinne pro Aktien steigen, wenn es keinen Aktienoptionsplan geben würde? Leider wurde hier kein Exempel am gierigen Management und einer verkehrten Logik von Aktienoptionsplänen im Zusammenhang mit Aktienrückkäufen statuiert. Warren Buffett, zum damaligen Zeitpunkt größter Aktionär von Coca-Cola, hat den »Equity Plan 2014« zwar scharf kritisiert, aber nicht dagegen gestimmt. Das sei »irgendwie unamerikanisch« waren seine Worte. Warren Buffett: »It's kind of un-American to vote no at a Coke meeting.« Etwas, das ich bis heute nicht verstehe.

Ich möchte nicht missverstanden werden. Ich bin nicht gegen Aktienoptionspläne. Ganz im Gegenteil: Aktienoptionspläne sind ein legitimer Weg, um Angestellte an das Unternehmen zu binden, sie zu motivieren und das Prinzipal-Agent Problem zu minimieren. Das Prinzipal-Agent Problem besagt, dass der Auftraggeber (Aktionär) nicht die gleichen Ziele hat wie der Beauftragte (Management/Angestellte). Indem man die Manager selbst zu Aktionären macht, erhofft man sich, dass sie stärker im Interesse der anderen Aktionäre handeln. Aber Aktienoptionspläne sollten transparent als das aufgelistet werden, was sie sind: Kosten. Genauer gesagt Lohnkosten. Damit gehören sie in die GuV, wie alle anderen Kosten auch, die wir benötigen, um das Unternehmen am Laufen zu halten.

Cashflow vs. Gewinne

Neben dem Umsatz und Gewinn ist die Geldflussrechnung (Cash Flow Statement) für die Bilanzanalyse von besonderer Bedeutung. Anders als viele Lehrbücher sehe ich die Geldflussrechnung oder die Konzentration auf das EBITDA bei einer Unternehmensanalyse aber nicht als überlegen gegenüber der Analyse des Gewinns an. Das EBITDA (Earnings before Interest, Taxes, Depreciation and Amortization) bezeichnet den Gewinn vor Zinsen, Steuern und Abschreibungen auf Sachanlagen oder immaterielle Vermögenswerte. Als Argumente für die Geldflussrechnung oder das EBITDA wird gerne angegeben, dass es hier für das Unternehmen weniger Spielräume gibt als bei der Berechnung des Gewinns für die Anteilseigner. Es sind damit Erfolgskennzahlen, die den Vergleich von Unternehmen mit verschiedenen Rechnungslegungsstandards (HGB, IFRS, US-GAAP etc.) ermöglichen sollen. Dafür werden unechte Ergebnisse präsentiert, insbesondere wenn das Unternehmen anlageintensiv ist und unregelmäßig große Summen, zum Beispiel in eine neue Fabrik, investieren muss. Wegen der vielen ausgeklammerten Faktoren ist die Aussagekraft eingeschränkt. Gleichzeitig ist das Ausnutzen von Spielräumen insbesondere in der Geldflussrechnung wesentlich teurer als in der GuV. In der GuV führt das Ausnutzen von Spielräumen im Normalfall zu Steuerverschiebungen. Im negativen Fall werden Gewinne zu hoch ausgegeben, es werden zu hohe Steuern gezahlt und dem Unternehmen wird für eine gewisse Zeit Liquidität entzogen, die es sich am Kapitalmarkt zurückholen muss. Es beeinflusst das operative Geschäft aber nicht. Spielräume in der Geldflussrechnung sind dagegen meistens Sale-and-lease-back-Vereinbarungen. Diese sind zwar kurzfristig für den Cashflow positiv, kosten das Unternehmen langfristig aber meistens mehr Geld, da der Leasinggeber auch etwas verdienen möchte, sodass das operative Geschäft direkt negativ beeinflusst wird.

Es gibt nur wenige Ausnahmen, bei denen ich die Geldflussrechnung der GuV konsequent vorziehe. Dies ist der Fall bei extrem langlebigen Investmentgütern, die regelmäßige Instandhaltung benötigen, aber keine hohen initialen Investitionen verlangen, zum Beispiel bei Bahnunternehmen. Vergleicht man die Gewinne mit den Free-Cash-Flows von Bahnunternehmen, wie Union Pacific Railroad, Norfolk Southern Railway oder BNSF Railway, fällt ein dauerhaftes Missverhältnis zugunsten des Gewinns auf. Diese Differenz beträgt bei einigen Bahnunternehmen mehr als 50 Prozent. Das Missverhältnis kommt von einem dauerhaften Unterschied zwischen Kapitalausgaben (CAPEX) und Abschreibungen. Jedes Jahr geben Bahnunternehmen mehr für den Kauf von neuen Anlagen aus, als sie durch Abschreibungen als Instandhaltungskosten in der GuV zählen. Der Grund ist die Inflation. Die Abschreibungen fallen auf die Anschaffungskosten der alten Anlage an. Diese sind aber zum Teil mehrere Jahrzehnte alt. Wenn das Bahnunternehmen 20 Jahre alte Schienen mit neuen ersetzt, dann kosten diese identischen Schienen heute aufgrund der allgemeinen Inflation wesentlich mehr, auch wenn das Unternehmen nur in den Anlagenerhalt investiert. Mit anderen Worten: Die Instandhaltungskosten werden erheblich zu niedrig angegeben, während die Gewinne erheblich übertrieben werden. Aus diesem Grund sind Unternehmen, die dauerhaft niedrigere Geldflüsse im Vergleich zu Gewinnen ausweisen, auf Grundlage der Geldflussrechnung zu bewerten.

Einzelne Kennzahlen

Neben der Bilanz und der GuV betrachte ich auch eine Vielzahl einzelner Kennzahlen jeweils im Zeit- und Betriebsvergleich. Dabei betrachte ich keine allein und treffe basierend auf einer Kennzahl allein auch nicht mein Investmenturteil, aber jede Kennzahl hilft mir, das Unternehmen besser einzuschätzen.

Wichtige Kennzahlen

Rentabilität	
Kurs-Gewinn-Verhältnis (KGV)	je niedriger, desto besser
EBIT-Marge	je höher, desto besser
Eigenkapitalrentabilität	je höher, desto besser
Gesamtkapitalrendite (ROIC)	je höher, desto besser
Kurs-Cashflow-Verhältnis (KCV)	je niedriger, desto besser

Sicherheit	
Verschuldungsgrad	je niedriger, desto besser
Nettoverschuldung	je niedriger, desto besser
Fremdkapital-Zinssatz	je niedriger, desto besser
Kurs-Buchwert-Verhältnis (KBV)	je niedriger, desto besser

Qualität	
Umsatzwachstum	je höher, desto besser
Umsatzrendite	je höher, desto besser
Lagerbestand/Umsatz	je niedriger, desto besser
Working Capital/Umsatz	je niedriger, desto besser
CAPEX/Umsatz	je niedriger, desto besser
Steuerquote	je niedriger, desto besser

Die Grenze der Analyse der Buchführung ist die Zukunft. Der Jahresabschluss stellt zwar einen kurzfristigen, manchmal auch einen mittelfristigen Ausblick bereit, dieser ist aber mit Vorsicht zu genießen. Die Bilanz und die GuV sind keine Prognosen, sondern immer zurückgewandt. Kennt man allerdings die Zahlen der Vergangenheit, fällt es sehr viel einfacher, das Geschäft heute und in der Zukunft einzuschätzen. Zudem ist eine solide Bilanz ein gutes Indiz für das Verhalten des Managements und die Überlebensfähigkeit des Geschäfts in harten Zeiten.

Schlüsselpunkte

- Bei ordnungsgemäßer Buchführung sollten die Gewinn- und Verlustrechnung, die Geldflussrechnung und die Bilanz ein tatsächliches Bild vom Unternehmen vermitteln.
- Für eine Analyse der Buchführung sollte man sich mit den Rechnungslegungsstandards, den Spielräumen in der Buchhaltung und den Anzeichen für Betrug auseinandersetzen.
- Unternehmen, die ihre Spielräume eher konservativ nutzen, sind aus Sicht eines langfristig orientierten Investors zu bevorzugen.
- Neue Geschäftsführer bereinigen gerne die Bilanz, weil sie Abschreibungen noch auf die Kappe ihres Vorgängers schieben können.
- Kennt man die Zahlen der Vergangenheit, fällt es sehr viel leichter, das Geschäft heute und in der Zukunft einzuschätzen.

SCHRITT 3: ANALYSE DES GESCHÄFTSMODELLS

Die Analyse der Buchführung und der Finanzkennzahlen dient lediglich dazu, das vergangene wirtschaftliche Ergebnis eines Unternehmens zu messen. Warren Buffett sagt sinngemäß, investiert man ausschließlich nach den Zahlen des Jahresabschlusses, ist das wie Autofahren, bei dem man nur in den Rückspiegel blickt.

Die Analyse des Geschäftsmodells lässt dagegen Rückschlüsse auf die Zukunft des Unternehmens zu. Wichtig sind dabei drei Punkte:

1. *Die Einordnung der Wettbewerbs- und Kundenstruktur im Zusammenhang mit dem operativen Geschäft.* Eine richtige Eingliederung der Wettbewerbsposition ermöglicht eine Einschätzung hinsichtlich der Marktmacht des Unternehmens. Nur Unternehmen, die über Marktmacht verfügen, können Kostensteigerungen an ihre Kunden weitergeben und nachhaltige Gewinne und Geldflüsse verzeichnen. Hierzu gehört, sich die Konkurrenz, Kunden und Lieferanten genau anzuschauen.

2. *Das Erkennen struktureller Probleme und die Veränderungen des Markt- und des Branchenumfelds.* Es gibt genug Beispiele von Unternehmen, die sich eine herausragende Marktstellung erarbeitet hatten und durch einen Wandel des Marktumfelds gescheitert sind, wie zum Beispiel Kodak mit dem Wandel von der analogen zur digitalen Fotografie.

3. *Die Einschätzung des Managements* mit dem Ziel, wie Warren Buffett sagt, »...[dass] das Unternehmen von kompetenten und ehrlichen Managern geleitet wird«. Diese Beurteilung erfordert ein hohes Maß an Fingerspitzengefühl. Insbesondere wenn man das Management persönlich getroffen hat, ist eine weitgehend objektive Einschätzung nur noch schwer zu erreichen. Trotzdem ist durch typische Verhaltensmuster und Strukturen eine Einordnung möglich. So ist eine hohe Beteiligung des Managements am Unternehmen in der Regel als gut anzusehen, da es das Prinzipal-Agent-Problem minimiert.

Gutes vs. schlechtes Unternehmen

Die erste und wichtigste Frage zur Bewertung des Geschäftsmodells lautet: *Hat das Unternehmen einen nachhaltigen Wettbewerbsvorteil?* Warren Buffett hat in diesem Zusammenhang den Begriff »Moat« (auf Deutsch: Burggraben) geprägt. Hat das Unternehmen einen großen, tiefen Burggraben, den Angreifer nicht überwinden können? Ein starker Wettbewerbsvorteil wirkt wie eine Barriere gegenüber dem Markteintritt anderer Unternehmen. Hier gilt es, sich neben den Eigenschaften des zu analysierenden Unternehmens vor allem die Eigenschaften der Konkurrenz anzusehen und die Unterschiede festzustellen. Anzeichen für so einen Wettbewerbsvorteil sind in der Umsatz- und Kapitalrendite zu finden: Bruttomargen (Rohertragsmarge) >40 Prozent, Nettomargen >20 Prozent und ROIC (Return on Invested Capital = Gesamtkapitalrendite) >10 Prozent sind gute Indikatoren für einen ökonomischen Burggraben. Dazu gilt, je stabiler die Rohertragsmarge, umso besser das Unternehmen, und je kleiner die Differenz zwischen Brutto- und Nettomarge, umso besser das Unternehmen. Stabilität in der Rendite steht für einen geringen Konjunktureinfluss und die Differenz zwischen Brutto- und Nettomarge für niedrige Fixkosten, das heißt geringe Kosten, die unabhängig vom Umsatz anfallen.

Die wirtschaftlichen Vorteile eines Burggrabens können dabei auf verschiedene Arten entstehen:

1. *Natürliche Wettbewerbsvorteile,* die aufgrund hoher Fixkosten und niedriger Grenzkosten entstehen. Klassische Beispiele sind öffentliche Versorgungsunternehmen (Strom, Wasser, Schiene, Autobahnen). Aber auch Zementhersteller, die in der Umgebung ihrer Zementwerke meistens ein natürliches lokales Monopol besitzen, da die Transportkosten für Zement für Wege von mehr als 300 km im Verhältnis zu den Gesamtproduktionskosten zu teuer werden und sich die meisten Zementwerke außerhalb von Metropol-Regionen nicht lohnen.

2. *Technische Wettbewerbsvorteile,* die entstehen, wenn eine Firma eine bestimmte Fertigung beherrscht oder Wissen besitzt, welches nicht einfach kopierbar ist, oder ihre Entwicklung über Patente schützt. Meistens sind technische Vorteile mit dem Ablaufen von Patenten leicht angreifbar und der Burggraben kann von Wettbewerbern übersprungen werden. Jedoch gibt es manchmal historisch ge-

wachsenes systematisches Wissen, das nicht einfach kopierbar ist. Als Beispiel kann man hier das BASF-Werk in Ludwigshafen nennen. Dieser Verbund von unterschiedlichen Chemiewerken, bei denen Abfallstoffe zu neuen Rohstoffen oder Energie werden, ist selbst ohne Patentschutz nicht einfach kopierbar. Ähnliches gilt für das Know-how in Bezug auf optische Produkte, das sich rund um die Stadt Jena angesiedelt hat. Solche Wissenshubs sind nicht kopierbar. Unternehmen, die dort ansässig sind, wie zum Beispiel die Carl Zeiss AG, haben einen Wettbewerbsvorteil gegenüber Konkurrenten von anderswo. Dies ist unter anderem auch der Grund, warum die meisten erfolgreichen Internetkonzerne aus dem Silicon Valley kommen. Das hier lokal gebündelte Wissen ist nicht einfach kopierbar.

3. *Regulatorische Wettbewerbsvorteile,* die sich aufgrund von bestimmten Normen und Bestimmungen ergeben. So haben meistens Unternehmen, die sicherheitsrelevante Produkte herstellen, einen Wettbewerbsvorteil, der nicht einfach zu kopieren ist. Selbst wenn die Produkte einfach sind, ist es meistens ein teures und großes Hindernis, für bestimmte Aufträge zugelassen zu werden, wenn man ein unbekanntes Unternehmen ist. Ein Unternehmen, wie die Rotork plc, das unter anderem Ventile für Atomkraftwerke herstellt, wird nicht einfach von einem Generalunternehmen ersetzt, nur weil jemand ein Ventil 20 Prozent oder 30 Prozent billiger herstellt. Die Rosenbauer AG, die seit 150 Jahren Feuerwehrfahrzeuge herstellt, hat, überspitzt gesagt, weltweit schon jedes Zulassungsverfahren für Feuerwehrfahrzeuge durchlaufen. Sie wird Zulassungen für Neuentwicklungen einfacher bekommen als ihre Konkurrenz. Bei der Analyse von regulatorischen Wettbewerbsvorteilen muss man aufpassen, dass man sie nicht mit regulatorischem Wettbewerbsschutz, wie Zöllen oder Subventionen, verwechselt. Rotork und Rosenbauer werden nicht von den Aufsichtsbehörden geschützt. Sie haben neben ihrem spezifischen Wissen nur einen Vorteil bei der Zulassung und Vergabe von Aufträgen, weil sie in ihrem spezifischen Branchenumfeld bekannt sind. Anders verhält

es sich mit der deutschen Solarindustrie, deren Nachfrage durch Subventionen künstlich erhöht wurde und die gleichzeitig gegenüber chinesischen Wettbewerbern mit Strafzöllen geschützt wird. Dies sind Unternehmen, die in einem freien Markt mit ihrem Geschäftsmodell derzeit eigentlich nicht lebensfähig sind und die man tunlichst meiden sollte. Eine Einschätzung eines staatlich gesteuerten Marktes und zukünftiger politischer Entscheidungen ist extrem schwierig und sollte, wenn möglich, nicht versucht werden.

4. *Netzwerk-Effekte als Wettbewerbsvorteile,* die sich selbstverstärkende Geschäftsmodelle als Grundlage haben. Hierzu gehören viele Unternehmen der New Economy. Neben klaren Netzwerkmodellen wie Alphabets Suchmaschine Google und das soziale Netzwerk Facebook, haben auch Unternehmen wie Microsoft, Amazon oder Netflix starke Netzwerk-Effekte. Es sind Geschäftsmodelle, die sich als Kreislauf darstellen lassen. Microsoft Office ist mit Word, Excel und PowerPoint die am meisten genutzte Bürosoftware. Deshalb bilden Schulen und Universitäten in Kursen zur Informationsverarbeitung auf diesen Programmen aus und Unternehmen setzen diese Kenntnisse voraus. Das erhöht wiederum die Nutzeranzahl und führt dazu, dass weiter auf diesen Programmen ausgebildet wird. Selbst wenn andere Programme gratis auf den Markt kommen, ist der Wechsel für den Nutzer mit hohen Kosten verbunden und senkt die Kompatibilität mit außenstehenden Nutzern. Dieser Netzwerkeffekt ist sicherlich mit einer der Gründe, warum Microsoft und viele andere Softwareunternehmen viele ihrer Programme Schulen und Universitäten gratis zur Verfügung stellen. Ein Kreislauf ist auch bei Amazon, dem größten Marktplatz der Welt, zu finden. Die Größe erhöht die Attraktivität für Verkäufer, da sie dadurch die meisten Käufer finden, was das Angebot erhöht und damit die Attraktivität für Käufer erhöht, was wiederum die Attraktivität der Plattform für Verkäufer erhöht – ein selbstverstärkender Effekt. Ein nicht ganz so offensichtlicher Kreislauf lässt sich auch bei Netflix feststellen. Netflix ist der größte Streaming-Anbieter der Welt. Damit hat man das größte Budget, um viele Inhalte einzukau-

fen oder gar selbst zu produzieren, was wiederum die Attraktivität für Zuschauer erhöht und damit das Budget, um Inhalte einzukaufen, aufstockt. Allerdings wird Netflix in den nächsten Jahren von einem noch größeren Inhaltsanbieter mit noch größerem Budget herausgefordert. Der Disney-Konzern hat angekündigt, mit dem auslaufenden Netflix-Vertrag 2019 einen eigenen Streamingdienst mit exklusiven Disney-Inhalten zu starten oder seine Inhalte über andere Dienste als Netflix direkt zu vermarkten.

5. *Marken als Wettbewerbsvorteile*, die sich aus einem wiederkehrenden Verhaltensmuster der Kunden ergeben. Hiermit meine ich nicht kurzlebige Modeerscheinungen, sondern etablierte Marken, am besten von kurzlebigen Produkten, wie bei Coca-Cola, Gillette oder Nivea. Zu solchen starken Marken gehören auch diejenigen, die als Synonym für ganze Produktkategorien stehen: In Deutschland sind das zum Beispiel die Marke Tempo für Papiertaschentücher, welche im Besitz von Svenska Cellulosa AB (SCA), dem größten privaten Waldbesitzer Europas, ist; Maggi für Würzsauce, die im Besitz der Nestlé AG ist; Tesa für Klebefilm, die wie die Marken Nivea, Labello und Hansaplast im Besitz der Beiersdorf AG ist; Post-It für selbstklebende Notizzettel, die im Besitz des amerikanischen Konglomerates 3M Co ist; oder auch die Marke edding für Permanent-Filzstifte, die im Besitz der gleichnamigen Edding AG ist. All diese Unternehmen mit ihren tollen Marken sind über die Börse für jedermann investierbar. Daneben gibt es auch Marken für langlebige Produktgruppen, die interessant sind. Hierzu gehört zum Beispiel Plexiglas für Acrylglasscheiben, die sich im Besitz der Evonik Industries AG befindet. Allerdings ist diese Marke weniger stark als die von kurzlebigen Produkten, da Plexiglas kein Massengut ist. Der Kauf von Acrylglas wird weniger häufig getätigt, es ist nicht wie die anderen Marken in jedem Haushalt zu finden und damit ist die Gewöhnung des Kunden an die Marke weniger ausgeprägt.

Im Zuge der Wettbewerbsanalyse sollte man auch die Konkurrenz-, Kunden- und Lieferantenstruktur verstehen. Wie viele Konkurrenten gibt es?

Wichtig dabei: Wie definiert man den Markt. Operiert das Unternehmen in einer geschützten Marktnische oder in einem breiten Marktumfeld? Wie viele Kunden hat das Unternehmen? Gibt es einen Kunden, der einen Umsatzanteil über 10 Prozent hat? Dann ist es vielleicht besser, in diesen Kunden zu investieren. Wie viele Lieferanten hat das Unternehmen? Gibt es einen Lieferanten, der eine starke Wettbewerbsposition hat, sodass das Unternehmen nicht auf ihn verzichten kann? Dann ist es vielleicht besser, in diesen Lieferanten zu investieren.

Zum Schluss geht es bei einer Analyse des Geschäftsmodells auch immer darum, die Schwächen und Risiken herauszuarbeiten: Neben einem Klumpen-Risiko, wie zu wenige Kunden oder zu wenige Lieferanten, kann dies auch sein, dass sich der Umsatz auf zu wenige Produkte verteilt, dass es regulatorische Veränderungen gibt oder dass sich der Markt verändert.

Markt-/Branchenumfeld

Bei der Analyse von Markt- und Branchenumfeld geht es darum, die Vogelperspektive einzunehmen. Es geht nicht darum, bestimmte Konkurrenten ausfindig zu machen, sondern die Dynamik zu finden, die alle Unternehmen in einer Branche oder Region gleichermaßen beeinflusst. Grundsätzlich kann man zwischen zwei Fragestellungen unterscheiden:

- Hat sich der Markt dauerhaft positiv oder negativ verändert? Im zweiten Fall sollte man nicht investieren. Dies gilt insbesondere, wenn der Markt stark politisch reguliert ist.
- Befinden wir uns in einem zyklischen Markt und wenn ja, in welcher Phase? Ist der Markt zyklisch, sollte man nicht in Boom-Zeiten oder am Anfang einer Rezession investieren, auch wenn die Kennzahlen hier am besten aussehen. Zumindest wenn man mit einem kurzfristigen Horizont auf sie schaut.

Eine genaue Betrachtung des Marktumfeldes ist insbesondere dann nötig, wenn das Unternehmen keinen Wettbewerbsvorteil hat. Verändert sich das Kaufverhalten der Kunden zum Negativen, kann der Absatz oft auch mit massiven Preisnachlässen nicht aufrechterhalten werden und das Geschäft schreibt Verluste. Dann ist es wichtig, dass dieser Zustand nicht dauerhaft ist, sondern nur vorübergehender Natur (zyklisch) und dass das Unternehmen diese Phase überlebt. Verändert sich das Kaufverhalten jedoch dauerhaft negativ, da Produkte und Dienstleistungen veraltet sind, wird das Unternehmen nicht überleben. So werden Schreibmaschinen, Kutschen oder auch Videotheken heute nicht mehr benötigt. Bei solchen Unternehmen kann man als Investor im besten Fall noch nach Buchwert bewerten und hoffen, dass das Management die Situation erkennt und die richtigen Maßnahmen trifft: Die Vermögensgegenstände des Unternehmens sollten verkauft werden und in das Geschäft sollte nicht mehr investiert werden.

Allerdings muss ich sagen, dass mir solche Fälle nicht bekannt sind. Das Management löst nicht seine eigene Firma und damit seine Existenzgrundlage auf. Die meisten Manager versuchen eher, in neue, aus ihrer Sicht vielversprechende Märkte einzutreten. Dies ist meistens weniger wertschaffend für die Aktionäre als ein vollständiger Verkauf des Anlagevermögens mit anschließender Auszahlung.

Anders verhält es sich mit zyklischen Unternehmen. Hier kann es in einem Rückgang (antizyklisch) sehr gute Einstiegmöglichkeiten geben. Anders als bei dauerhaft rückläufigen Märkten haben die Produkte und Dienstleistungen noch eine Daseinsberechtigung. Nur aufgrund von externen Faktoren, wie einer Finanzkrise oder übermäßigen Investitionen, kommt es zu einem Angebotsüberhang. Anders als in den strukturell gefährdeten Märkten, bei denen der Preisverfall meistens schleichend vonstatten geht, kommt es in zyklischen Märkten relativ schnell zu einem heftigen Preisverfall. Viele Rohstoffunternehmen agieren in solch zyklischen Märkten. Produkte wie Eisenerz, Weizen oder Öl haben in unserer Gesellschaft eine Daseinsberechtigung. Trotzdem fallen ihre Preise in regelmäßigen Abständen unter die wirtschaftlichen Produktionskosten und reißen große Löcher in den Bilanzen ihrer Besitzer.

Insgesamt ist das antizyklische Investieren nur etwas für fortgeschrittene Investoren, da sie sich gegen den Trend stellen müssen und nur selten den Tiefpunkt erwischen und sie somit kurzfristig meistens mit Verlusten leben müssen. Rohstoffunternehmen sind dabei ein Spezialfall, da ihre Produkte per Definition keinen Burggraben besitzen (sie sind Commodities) und die Unternehmen vollständig von den Marktschwankungen abhängig sind. Sie können die Preise nicht, wie zum Beispiel Coca-Cola, kontinuierlich anheben und damit steigende Kosten ausgleichen. Beim antizyklischen Investieren in solche Unternehmen geht es deshalb darum, den Markt des zugrunde liegenden Produktes/Rohstoffes richtig zu verstehen. Erst im zweiten Schritt sollte der Investor das Geschäft und vor allem die Bücher einer genauen Analyse unterziehen und diese ausgiebig mit der Konkurrenz vergleichen. Insbesondere schwache Unternehmen werden in einem Abwärtszyklus vernichtet. Deshalb rate ich, in das Unternehmen mit der stabilsten Bilanz und den niedrigsten Produktionskosten zu investieren, auch wenn es auf den ersten Blick nicht unbedingt das günstigste am Markt ist. Grundsätzlich haben Konjunkturrückgänge eine positiv bereinigende Wirkung auf den Markt und sieben schwache Unternehmen mit zu hohen Produktionskosten effektiv aus. Sind diese Unternehmen dann verschwunden, verschwindet der Angebotsüberhang, die Preise steigen so schnell, wie sie gefallen sind, und die Unternehmensgewinne und Aktienkurse erholen sich wieder. Deshalb sollte man auf keinen Fall der Versuchung nachgeben, in die günstigsten Unternehmen, welche meistens die teuersten Produktionskosten haben, zu investieren und sich auf die GuV- und Bilanzanalyse konzentrieren.

Für eine genaue Einschätzung des Marktes ist es wichtig, Produktions- und Absatzmengen über einen längeren Zeitraum zu analysieren – mindestens zehn Jahre. Viele gute Statistiken gibt es bei Branchenverbänden oder statistischen Ämtern. Auch sollte man Preise am besten inflationsbereinigt und im Vergleich zu den inflationsbereinigten Produktionskosten betrachten. Dazu ist es hilfreich, Interviews oder Fachmagazine zu lesen, die sich fokussiert mit der Branche auseinandersetzen. Zum Schluss sollte man auch hier wieder auf seine innere Stimme hören: Wenn ein Fass Bier zehnmal mehr kostet als ein Fass Öl, dann muss man sich fragen, welcher Aufwand zur Gewinnung beider Produkte getrieben wird. Was ist ihr Nutzen für die Menschen? Kann sich der günstige Öl-Preis dauerhaft halten? Die richtige Perspektive zu finden, ist bei jeder Analyse wichtig, und etwas merkwürdige Vergleiche, wie dieser von Bier zu Öl, regen zum Nachdenken an – der wichtigsten Aufgabe eines Investors.

Management

Das Management sind die Menschen, welchen man als Investor sein Geld anvertraut.

Grundsätzlich sollte man die Fähigkeiten von Managern nicht überschätzen, genauso wie man ihre Zerstörungskraft nicht unterschätzen sollte. Was meine ich damit? Ein gutes Unternehmen in einer guten wirtschaftlichen Situation wird nicht durch schlechtes Management zu einem schlechten Unternehmen. Genauso wenig wird ein schlechtes Unternehmen in einer schlechten wirtschaftlichen Situation nicht durch den fähigsten Manager der Welt zu einem guten Unternehmen. Aber ein gutes Unternehmen kann durch unehrliches Management ausgenommen werden, und durch falsche Anreize kann ein Großteil des erwirtschafteten Geldes nicht in den Taschen der Aktionäre, sondern in die Taschen der Manager oder in die Taschen Dritter fließen, weil sich zum Beispiel der Manager ein Unternehmensdenkmal in Form einer alles verändernden Übernahme bauen möchte.

Ehrlichkeit ist die wichtigste Charaktereigenschaft eines jeden Managers. Wenn man vor der Entscheidung steht, sollte man einen ehrlichen Manager mit wenig Geld einem unehrlichen mit viel Geld vorziehen. In letzter Konsequenz hat das Management die gesamte Kontrolle über das investierte Vermögen. Wenn einem die Art, wie das Management mit dem investierten Geld umgeht, nicht gefällt, sollte man entweder versuchen, es über die Wahl des Aufsichtsrates abzusetzen, oder das Unternehmen verkaufen.

Da das Management die Kontrolle über das Geld hat, ist es wichtig, auf Merkmale zu achten, die dafür sorgen, dass das Management die gleichen Interessen vertritt wie das Aktionariat. Daneben gehört zu den wichtigsten Fähigkeiten eines Managers: das Kapital rentabel einzusetzen, eine möglichst hohe Rendite anzustreben und, wenn er keine geeignete Anlagemöglichkeit findet, die Gewinne an die Aktionäre auszuschütten. Das Management muss in erster Linie, aber nicht ausschließlich seine Funktion in der Vermehrung des Aktienvermögens sehen. Denn nur wenn ein Unternehmen auf soliden Beinen steht und Erträge erwirtschaftet, kann es sich auch um andere Interessengruppen kümmern, wie die Mitarbeiter, die Umwelt oder die Gesellschaft.

Merkmale für ein gutes Management, welches im Interesse der Aktionäre handelt, sind die Dauer der Betriebszugehörigkeit, eine aktive Einflussnahme der Gründerfamilie, ein in der Branche moderates Gehalt mit sinnvollem variablem und fixem Anteil, oder wenn das Management selbst Hauptaktionär ist. Des Weiteren sollte man auf getätigte Firmenübernahmen und Aktienrückkäufe achten. Waren diese wertschöpfend und nachvollziehbar? Macht die Dividendenpolitik Sinn oder dient sie in erster Linie dazu, schlechte Geschäftsentwicklungen zu kaschieren?

Wichtig für die Bewertung des Managements ist auch, ob die leitenden Angestellten mit eigenem Geld Aktien vom Unternehmen kaufen. Dabei können Insiderkäufe ein gutes Indiz für eine Gelegenheit zum Kauf sein. Zumindest wenn die Aktien am freien Markt erworben wurden und nicht im Zuge der jährlichen Vergütung vergünstigt zugeteilt wurden. Dann nämlich gehen diese Manager davon aus, dass die Aussichten des Unternehmens besser sind als der aktuelle Kurs. Manager haben den Vorteil, dass sie das Unternehmen führen. Sie sehen Branchentrends, Vermögenswerte oder Bestellungen, die man trotz intensiver Analyse als Investor nicht sehen kann. Kauft ein Insider ein Unternehmen, welches den Bilanz- und Geschäftsmodelltest bestanden hat und auf der eigenen Beobachtungsliste ist, sind eine weitere Analyse und unter Umständen ein Kauf sinnvoll.

Anders verhält es sich bei Verkäufen. Wenn auch grundsätzlich nicht gut, ist das Signal nicht so eindeutig. Insbesondere wenn ein Verkauf nur von einem Insider getätigt wird und nicht von einer ganzen Gruppe. Vielleicht will der Insider nur ein Haus kaufen oder sein Kind im Ausland auf die Universität schicken und verkauft deshalb einen Teil seiner Aktien. Eine klare Aussage über den wirtschaftlichen Ausblick des Unternehmens aus Sicht der Manager kann also nicht getroffen werden. Trotzdem ist eine weiterführende Analyse angebracht, sollte ein Manager unerwartet Aktien vom eigenen Unternehmen verkaufen.

Schlüsselpunkte

- Bei der Analyse des Geschäftsmodells geht es darum, das operative Geschäft zu verstehen. Dabei fragt man, ob das Unternehmen einen dauerhaften Wettbewerbsvorteil, keine strukturellen Probleme und ein ehrliches Management hat. Daneben sollte man auch die Konkurrenz-, Kunden- und Lieferantenstrukturen verstehen.
- Dauerhafte Wettbewerbsvorteile können z. B. natürlich, technisch, regulatorisch, durch Netzwerk-Effekte oder Marken entstehen.
- Beim Verstehen des Marktes geht es darum, die Dynamik zu finden, die alle Unternehmen einer Branche oder Region beeinflusst. Diese Dynamik sollte nicht dauerhaft negativ sein, ansonsten liegt ein strukturelles Problem vor.
- Ehrlichkeit ist die wichtigste Eigenschaft eines Managers. Der Aktionär vertraut ihm schließlich sein Geld an.

DIE WICHTIGKEIT DES GESCHÄFTSMODELLS VS. DIE WICHTIGKEIT DER BUCHFÜHRUNG

Nachdem wir uns ein mögliches Vorgehen und Grundlagen der Bewertung erarbeitet haben, kommen wir zu der Frage, was für eine gute Unternehmensbewertung am wichtigsten ist. Wir haben uns sowohl mit der Buchführung als auch dem Geschäftsmodell auseinandergesetzt. Beides gehört zu einer Analyse dazu. Nur wer beides versteht, kann ein gutes Investmenturteil fällen. Wichtig ist zu verstehen, dass es keinen Teil der Bewertung gibt, der dem anderen überlegen ist.

Bei einer Bewertung eines Unternehmens handelt es sich immer um eine vollumfängliche Analyse der Buchführung und des Geschäfts. Es gibt nicht den einen Schwerpunkt, der ausreicht, um ein Unternehmen zu bewerten. Aber es gibt unterschiedliche Schwerpunkte, die man bei einer Analyse legen sollte. Sie hängen vom jeweiligen Unternehmen ab. Bei Unternehmen mit herausragender Marktstellung ist es wichtig, sein

Augenmerk eher auf das Geschäft zu legen und zu verstehen, ob diese Marktstellung mit hoher Wahrscheinlichkeit zu verteidigen ist. Wenn man dagegen antizyklisch, zum Beispiel in Rohstoffunternehmen, investieren möchte, ist es wichtig, sein Augenmerk auf die Buchführung zu legen und die Kostenstruktur und die Bilanz zu verstehen. Grundsätzlich gilt für jedes Investment: Das Unternehmen sollte von ehrlichen, kompetenten Managern geführt werden, denen das Interesse der Aktionäre ein echtes Anliegen ist. Nur so werden die Gewinne auch irgendwann in den Taschen der Besitzer landen und nicht in denen der Manager oder Dritter. Dies möchte ich noch einmal betonen. Vertraut man den Managern nicht, sollte man nicht investieren.

Die Kunst, den richtigen Fokus zwischen den einzelnen Teilen der Analyse zu treffen, macht einen guten Investor aus. Viele Investoren verlieren sich im Detail, wenn sie versuchen, jeden Punkt eines Unternehmens zu verstehen. Es geht nicht darum, nach Schema F zu arbeiten, sondern im Kopf flexibel zu bleiben. Um die richtige Entscheidung zu treffen, braucht man die richtige Wahl des Werkzeuges, aber auch Talent und Lebenserfahrung. Ob man Talent hat, wird die Zeit zeigen. So wie Zeit benötigt wird, um Erfahrung zu sammeln. Was man währenddessen erlernen kann, ist die Anwendung der Werkzeuge. Zum Glück ist das mathematische Handwerkszeug für eine Einschätzung größtenteils recht einfach zu erwerben.

Um Fehler nicht zu wiederholen und damit zu vermeiden, hilft als erstes Werkzeug eine *Check-Liste*. Diese kann man bei jeder Analyse durchgehen und mit der Erfahrung stetig erweitern. Die Check-Liste kann umfassend sein. Ihre Bearbeitung sollte eine gewisse Zeit in Anspruch nehmen und nicht innerhalb eines Abends erledigt sein. Um schnell zu entscheiden, ob man ein Unternehmen kaufen will oder nicht, muss man sehr viel Erfahrung haben, aber auch eine gewisse ignorante Haltung. Wenn man innerhalb einer halben Stunde zu einem Ergebnis kommt, passieren mit hoher Wahrscheinlichkeit mehr Fehler, als wenn man sich einige Tage, Wochen oder Monate mit einem Unternehmen beschäftigt. Deshalb sollte man sich als Investor an ein gewisses standardisiertes Vorgehen halten. Nur sollte man nicht bei jedem Unternehmen im gleichen Maße an jedem Punkt festhalten, sondern kurz an jeden Punkt gedacht haben. Auch hier gilt es, den richtigen Fokus auf Zahlen der Buchführung und Wissen über das Geschäftsmodell zu finden.

Als zweites Werkzeug habe ich für mich ein einfaches mathematisches Modell gebaut, den *Easy Buffett*, um systematisch wichtige Kriterien eines Unternehmens zu analysieren und mir ein erstes Urteil zu bilden. Der Easy Buffett dient dabei der Rendite-Berechnung einer Aktie unter der Berücksichtigung mehrerer unsicherer Annahmen über einen längeren Zeitraum. Er ist eine Ableitung zur Bestimmung der Rendite aus dem Buch »Buffettology« von Mary Buffett & David Clark. Er hilft, eine schnelle, übersichtliche und gleichzeitig tiefgründige Rendite-Analyse eines Unternehmens durchzuführen, ohne dabei höhere finanzmathematische Kenntnisse vorauszusetzen. Zudem muss man sich umfassend mit den Zahlen der Vergangenheit auseinandersetzen (die Buchführung analysieren) wie auch Prognosen für die Zukunft festlegen (das Geschäftsmodell verstehen).

Allerdings empfehle ich jedem, eine Vielzahl von alternativen Methoden zur Wertbestimmung auszuprobieren, um selbst ein Modell zu finden, mit dem man gut arbeiten kann. Ich nutze neben dem Easy Buffett eine gängige Value-Formel, die ich später noch ausführlicher erkläre. Sie dient dazu, mithilfe des aktuellen normalisierten Gewinns und Gewinnwachstums eine schnelle Abschätzung des Unternehmenswertes vorzunehmen. Ich nutze diese Methode in erster Linie, um Ideen einzuschätzen. Nicht um ein Investmenturteil zu fällen.

Eine andere einfache und schnelle Methode, die Rendite einer Unternehmensbeteiligung abzuschätzen, ist der Ertrag/Preis bzw. der Kehrwert des KGVs. Der Nachteil dieser Methode: Sie berücksichtigt die mögliche zukünftige Entwicklung des Ertrags nicht, sondern bleibt bei der Annahme über den Gewinn statisch. Der Gewinn eines Unternehmens unterliegt aber in den meisten Fällen einem progressiven Wachstum in Höhe der Eigenkapitalrendite multipliziert mit der Quote des einbehaltenen Gewinns, der einen großen Teil des zukünftigen Ertrags und des Wertes des Unternehmens ausmacht.

Eine bessere Aussage hinsichtlich der Gewinnentwicklung trifft deshalb ein klassisches Discounted-Cash-Flow-Modell (DCF), das zukünftige Erträge bis zu einem Punkt in der Zukunft detailliert in Form von

Geldrückflüssen (Cashflows) bestimmt. Man kann dieses Verfahren auch auf den Jahresüberschuss anwenden. Es ist eines der gängigsten Verfahren für professionelle Analysten. Mit seiner Hilfe bestimmen die meisten Banker in den glitzernden Türmen der Wall Street den Wert einer Aktie. Für eine relativ tiefgründige Finanzanalyse und eine damit einhergehende Einsicht in ein Unternehmen kann ich jedem empfehlen, einmal zu versuchen, zukünftige Rückflüsse genau zu bestimmen. Es hilft, sich neben der Rendite auch mit der Investitions- und Finanzierungstätigkeit eines Unternehmens auseinanderzusetzen. Allerdings sollte man nicht zu sehr hoffen, dass die bestimmten Rückflüsse auch genauso eintreten. Dafür ist die Zukunft zu unsicher. Auch sollte man sich nicht zu sehr an dem Wert, den man erhält, orientieren. Er ist stark von der Meinung des Analysten abhängig und kann fast beliebig modelliert werden.

Ein großer Nachteil der DCF-Analyse besteht in der Diskontierung. Die Diskontierung (Abzinsung) ermittelt den gegenwärtigen Wert (Barwert) einer zukünftigen Zahlung. Sie ist das Gegenstück zur Verzinsung, bei der der Wert, den eine Zahlung zu einem späteren Zeitpunkt hat, ermittelt wird. Es werden für die Abzinsung eine Reihe von Annahmen über die durchschnittlichen Kapitalkosten (WACC = Weighted Average Cost of Capital) getroffen. Diese haben starke Auswirkungen auf den »fairen Wert« und die damit einhergehende Bestimmung der Rendite des Investments. Damit gibt das DCF-Modell zwar einen detaillierten Einblick in das Unternehmen, setzt aber auch eine große Ehrlichkeit des Analysten gegenüber sich selbst voraus. Das DCF-Modell gibt vor allem zukünftigen unsicheren Gewinnen und Gewinnwachstum ein sehr hohes Gewicht in der Analyse. Kleine Änderungen in den Annahmen haben große Auswirkungen auf den prognostizierten Wert. Gleichzeitig ist das DCF-Modell relativ zeitaufwendig und setzt einiges an finanzmathematischen Vorkenntnissen voraus. Es ist damit aus meiner Sicht als Werkzeug eher geeignet, die eigene Bewertung sehr systematisch zu betreiben, als tatsächlich ein Bewertungsergebnis für ein Investmenturteil zu erhalten.

Abgesehen davon ist auch der Easy Buffett nicht allein zur Urteilsfindung ausreichend. Die Rendite-Einschätzung ist aber wesentlich robuster und hängt von weniger Parametern ab als das weit verbreitete DCF-Modell. Außerdem braucht der Investor beim Easy Buffett weniger finanzmathematische Kenntnisse. Allerdings ist, wie bei jeder Modellierung, wichtig, dass die Grundannahmen für die langfristige Geschäftsentwicklung richtig sind. Ein präzises Ergebnis für das nächste Jahr kann eine Analyse nicht liefern. Die langfristige Tendenz sollte sie aber richtig aufzeigen:

> *»Manchmal wird die Aktie als ›billig‹ oder ›attraktiv‹ bezeichnet, weil sie, gemessen an den laufenden oder in nächster Zukunft zu realisierenden Unternehmensgewinnen, auf den ersten Blick zu einem scheinbar niedrigen Kurs angeboten wird. Eine derartige Bewertung ist zwar wichtig, doch als Grundlage für eine Anlageentscheidung wird sie kaum ausreichen, da eine seriöse Ermittlung des Unternehmenswertes auf Basis kurzfristiger Gewinne nicht möglich ist.«*
>
> Benjamin Graham, *Security Analysis*

Schlüsselpunkte

- Es gibt keinen Teil der Analyse, der einem anderen überlegen ist. Der Schwerpunkt sollte je nach Unternehmen getroffen werden.
- Für die Analyse sollte man eine Checkliste haben, um keinen Faktor eines Unternehmens außer Acht zu lassen. Ein Modell kann dabei helfen, systematisch wichtige Kriterien einer Unternehmensanalyse abzuarbeiten.
- Ein genaues Ergebnis für die Unternehmensentwicklung oder den Unternehmenswert kann ein Modell nicht liefern. Mit den richtigen Grundannahmen sollte es aber die langfristige Tendenz richtig aufzeigen.

DER EASY BUFFETT

Diese Methode ist sowohl einfach durchführbar als auch dynamisch. Sie ist ein grundlegender Test hinsichtlich der Rendite eines möglichen Investments. Sie ist keine vollständige Bewertung, beinhaltet aber Komponenten der Analyse der Buchführung und des Geschäftsmodells. Als Ergebnis erhält man eine Kennzahl, welche die Rentabilität pro Jahr einer

Aktienanlage ausgibt. So lassen sich Unternehmen für identische Anlagehorizonte miteinander vergleichen. Neben dem eigentlichen Output ist es aber besonders spannend, die Inputwerte zu betrachten, da diese Aussagen über die Ertragskraft und die Prognosefähigkeit des jeweiligen Unternehmens zulassen. Um den Easy Buffett praxisnah zu erklären, benutze ich als Beispielunternehmen die Coca-Cola Company und erkläre Schritt für Schritt das Vorgehen:

1. Bestimmung der Einstands- bzw. der Eigenkapitalrendite,
2. Ermittlung der Ausschüttungsquote und des Gewinnwachstums und
3. Berechnung der Gesamtrendite.

Schritt 1: Bestimmung der zukünftigen Eigenkapitalrendite

Zur Bestimmung der *zukünftigen Eigenkapitalrendite* muss man sich zuerst Gedanken machen, ob diese prognostizierbar ist. Hier liegt die größte Unsicherheit der Bewertung mit dem Easy Buffett. Im Normalfall kann man die zukünftige Eigenkapitalrendite gut bestimmen, indem man die Gewinne von mindestens einem vollständigen Konjunkturzyklus betrachtet. Ein guter Richtwert für die meisten Unternehmen sind zehn Jahre. So kann man abschätzen, ob die Gewinne vorhersehbar sind oder nicht. Aber auch wenn ein Unternehmen in den vergangenen zehn Jahren gut gewirtschaftet hat, garantiert dies nicht, dass es die nächsten zehn Jahre überleben wird.

Die Vorhersage, ob die Produkte sich weiter verkaufen und das Unternehmen weiter am Markt besteht, ist Teil der Analyse des Geschäftsmodells. Nur eine Abwägung der Stärken und Schwächen des Geschäfts und der Dynamik des Marktes lässt anschließend eine Aussage zu, wie sich die Eigenkapitalrendite in der Zukunft entwickeln wird. Dies ist die Kunst des Investierens. Trotzdem sollte man zuerst einen Blick auf die vergangenen Gewinne werfen und diese vergleichen. Sind sie kontinuierlich oder sprunghaft in ihrer Entwicklung? Folgen die Gewinne einem stetigen Aufwärtstrend oder springen sie auf und ab wie auf einer Achterbahnfahrt?

Bereits mit Blick auf die Vergangenheit lassen sich unter Umständen schon einige Aussagen zum Unternehmen treffen. Je konstanter sich die Gewinne entwickeln, umso besser lassen sie sich mit großer Wahrscheinlichkeit vorhersehen. Konstant steigende Gewinne sind ein gutes Indiz für einen Wettbewerbsvorteil. Um dies zu erkennen, muss man kein Genie sein. Konstant steigende Gewinne sind auf jeden Fall ein gutes Zeichen, um ein wenig tiefer zu schürfen.

Für die Coca-Cola Company kann man für einen Anlagehorizont von zehn Jahren heute mit hoher Wahrscheinlichkeit sagen, dass das Geschäft ähnlich verläuft wie die letzten zehn Jahre.

Beispiel Eigenkapitalrendite: Coca-Cola

Eigenkapitalrendite (in Mio. US-Dollar)					
Datum	Gewinn	Umsatz	Umsatz-%	EK	EK-%
2016	6.527,0	41.863,0	15,6%	23.220,0	28,0%
2015	7.351,0	43.651,0	16,8%	25.764,0	29,0%
2014	7.098,0	45.931,0	15,5%	30.561,0	23,0%
2013	8.584,0	46.695,0	18,4%	33.440,0	26,0%
2012	9.019,0	48.066,0	18,8%	33.168,0	27,0%
2011	8.572,0	46.766,0	18,3%	31.921,0	27,0%
2010*	6.831,0	35.136,0	19,4%	31.317,0	22,0%
2009	6.824,0	31.068,0	22,0%	25.346,0	27,0%
2008	5.870,0	31.944,0	18,4%	20.472,0	29,0%
2007	5.981,0	28.857,0	20,7%	21.744,0	28,0%
Durchschnitt 10 Jahre			19,0%		26,0%
Durchschnitt 5 Jahre			18,0%		27,0%
Durchschnitt 3 Jahre			18,0%		27,0%

* Bereinigung um Sondereffekt von 4,9 Mrd. US-Dollar aus Akquisition: CCE's North American

Zwar gibt es in der westlichen Welt derzeit eine Tendenz zu gesünderen und lokalen Getränken, aber auch diese Nachfrage befriedigt Coca-Cola und gleicht den leichten Umsatzrückgang mit stärkerem Wachstum in Emerging Markets aus. Neben vielen starken Marken besitzt Coca-Cola vor allem auch einen außergewöhnlichen Vertriebszugang, welcher es ermöglicht, jedes Getränk weltweit überall anzubieten und damit enorme Skaleneffekte zu nutzen. Weil Coca-Cola nicht stark konjunkturabhängig ist, kann man die durchschnittliche Rendite in den letzten zehn, fünf oder drei Jahren nehmen, um mit dieser weiterzurechnen, wie die nachfolgende Tabelle zeigt.

Mithilfe der Eigenkapitalrendite kann man die *Einstandsrendite* eines Aktieninvestments bestimmen. Hierfür braucht man zusätzlich zu der Rendite die Anzahl Aktien (Coca-Cola Stand 31.12.2016: 4.317 Mio. Stück) und das aktuelle Eigenkapital (Coca-Cola Stand 31.12.2016: 23,220 Mrd. US-Dollar), um den Buchwert pro Aktie zu bestimmen und damit eine Schätzung für den Gewinn pro Aktie abgeben zu können. Der Buchwert ist ein Synonym für das bilanzierte Eigenkapital. Für die Abschätzung des Gewinns pro Aktie teilt man einfach das aktuelle Eigenkapital durch die Anzahl Aktien und multipliziert es mit der Eigenkapitalrendite:

$$\frac{Eigenkapital}{Anzahl\ Aktien} \times EKRendite = Gewinn\ pro\ Aktie$$

$$\frac{23220\ Mio.USD}{4317} \times 0{,}27 = 1{,}43\ USD$$

Um die Einstandsrendite zu bestimmen, muss man dieses Ergebnis durch den aktuellen Kurs (Coca-Cola Stand 31.12.2017: 45,88 US-Dollar) teilen.

$$\frac{geschätzer\ Gewinn\ pro\ Aktie}{Aktienkurs} = Einstandsrendite$$

$$\frac{1{,}43\ USD}{45{,}88\ USD} = 3{,}11\%$$

Würde das Unternehmen nicht mehr wachsen, wäre dies die Rendite, die ein Investor dauerhaft erwarten könnte. Für eine Eigenkapitalbeteiligung nicht berauschend. Aber hier ist schön zu sehen, dass der Ankaufkurs die Rendite der Aktie bestimmt. Je niedriger der Kurs, desto höher die Rendite. Versüßt wird die Rendite dadurch, dass Unternehmen wachsen und mit ihnen der Gewinn.

Schritt 2: Bestimmung der Ausschüttungsquote und des Gewinnwachstums

Das Management ist dafür zuständig, das Kapital des Aktionärs nach bestem Wissen und Gewissen anzulegen und damit das Geld des Anlegers zu mehren. Der Gewinn wächst dabei je nachdem, wie gewinnbringend die einbehaltenen Gewinne eingesetzt werden. Dabei gibt es grundsätzlich drei Unternehmenstypen mit unterschiedlichen Ausschüttungs- bzw. Gewinnverwendungsmöglichkeiten. Als Anleger sollte man darauf achten, dass sich das Management entsprechend seinem Unternehmenstyp richtig verhält.

- Typ 1: *Unternehmen, die sämtliche einbehaltenen Gewinne in den Ausbau von Produktkapazitäten stecken können.* Dies können neue Fabriken, Maschinen, aber auch Unternehmensübernahmen sein. Wichtig ist, dass sich die neuen Anlagen mindestens in gleicher Höhe wie das bestehende Eigenkapital verzinsen und diese Verzinsung ausreichend ist. Wenn das Management dies schafft, dann sind diese Unternehmen die besten Investments, die man tätigen kann. Es sind meistens Unternehmen in Wachstumsmärkten, die allerdings oft noch kein Verbrauchermonopol ausgebildet haben. Es ist schwierig, in dieser Kategorie Unternehmen zu finden, die als langfristiges Investment interessant und sicher sind, weil die Märkte sehr dynamisch sind und sich oft schnell gegen das Unternehmen stellen können. Eine Einschätzung der Eigenkapitalrendite ist deshalb schwierig.

- Typ 2: *Unternehmen, die eine hohe Eigenkapitalrendite und kaum neue Investitionsmöglichkeiten haben, die ähnlich ertragreich sind.* Diese Unternehmen haben hohe frei verfügbare Gewinne, die sie an die Aktionäre zurückführen können. Hierbei haben sie zwei Optionen: Aktienrückkäufe oder Dividenden. Während Dividenden den Aktionären mehr Freiraum in ihrer Anlageentscheidung geben, haben Aktienrückkäufe meistens einen steuerlichen Vorteil und steigern den Gewinn pro Aktie. Die meisten Unternehmen in etablierten Märkten mit sehr guter Marktposition haben dieses Problem. Die Unternehmen haben in ihren Märkten eine Größe erreicht, bei denen sie nicht mehr organisch wachsen können. Damit der Gewinn pro Aktie und damit der Aktienkurs trotzdem steigen, verfolgen viele Manager, koste es, was es wolle, den Weg der Aktienrückkäufe. Als Anleger sollte man allerdings darauf achten, dass das Management mit den Aktienrückkäufen opportunistisch vorgeht und zu günstigen Kursen kauft.

- Typ 3: *Unternehmen, deren Eigenkapitalrendite im Verhältnis zum Aktienkurs zu niedrig ist und die kaum neue Investmentmöglichkeiten haben.* Hierunter fallen die meisten Massenguthersteller und Unternehmen aus Typ 2, die zu exorbitanten KGVs gehandelt werden. Das Management sollte die Gewinne vollständig an die Aktionäre ausschütten. Für die Renditeberechnung des Easy Buffett werden Dividenden nicht reinvestiert, zählen aber zur Gesamtrendite dazu. Dies hat zur Folge, dass nur tatsächliche Investitionsmöglichkeiten eine höhere zukünftige und damit über den gesamten Anlagehorizont zu erzielende höhere Rendite erzeugen. Das Desinvestieren verringert dagegen die zukünftige und damit auch die insgesamt zu erzielende Rendite.

Zusammenfassend lässt sich sagen: Ein Unternehmen sollte die Gewinne einbehalten, wenn es Investitionsmöglichkeiten hat, die eine gleiche oder höhere Rendite als der Marktdurchschnitt von Unternehmen mit identischem Risiko erwirtschaftet haben. Erwirtschaftet es weniger als der Marktdurchschnitt, sollte es die Gewinne ausschütten. Coca-Cola gehört zum Typ 2. Egal, wo man sich auf der Welt befindet, ob im kommunistischen Kuba oder im Himalaya-Gebirge, es gibt Coca-Cola. Wahrscheinlich ist Nordkorea für Coca-Cola das letzte nicht erschlossene Land. Danach bräuchte es einen neuen Planeten, um adäquate Investitionsmöglichkeiten für das Getränk Coca-Cola zu finden. Aus diesem Grund fährt

Coca-Cola schon seit einigen Jahrzehnten die Strategie, über andere Getränke, wie Säfte, Wasser, Energydrinks oder Kaffee, zu wachsen. Wenn man jährlich ca. 7 Mrd. US-Dollar zum Anlegen zur Verfügung hat, sind allerdings auch hier gute Investitionsmöglichkeiten begrenzt. Das heißt, für das Coca-Cola-Management gibt es nur noch die Möglichkeit, den Gewinn an die Aktionäre auszuschütten oder eigene Aktien zu kaufen. Coca-Cola macht beides. Allerdings muss man die Aktienrückkäufe bei Coca-Cola mit Vorsicht genießen. Aktienrückkäufe werden auch hier vom Management gerne dazu genutzt, unauffällig Aktienoptionsprogramme zu finanzieren, und generieren damit keinen Mehrwert für die Aktionäre.

Beispiel Ausschüttungsquote: Coca-Cola

Ausschüttungsquote (in US-Dollar)			
Datum	EPS	Dividende	Quote
2016	1,49	1,40	94%
2015	1,67	1,32	79%
2014	1,60	1,22	76%
2013	1,90	1,12	59%
2012	1,97	1,02	52%
2011	1,85	0,94	51%
2010*	1,46	0,88	60%
2009	1,47	0,82	56%
2008	1,25	0,76	61%
2007	1,29	0,68	53%
Durchschnitt 10 Jahre			64%
Durchschnitt 5 Jahre			72%
Durchschnitt 3 Jahre			83%

*Bereinigung um Sondereffekt von 4,9 Mrd. US-Dollar aus Akquisition: CCE's North American

Wäre Coca-Cola dagegen ein Unternehmen vom Typ 1, könnte es seine Gewinne vollständig reinvestieren und der Gewinn müsste mindestens mit der Eigenkapitalrendite von 27 Prozent wachsen. Coca-Cola kann aber seinen Gewinn nicht vollständig reinvestieren. Die *Reinvestitionsquote* liegt in den letzten Jahren zwischen 5 Prozent und 50 Prozent und nimmt in letzter Zeit tendenziell ab, wie die durchschnittlichen Ausschüttungsquoten der letzten zehn, fünf und drei Jahre zeigen. 2016 war mit nur 6 Prozent ein besonders schwaches Jahr. Als Wert für die Ausschüttungsquote würde ich hier eine Zahl leicht über dem langjährigen Durchschnitt wählen, wie zum Beispiel 75 Prozent.

Um die Gewinnwachstumsrate bzw. die *Eigenkapitalwachstumsrate* zu bestimmen, muss man die Eigenkapitalrendite mit der Quote der einbehaltenen Gewinne multiplizieren.

$$EK\% \times (1 - Ausschüttungsquote) = Wachstumsrate$$

$$0{,}27 \times (1 - 0{,}75) = 6{,}75\%$$

Mithilfe dieser Wachstumsrate lässt sich jetzt der vermutete Gewinn in der Zukunft (in n Jahren) berechnen. Mein Anlagehorizont ist dabei zehn Jahre. Wenn man überzeugt ist, dass das Unternehmen in gleicher Form noch länger existieren wird, kann man auch einen noch längeren Anlagehorizont wählen. Allerdings gibt es nur wenige Unternehmen, die in zehn Jahren tatsächlich noch gleich dastehen wie heute. Das heißt, längere Prognosen sind mit entsprechend größerer Unsicherheit behaftet. Für Coca-Cola lässt sich folgende Eigenkapital- und Gewinnentwicklung prognostizieren:

Beispiel Gewinnentwicklung: Coca-Cola

Gewinnentwicklung (in US-Dollar)					
Datum	Buchwert pro Aktie	Gewinn (27%)	Dividende (75%)	Reinvestition (25%)	Wachstums-rate
2017	5,38	1,45	1,09	0,36	6,75%
2018	5,74	1,55	1,16	0,39	6,75%
2019	6,13	1,65	1,24	0,41	6,75%
2020	6,54	1,77	1,32	0,44	6,75%
2021	6,98	1,89	1,41	0,47	6,75%
2022	7,46	2,01	1,51	0,50	6,75%
2023	7,96	2,15	1,61	0,54	6,75%
2024	8,50	2,29	1,72	0,57	6,75%
2025	9,07	2,45	1,84	0,61	6,75%
2026	9,68	2,61	1,96	0,65	6,75%
Summe der Dividenden					14,87

Hier zeigt sich eindrücklich, wie sich der Gewinn erhöht, wenn ein Teil profitabel reinvestiert werden kann. Über zehn Jahre würde sich der Gewinn verdoppeln, wenn Coca-Cola nur ein Viertel seiner Gewinne zu einer gleichbleibenden Eigenkapitalrendite anlegen könnte. In Summe würden zusätzlich fast 15 US-Dollar bzw. der größere Teil der Gewinne an die Aktionäre ausgeschüttet werden. Noch besser wäre es natürlich, wenn Coca-Cola die Gewinne vollständig organisch reinvestieren könnte. Dies ist aber nicht der Fall.

Schritt 3: Bestimmung der Gesamtrendite

Um die Gesamtrendite bestimmen zu können, braucht man neben den angelaufenen Dividenden einen zusätzlichen Wert, zu welchem wir das Unternehmen in der Zukunft voraussichtlich wieder verkaufen können. Hierzu nutze ich den zukünftigen Gewinn multipliziert mit dem zukünftigen KGV. Das KGV zum Ende des Anlagehorizontes ist neben der zu prognostizierenden Eigenkapitalrendite der zweite große Unsicherheitsfaktor in der Bewertung mit dem Easy Buffett.

Für das *zukünftige KGV* stehen mehrere Auswahlmöglichkeiten zur Verfügung: zum Beispiel das heutige KGV, ein durchschnittlich historisches KGV oder eine eigene Prognose. Das heutige KGV macht keinen Sinn, auch wenn es sich zufälligerweise als richtig erweisen sollte. Es ist zu punktuell und schwankt über die Vergangenheit betrachtet stark.

Dasselbe gilt natürlich auch für historische KGVs, wobei man das im Kapitel »antizyklisch Investieren« beschriebene Shiller-KGV nutzen kann. Es basiert auf dem inflationsbereinigten mittleren Gewinn der letzten zehn Jahre und ist damit weniger schwankungsanfällig.

Besser ist aber eine Prognose mit der Frage im Hinterkopf: Zu welchem KGV würden wir das Unternehmen in zehn Jahren wieder verkaufen? Des Weiteren sollte man auch mit dem höchsten und niedrigsten KGV der letzten zehn Jahre rechnen, um ein Gefühl dafür zu bekommen, wie gut und schlecht das Ergebnis ausfallen könnte. Bei der Beantwortung der Frage des Verkaufs-KGV kommt wieder die Kunst des Investierens bzw. die Erfahrung des Investors ins Spiel. Hierzu einige Überlegungen:

Da die Kursentwicklung von Coca-Cola in den letzten zehn Jahren relativ stabil mit dem Ertrag gewachsen ist, und wenn man von keiner Veränderung des Geschäfts ausgeht, kann man die Überlegung anstellen, dass sich das KGV in den nächsten Jahren nicht stark verändert. Geht man jedoch davon aus, dass das Geschäft in den nächsten Jahren zu schrumpfen anfängt, muss man das KGV nach unten anpassen. Geht man davon aus, dass die nächste Produktgeneration dazu führt, dass das Unternehmen nach einem Jahrzehnt mit gleichbleibendem Wachstum stark zu wachsen anfängt, sollte man das KGV leicht erhöhen. In jedem Fall sollte man versuchen, eine konservative Wahl zu treffen, und bei Unsicherheit lieber 2 Punkte im KGV abziehen.

Coca-Cola hatte in den letzten zehn Jahren ein KGV, welches zwischen 13 und 28 geschwankt hat, wobei es bereinigt die meiste Zeit über 17 lag. Für Coca-Cola würde ich zum Beispiel, anstatt des langjährigen Durchschnitts um 20, lieber ein KGV von 18 wählen. Dies ist unter Berücksichtigung aller Branchen und Geschäfte weltweit immer noch sportlich. Für ein Markenunternehmen mit entsprechend sicheren Gewinnen ist es aber durchaus angemessen. Mit diesem KGV und dem prognostizierten Gewinn lässt sich also ungefähr der Kurs in der Zukunft bestimmen.

$$Gewinn\ in\ n\ Jahren \times KGV = Kurs\ in\ n\ Jahren$$

$$2{,}61\ USD \times 18 = 46{,}98\ USD$$

$$Tief\!: 2{,}61\ USD\ \times 13 = 33{,}93\ USD$$

$$Hoch\!: 2{,}61\ USD \times 28 = 73{,}08\ USD$$

Zusammen mit den aufsummierten Dividenden in Höhe von 14,87 US-Dollar ergibt dies die Gesamtrendite nach zehn Jahren.

$$\frac{Kurs\ in\ n\ Jahren + \Sigma Dividenden}{aktuellen\ Kurs} - 1 = Gesamtrendite$$

$$\frac{46{,}98\ USD + 14{,}87\ USD}{45{,}88\ USD} - 1 = 34{,}81\%$$

$$Tief\!: \frac{33{,}93\ USD + 14{,}87\ USD}{45{,}88\ \ USD} - 1 = 6{,}36\%$$

$$Hoch\!: \frac{73{,}03\ USD + 14{,}87\ USD}{45{,}88\ \ USD} - 1 = 91{,}70\%$$

Und auf Jahresbasis:

$$\sqrt[n]{(Gesamtrendite + 1)} - 1 = vsl.\, Rendite\; p.\,a.$$

$$\sqrt[10]{1{,}35} - 1 = 3{,}03\%\; p.\,a.$$

$$Tief\colon \sqrt[10]{1{,}06} - 1 = 0{,}62\%\; p.\,a.$$

$$Hoch\colon \sqrt[10]{1{,}92} - 1 = 6{,}72\%\; p.\,a.$$

Es zeigt sich, dass ein Investment in Coca-Cola nach unseren Annahmen in den nächsten zehn Jahren eine Rendite vor Kapitalertragssteuern von 34,81 Prozent bzw. 3,03 Prozent p.a. hat. Natürlich ist dies keine sichere Rendite, selbst wenn wir mit den Überlegungen zum operativen Geschäft richtig liegen würden, aber es ist eine gute Prognose. Wenn sich die Märkte in zehn Jahren jedoch in einem Tief befinden, kann die Rendite niedriger ausfallen. Auf Grundlage des Tiefs der letzten zehn Jahren wäre die voraussichtliche jährliche Rendite dann nur 0,62 Prozent bzw. gesamt 6,36 Prozent. Wenn sich die Märkte dagegen in zehn Jahren in einem Höhenflug befinden, kann die Rendite auch höher ausfallen. Auf Grundlage des Hochs der letzten zehn Jahre wäre die voraussichtliche jährliche Rendite dann 6,72 Prozent bzw. gesamt 91,70 Prozent. Wahrscheinlich ist, dass sie sich irgendwo dazwischen befindet. Für ein Investmenturteil sollte man den Basisfall nehmen und diesen mit seiner eigenen Zielrendite vergleichen. Ich persönlich setzte als meine Zielrendite mindestens 10 Prozent voraus. Aus diesem Grund war Coca-Cola am Anfang des Jahres 2018 aus meiner Sicht kein gutes Investment. Selbst wenn ich das Unternehmen in zehn Jahren zu einem maximalen KGV von 28 verkaufen könnte, wäre meine Rendite unter meinem Zielwert.

Zusammenfassung Easy Buffett:

1. Mit dem Buchwert und der durchschnittlichen Eigenkapitalrendite bestimmen wir die Einstandsrendite, welche dem Kehrwert des KGVs entspricht.
2. Mithilfe der Ausschüttungsquote und der durchschnittlichen Eigenkapitalrendite berechnen wir nun den Wachstumsfaktor des Eigenkapitals. Mit diesem Eigenkapitalwachstum lässt sich der Gewinn in n Jahren ausrechnen. Anschaulicher ist, den zukünftigen Buchwert zum Ende des Anlagehorizontes auszurechnen und mit dessen Hilfe den dazugehörigen Gewinn zu bestimmen.
3. Dieser Gewinn multipliziert mit dem KGV ergibt den möglichen Verkaufskurs zum Ende des Anlagehorizontes. Während der Anlage wird gleichzeitig über alle Jahre eine stetig wachsende Dividende fällig. Diese aufsummierten Dividenden addiert mit unserem Verkaufskurs ergeben unseren Gesamtwert des Investments am Ende des Anlagehorizontes. Aus diesem lassen sich anschließend die Gesamtrendite und die jährliche Rendite berechnen.

Die entscheidenden Knackpunkte dieser Berechnung sind die durchschnittlich zu erwartenden Eigenkapitalrenditen und das zu erwartende KGV. Fühlt man sich mit diesen beiden Angaben sicher und ist die Rendite größer als die eigene Zielrendite, so ist eine Investition zu empfehlen.

Allerdings darf man nicht erwarten, diese Rendite bereits im ersten Jahr zu erwirtschaften. Dies ist an der Einstandsrendite zu sehen. Der entscheidende Faktor ist der Zinseszins-Effekt, der die Einstandsrendite bei Coca-Cola mit ca. 10 Prozent wachsen lässt. Warren Buffett spricht auch von der Theorie des steigenden inneren Wertes oder der »Eigenkapitalanleihe« mit steigendem Kupon.

Wichtig ist auch zu verstehen, dass wir hier modellhaft vorgehen und keine genaue Prognose hinsichtlich der Entwicklung des Buchwerts und der Gewinne vornehmen. Je länger der Anlagehorizont ist, desto eher werden die realen Ergebnisse von der Vorhersage abweichen. So treten zum Beispiel Probleme auf, wenn das Unternehmen ständig hohe Aktienrückkäufe tätigt und damit den Buchwert senkt. Wenn der Manager die Aktien zu einem günstigen oder fairen Wert zurückkauft, stellt dies kein großes Problem dar. Bei Aktienrückkäufen wird der Unternehmenskuchen zwar nicht größer. Er wird aber auf weniger Köpfe verteilt, sodass statt des Buchwertes die Anteile am Gewinn und am Unternehmen pro Aktie wachsen. Jedoch sollte der zusätzliche Gewinn nicht zu teuer erkauft werden. Das heißt, wenn man die Aktie selbst zu dem aktuellen Kurs nicht kaufen würde, sollte dies auch das Management nicht tun.

Allgemeine Worte zur Bewertung

Es ist wichtig zu verstehen, dass die Zukunft immer ungewiss und jede Prognose wahrscheinlich falsch ist. Wenn man sich mit der Vergangenheit eines Unternehmens auseinandersetzt, kann man die Zukunft aber sicherlich besser einschätzen. Und wie Graham einmal schön gesagt hat: *Ich brauche nicht das genaue Gewicht eines Menschen zu kennen, um zu wissen, ob er dick ist.*

Das Gleiche gilt für Prognosen. Ich brauche nicht den genauen Wert eines Unternehmens zu kennen, um zu wissen, ob es ein gutes Investment ist.

Schlüsselpunkte

- Der Easy Buffett besteht aus drei Schritten:
  1. Bestimmung der Eigenkapitalrendite
  2. Bestimmung der Ausschüttungsquote mit dem Gewinnwachstum
  3. Bestimmung der Gesamtrendite
- Die wichtigsten Parameter sind dabei die erwartete Eigenkapitalrendite und das zukünftige KGV.
- Das Ergebnis des Easy Buffett stellt keine genaue Prognose dar. Es zeigt aber, ob das Unternehmen wahrscheinlich ein günstiges oder teures Investment ist.

EIN EINFACHES WERKZEUG FÜR ZWISCHENDURCH – ODER DIE NICHT EXISTIERENDE BUFFETT-VALUE-FORMEL

Warren Buffett hat nie explizit eine Formel veröffentlicht, wie man den Wert eines Unternehmens berechnen kann. Jedoch gibt es von seinem Lehrer und dem geistigem Vater des Value Investing, Benjamin Graham, eine einfache Formel, die man zur Bewertung nutzen kann. Ich nehme sie meistens, um Ideen schnell einzuschätzen. Finden kann man sie im Kapitel »Wertpapieranalyse für Anfänger: Eine allgemeine Strategie« im Standardwerk des Value Investing von Benjamin Graham »Intelligent Investieren«.

$$aktueller\ Gewinn \times (8{,}5 + 2 \times Gewinnwachstum) = Wert$$

Der Wert, den man erhält, ist wie alle Berechnungen abhängig von den Eingabegrößen. Als Gewinnwachstum würde ich das durchschnittliche Gewinnwachstum der letzten zehn Jahre nehmen, wie man es auch für den Easy Buffett berechnet, und als Gewinn einen normalisierten aktuellen Gewinn. Man normalisiert ihn, indem man sowohl Ausreißer nach oben als auch nach unten glättet. Da die Formel vor allem eine schnelle und einfache Bewertung zulassen soll, kann man nach Bauchgefühl agieren, das heißt: sich die Gewinne der letzten zehn Jahre ansehen und dann den letzten Gewinn in der Wachstumsreihe je nachdem anpassen.

Um den inneren Wert pro Aktie zu erhalten, kann man das erhaltene Ergebnis durch die Anzahl Aktien teilen oder direkt den Gewinn pro Aktie berechnen. Anschließend kann man nach Warren-Buffett-Manier einen Sicherheitsabschlag von 30 Prozent vornehmen. Notiert die Aktie unter diesem Wert, lohnt es sich, das Unternehmen näher zu betrachten.

Für Coca-Cola würde die Rechnung wie folgt aussehen:

$$1{,}43\ \text{USD} \times (8{,}5 + 2 \times 6{,}75) = 31{,}46\ \text{USD}$$

$$\text{Fairer Wert} = 31{,}46\ \text{USD}$$

$$\text{Einstiegskurs} = 31{,}46 \times (1 - 0{,}3) = 22{,}02\ \text{USD}$$

$$\text{Aktienkurs} = 45{,}88\ \text{USD}$$

Die Value-Formel ergibt für Coca-Cola bei einem normalisierten Gewinn von 1,43 US-Dollar und einer Wachstumsrate von 6,75 Prozent also einen fairen Wert pro Aktie von ca. 32 US-Dollar. Mit einem Sicherheitsabschlag von 30 Prozent würde man die Aktie also bei knapp 22 US-Dollar kaufen. Auch hier zeigt sich, dass ein Kauf von Coca-Cola Anfang des Jahres 2018 kein gutes Investment gewesen wäre.

Interessant ist, dass man mithilfe des möglichen Einstiegskurses auch die zu erwartende Rendite im Easy Buffett berechnen kann, indem man die Gesamtrendite anstatt mit dem aktuellen Aktienkurs mit dem möglichen Einstiegskurs von 22,02 US-Dollar berechnet:

$$\frac{46{,}98\,USD + 14{,}87\,USD}{22{,}02\,USD} - 1 = 180{,}89\%$$

$$\sqrt[10]{2{,}80} - 1 = 10{,}88\%\,p.a.$$

Sollte der Aktienkurs von Coca-Cola im Laufe des Jahres unter 22 US-Dollar fallen, würde meine persönliche Zielrendite von mindestens 10 Prozent p.a. über zehn Jahre erreicht. Es zeigt sich, dass auch die einfache Value-Formel schon gute Ergebnisse liefert. Allerdings haben wir uns zuvor viele Gedanken über den normalisierten Gewinn und die Wachstumsrate gemacht. Diese Gedanken stellen einen wichtigen Teil der Analyse dar und nicht die Formeln, die uns dann ein Ergebnis liefern, mit welchem wir uns ein einfacheres Investmenturteil bilden können.

Schlüsselpunkte

- Die Bewertungsformel lautet:
  aktueller Gewinn × (8,5 + 2 × Gewinnwachstum) = Wert
- Als möglichen Einstandskurs sollte man einen Sicherheitsabschlag von mindestens 30 Prozent auf den errechneten Wert nehmen.

SCHNÄPPCHENFALLEN UND WIE MAN SIE ERKENNT

Abschließend sollen noch einige Gefahren, die für wertorientierte Investoren bei der Bewertung lauern, erwähnt werden. Wertorientierte Investoren unterliegen dem Reiz des günstigen Preises. Man sucht tagein und tagaus nach Schnäppchen. Man sucht nach Unternehmen, bei denen der Wert größer ist als der Preis. Die Problematik, die sich aus dieser Methodik ergibt, ist die gleiche, die sich von Zeit zu Zeit auch beim günstigen Einkaufen ergibt – man endet mit Schrott. Das Schnäppchen stellt sich doch nicht als hübscher Schwan heraus, sondern bleibt ein hässliches Entlein.

Für einen wertorientierten Investor ist es nahezu unvermeidlich, ab und zu in eine Schnäppchenfalle (engl.: Value Trap) zu laufen. Man kauft Unternehmen, die günstig genug wirken, obwohl man sich nicht vollständig mit dem Investment wohlfühlt. Der Kauf erfolgt meistens rein über die Einschätzung des Preises. Das Unternehmen wirkt günstig genug, obwohl einem das Management, die Buchführung, die Branche oder etwas anderes nicht gefällt. Mein Rat: Besser die Finger davon lassen.

Es sind die Unternehmen, die aus einem guten Grund billig sind. Um diese billigen Unternehmen zu meiden und stattdessen in echte Werte zu investieren, sind hier einige wichtige Kriterien, auf die man während seiner Bewertung achten sollte.

Strukturell gefährdete Geschäfte

Alle Unternehmen arbeiten in einer sich wandelnden Welt und müssen sich ständig daran anpassen. Allerdings gibt es Branchen und Unternehmen, die einen größeren Wandel durchlaufen als andere. Das Risiko für diese Unternehmen ist, dass sie sich nicht schnell genug anpassen können und deshalb günstig bewertet sind. Man sollte deshalb bevorzugt in Unternehmen investieren, die in einer Branche tätig sind, die für eine lange Zeit stabil war und von der man erwarten kann, dass sie auch in Zukunft im gleichen Maße gebraucht wird. Allerdings muss man bei der Bewertung aufpassen, dass man nicht jedes zyklische Unternehmen aussortiert oder jedes Unternehmen, das in einer sehr langsam rückläufigen Branche tätig ist, wie zum Beispiel Öl-Unternehmen. Hier gilt es, eine Abwägung zwischen der Stärke des Rückgangs und der Notwendigkeit der Produkte zu treffen.

Aggressive Buchhaltung und mangelnde finanzielle Kontrolle

Eine konservative Buchführung, basierend auf der tatsächlichen Wirtschaftskraft eines Unternehmens, schützt vor bösen Überraschungen. Einen Verschuldungsgrad zu haben, der über einem angemessenen Grad für das Geschäft liegt, ist der schnellste Weg in den finanziellen Ruin. Aus diesem Grund sollte die Analyse der Buchführung die erste und wichtigste Hürde zum Schutz vor Schnäppchenfallen sein. Ist ein Unternehmen aufgrund seiner Bilanz günstig, sollte man es fast in jedem Fall meiden.

Ähnlich verhält es sich mit Unternehmen, die regelmäßig größere Investitionen brauchen und dafür keine klare Zielrendite ausgeben, sodass die Finanzen leicht außer Kontrolle geraten können. Dies hat man zum Beispiel bei ThyssenKrupp, einem der größten Stahlproduzenten der Welt, gesehen. 2004 entschied man bei dem deutschen Traditionsunternehmen, die damals größte Auslandsinvestition in der Firmengeschichte zu tätigen und auf der grünen Wiese in Rio de Janeiro ein neues Stahlwerk zu errichten. Die ursprünglichen Kosten von 1,9 Mrd. Euro wurden um den Faktor 4 überzogen und bei ThyssenKrupp wurde ein Großteil des Unternehmenswertes dauerhaft vernichtet. Zusätzlich konnte das Stahlwerk in Brasilien nicht einmal die ursprünglich erwarteten Gewinne für eine Investition von 1,9 Mrd. Euro liefern. Wenn ein Unternehmen große Investitionen für sein Geschäft benötigt und keine klaren und transparenten Kosten und Rendite für seine Investitionen offenlegt, sollte man es meiden.

Dies gilt auch für mangelnde Kontrolle, die man annehmen kann, wenn Projekte, wie das Stahlwerk von ThyssenKrupp, auf der Kostenseite dermaßen überzogen werden. Hier ist es wichtig, neben der allgemeinen Risikokontrolle auf die Kultur und die Key-Performance-Indikatoren (KPI) der Manager zu achten. KPIs sind die Kennzahlen, an denen sich der Manager messen lässt. So können die KPIs der Manager dazu führen, dass sie unnötige Risiken eingehen, weil ihre Bonusstruktur darauf ausgelegt ist, den Umsatz und die Rendite nur kurzfristig zu erhöhen. Im Positiven ist die Bonusstruktur so angelegt, dass auch Risikokennzahlen, wie Verschuldung, Liquidität und Investitionen in die Zukunft, eine Rolle spielen.

Wichtig ist in diesem Zuge auch, auf die Kostenstruktur zu achten. Unternehmen mit hohen Fixkosten, das heißt einem großen operativen Leverage, sind anfälliger gegenüber Umsatzrückgängen und können in wirtschaftlich schwierigen Zeiten leicht vom Markt verschwinden. Gleichzeitig sind Unternehmen mit niedrigen Kostenstrukturen in wirtschaftlich schweren Zeiten häufig die großen Gewinner, weil sie Marktanteile gewinnen können.

Grundsätzlich haben große Unternehmen, was die Kosten pro Stück angeht, einen Vorteil gegenüber kleinen Unternehmen. Aus diesem Grund sind Unternehmen zu meiden, die in ihrem relevanten Markt nicht zu der führenden Gruppe hinsichtlich des Marktanteils gehören. Meistens sind Unternehmen besonders kosteneffizient, wenn sie sich seit Jahren auf ein bestimmtes Geschäft konzentrieren und von diesem nicht abweichen.

Kein Kerngeschäft und große Übernahmen

Unternehmen, die versuchen, sich von Grund auf neu zu erfinden, sind zu meiden. Ein Zeichen für ein gutes Unternehmen ist, dass man sich mit Sorgfalt auf das Kerngeschäft konzentriert, anstatt übermäßig aufgeregt in neue und ungewohnte Territorien einzutreten. Die meisten Unternehmen haben nur einige wenige Kernkompetenzen, die sie außergewöhnlich machen und die Wert generieren. Ein Unternehmen, welches von diesen abweicht und einen Tausendsassa-Ansatz verfolgt, verliert dagegen unweigerlich an Wert.

Als negatives Beispiel kann hier die Preussag AG, der heutige TUI-Konzern, gesehen werden. Nachdem man aus dem Bergwerk- und Rohstoffgeschäft kam, hat das Management Ende der 1990er-Jahre das Unternehmen zu einem Touristikunternehmen umgebaut. Dabei möchte ich nicht sagen, dass Touristikunternehmen im Allgemeinen schlecht sind, aber es gehörte nicht zur Kernkompetenz der Preussag AG.

Das Unternehmen hat sich nicht langsam von einem Rohstoffproduzenten zu einem Touristikkonzern gewandelt, wie Nokia vom Gummistiefel- zum Handyhersteller, sondern das Management hat bewusst die Entscheidung getroffen mit der Übernahme von Hapag-Lloyd 1997, TUI 1999 und der Thomson Travel Group 2000 zum größten Touristikkonzern der Welt aufzusteigen. Währenddessen hat man das eigentliche Kerngeschäft, die Salzgitter AG 1998, die Preussag Energie GmbH 2003 und die VTG AG 2005, abgestoßen.

Als Folge des Wandels wurden mehrere Kapitalerhöhungen bei der TUI durchgeführt, welche die Anzahl Aktien mehr als vervierfacht haben. Der dadurch entstandene Schaden für die Aktionäre lässt sich am besten im Vergleich der Aktienkursentwicklung von Salzgitter (das ehemalige Kerngeschäft von Preussag) mit der TUI/Preussag sehen. Nach der Abspaltung von Salzgitter am 02.06.1998 mit 11,75 Euro pro Aktie entwickelte sich der Kurs bis Ende 2017 auf über 45 Euro. Im Vergleich sank der Aktienkurs von TUI/Preussag ab dem 02.06.1998 bis Ende 2017 von 29,14 Euro auf knapp unter 20 Euro.

Fängt das Management an, sich nicht mehr auf das Kerngeschäft zu konzentrieren, sondern auf Übernahmen und Fusionen, sollte man das Unternehmen meiden. Übernahmen und Fusionen können sich destabilisierend auf das Kerngeschäft auswirken, welches normalerweise einen Großteil der nachhaltigen Gewinne erwirtschaftet. Neben dem extremen Beispiel TUI gibt es empirische Anzeichen dafür, dass große Übernahmen wertvernichtend für die bestehenden Aktionäre sind. Dies ist mit einer der Gründe, warum der Kurs des kaufenden Unternehmens häufig am Tag der Bekanntmachung einer Übernahme an Wert verliert. Übernahmen sind meistens dann gut, wenn sie strategisch und klein genug sind, sodass auch eine komplette Katastrophe nicht in einer Krise für das Unternehmen als Ganzes endet.

Ein weiteres Problem von Akquisitionen ergibt sich daraus, dass Manager von ihnen abhängig werden können. Dies gilt insbesondere, wenn das Wachstum des Kerngeschäftes nachlässt und das Unternehmen versucht, Wachstum mit (fast) allen Mitteln zu kaufen.

Während der Fokus auf Wachstum beim Management grundsätzlich eine gute Sache ist, sollte es nicht ausschließlich aus Übernahmen kommen, die nichts mit dem Kerngeschäft zu tun haben. Diese Übernahmen werden häufig mit Synergien im Einkauf, dem Vertrieb oder sonst wo begründet. Meistens hat das Unternehmen aber keine besondere Kenntnis in seinem Nicht-Kerngeschäft und wird nur unnötig komplex. Stark diversifizierte Unternehmen verursachen intern höhere Kosten, da sie zusätzliche Bürokratieschichten benötigen. Konglomerate sind deshalb zu meiden.

Fragwürdiges Geschäftsgebaren und Projektgeschäft

Ebenfalls sind Unternehmen zu meiden, die sich unlauter verhalten, indem sie ihre Angestellten schlecht behandeln, sich an Korruption oder Kartellen beteiligen oder Regierungen und Staaten unterstützen, die offensichtlich gegen Menschenrechte verstoßen. Ein Unternehmen, das dieses Geschäftsgebaren nötig hat, kann zwar kurzfristig sehr profitabel und günstig sein, langfristig holt dieses Verhalten das Unternehmen aber ein. Es ist dann mit hoher Strafzahlung, schlechtem Geschäftsverlauf oder Ausschluss von bestimmten Märkten, Kunden oder Geldgebern verbunden.

Genauso sind Unternehmen zu meiden, die auf große Projekte angewiesen sind. Es gibt viele Unternehmen, bei denen Großprojekte zum alltäglichen Geschäft gehören. Es ist nichts falsch an Unternehmen, die große Aufträge, wie zum Beispiel Hochhäuser oder Schiffe, ermöglichen, oder 10-Jahres-Verträge annehmen, um Gefängnisse oder andere Einrichtungen der öffentlichen Hand zu betreiben. Allerdings kommen diese Unternehmen mit einem zusätzlichen Risiko, insbesondere wenn die Aufträge durch eine öffentliche Ausschreibung gewonnen werden. Einerseits sind diese Projekte operativ meistens sehr kapitalintensiv, da sie große Mengen an Ressourcen verbrauchen, andererseits sind sie für die Unternehmensbesitzer meistens sehr kapitalarm, da sie auf Vorkasse arbeiten. Das Problem an der Vorkasse ist, dass sie das Unternehmen zwar keine Zinsen kostet, es sich aber dennoch gegenüber dem Kunden hoch verschuldet. Treten nun Probleme auf, kann das Projekt sehr schnell unrentabel werden und die Existenz des Unternehmens gefährden. Aus diesem Grund sind Unternehmen, die eine große Anzahl kleiner Artikel verkaufen, gegenüber Unternehmen, die eine kleine Anzahl großer Artikel verkaufen, zu bevorzugen.

Fragwürdiges Management

Viele Probleme ergeben sich aus Managementfehlern. Die meisten erkennt man leider erst, wenn es zu spät ist. Aus diesem Grund ist die Analyse des Managements von genauso großer Bedeutung für das Erkennen von Schnäppchenfallen wie die der Buchhaltung und des Geschäfts.

Neben der Beteiligung des Managements am Unternehmen, der Nachvollziehbarkeit seiner Entscheidungen im Interesse der Aktionäre und der Vergütung kann man auf weitere Punkte achten, die einem helfen, das Management einzuschätzen: Wie sieht die Vergangenheit, die Biografie der leitenden Angestellten aus? Gab es Ereignisse in der Biografie des Managements, wie eine Entlassung, oder Entscheidungen, wie die unprofitable Übernahme eines Konkurrenten, die man nicht beim operativen Leiter seines Unternehmens sehen möchte? Des Weiteren sollte man auch die kommunizierte Strategie und deren Umsetzung bewerten: Hat das Unternehmen eine klare Vision und eine dazugehörige klare Strategie? Wird diese Strategie umgesetzt und sieht man den Weg, auf dem das Ziel zu erreichen ist?

Die Vision, Mission oder der Zweck eines Unternehmens sollten auf der Website des Unternehmens einfach zu finden sein. Sie sollte erklären, warum das Unternehmen existiert. Ebenso sollte es dort eine einfache und klare Beschreibung der Strategie geben, mit der die Ziele erreicht werden sollen, sowie regelmäßige Angaben zum Fortschritt der Strategie und welche neuen Maßnahmen im Rahmen der Strategie vom Management getroffen wurden. Ein Zeichen für gutes Management ist, wenn sich die Strategie und das Ziel auf die Kernkompetenz des Unternehmens berufen.

Story-Unternehmen

Ebenfalls sollte man darauf achten, nicht in Unternehmen zu investieren, die reine Geschichtenerzähler sind. Dies ist zwar nicht ein typisches Problem von Schnäppchenjägern, aber ab und zu fallen auch wertorientierte Investoren auf gute Storys herein. Insbesondere, wenn es bei dem Unternehmen aufgrund operativer Probleme nicht ideal läuft und das Management, anstatt wirkungsvolle Maßnahmen zu treffen, eine Geschichte für die Investoren erfindet. So wichtig es für ein Unternehmen ist, eine Strategie und ein Ziel zu kommunizieren, so unwichtig ist es, eine »Geschichte« zu produzieren, um die Investoren zu entzücken. Meistens sind solche Geschichten um gerade moderne Schlagwörter, wie »DotCom«, »China«, »Blockchain« oder »Industrie 4.0« gebaut, die in allen Wirtschaftsnachrichten zu finden sind.

Meidet man Unternehmen, die solche Trendgeschichten verkaufen, investiert man zwar eher in langweiligere Unternehmen. Diese bleiben unter Umständen auch einmal für mehrere Quartale hinter dem Markt zurück. Langfristig vermeidet man aber viele Verlierer.

Zusammenfassend kann man sagen, dass man Schnäppchenfallen vermeidet, wenn man günstige Unternehmen aussortiert, die:

- aufgrund eines strukturell gefährdeten Geschäftes günstig sind.
- aufgrund von aggressiver Buchführung oder mangelnder finanzieller Kontrolle günstig sind.
- aufgrund großer Übernahmen und mangelnder Konzentration auf das Kerngeschäft günstig sind.
- aufgrund fragwürdiger Geschäftspraktiken oder aufgrund von Großprojekten günstig sind.
- aufgrund anrüchigen, undurchsichtigen, bedenklichen und verdächtigen Managements günstig sind.
- günstig sind, obwohl die Story außergewöhnlich gut klingt und voll im Trend liegt.

Schlüsselpunkte

- Schnäppchenfallen gilt es zu meiden.
- Eine solide Bilanz ist eine wichtige Hürde, um sich vor vielen Schnäppchenfallen zu schützen.
- Schnäppchenfallen findet man meistens bei Unternehmen mit strukturell gefährdetem Geschäft, besonders aggressiver Buchhaltung, zu großen Übernahmen, fragwürdigen Geschäften oder einem Management, das lieber Geschichten erzählt, als das Kerngeschäft zu entwickeln.
- Die meisten Unternehmen haben nur wenige Kernkompetenzen, die sie außergewöhnlich machen und die Wert generieren. Unternehmen, die sich nicht auf diese Kompetenzen konzentrieren, sind zu meiden.

NACHWORT

Es gibt verschiedene Möglichkeiten, an der Börse Geld zu verdienen und es auch zu behalten. Einige unschöne Erfahrungen haben mich gelehrt, dass es besser ist, in sichere und solide Unternehmen zu investieren und sich selbst mit seinem Vermögensaufbau zu beschäftigen.

Dabei hat sich mir gezeigt, dass man sich selbst, seine eigenen Stärken und Schwächen, verstehen muss, um ein guter Investor zu sein. Es geht beim Investieren nicht nur um die besten Unternehmen mit den höchsten Gewinnen, sondern auch darum, ob man mit seiner Investition leben kann. Eine Anlage sollte dem Investor keine schlaflosen Nächte bereiten, auch dann nicht, wenn ihr Preis fällt.

Indem man die Hintergründe und das Handwerkszeug des wertorientierten Investors besser versteht, kann man sich von der Psychologie der Börse abkapseln und entspannter seinen Vermögensaufbau betreiben. Dabei sollte Investieren Spaß machen. Die Umsetzung ist nicht leicht, aber Investieren ist einfach: Kaufe die Anlage zu einem billigeren Preis, als sie wert ist. Verfolgt man lange genug diesen Weg, wird man erfolgreich sein. Und auf dem Weg zum Erfolg gestalten Investoren die Welt, in der sie leben, aktiv mit.

Dabei muss der Prozess nicht einsam sein. Umgibt man sich mit Menschen, die einem ehrliches Feedback geben, wird man zu einem besseren Investor. In diesem Sinne möchte ich mich bei all den Menschen bedanken, die mich bei meinem bisherigen Werdegang begleitet haben, und insbesondere bei denjenigen, die mir beim Schreiben dieses Buches geholfen haben. Ein ganz besonderer Dank geht dabei an meine Frau Eva Nachbauer-Schwalm, die mir mit ihren klaren Ratschlägen zur Seite gestanden hat und ohne die dieses Buch nicht zustande gekommen wäre. Zusätzlich möchte ich mich bei meinen Eltern und Brüdern bedanken, die mich in meiner Entwicklung unterstützt und geprägt haben. Zum Schluss noch ein ausdrücklicher Dank an all die Personen, die dieses Buch besser gemacht haben, als ich es allein jemals vermocht hätte: Aurel, Florian, Sophie, meine ehemaligen Kollegen und Chefs, mein Verleger und alle anderen.

Viel Erfolg beim Investieren wünscht Ihnen
Ihr Till Schwalm

BIBLIOGRAFIE

Brown, C. H. (2007). *Die Value-Zauberformel.* Kulmbach: Börsenmedien AG.

Buffett, M. & Clark, D. (1998). *Buffettology.* Wien: Ueberreuter.

Buffett, M. & Clark, D. (2013). *So liest Warren Buffett Unternehmenszahlen.* Kulmbach: Börsenmedien AG.

Buffett, W. & Cunningham, L. A. (Hrsg.). (2012). *Essays von Warren Buffett.* München: FinanzBuch Verlag.

Graham, B. (2007). *Intelligent Investieren.* München: FinanzBuch Verlag.

Graham, B. & Dodd, D. L. (2009). *Die Geheimnisse der Wertpapieranalyse.* München: FinanzBuch Verlag.

Kostolany, A. (2007). *Die Kunst, über Geld nachzudenken.* Berlin: Ullstein.

Kostolany, A. (2008). *Der große Kostolany.* Berlin: Ullstein.

Munger, C. T. & Kaufman, P. D. (Hrsg.), (2015). *Poor Charlie's Almanack.* Virginia Beach: The Donning Company Publishers.

Silver, N. (2012). *The Signal And The Noise.* South Africa: Penguin Books.

Thorndike, W. N. Jr. (2012). *The Outsiders.* Boston: Harvard Business School Publishing.

Town, P. (2008). *Regel Nummer 1: Einfach erfolgreich anlegen!* Kulmbach: Börsenmedien AG.

Williams, J. B. (1965). *The Theory Of Investment Value.* New York City: BN Publishing.

Warren Buffetts fundamentale Investment-Geheimnisse

Jeremy Miller

Mit gerade einmal 26 Jahren und 100 US-Dollar gründete Warren Buffett 1956 seine erste eigene Firma, Buffett Partnership, bevor er 14 Jahre später mit Berkshire Hathaway zum erfolgreichsten Investor aller Zeiten wurde. Wenigen ist bekannt, dass er mit seinem ersten Unternehmen noch erfolgreicher war als später mit Berkshire Hathaway. Bis 1969 erzielte er eine durchschnittliche Rendite von fast 30 Prozent im Jahr.
Erstmals erscheinen die gesammelten, kommentierten und von Warren Buffett exklusiv autorisierten Briefe, die er seinen Anteilseignern bei Buffett Partnership zwischen 1956 und 1970 schrieb, um seine Investmentstrategie darzulegen. Die »Ground Rules« oder Grundprinzipien, die er in seinen Briefen darlegte, sind für jeden Investor gleichermaßen wichtig, egal ob Anfänger oder Profi. Ein einmaliger Blick in die erfolgreichen Strategien des größten Investors der Welt – die Essenz der Partnership Letters.

368 Seiten | Hardcover | 34,99 € (D) | ISBN 978-3-89879-932-4

Die Lehr und Wanderjahre eines Value-Investors

Guy Spier

Wer träumt nicht davon, einmal ein weltweit erfolgreicher Investor zu werden? Guy Spier hat es geschafft. Sein Abendessen mit Warren Buffett für 650 100 US-Dollar ist nur einer der vielen Höhepunkte einer langen Suche nach den erfolgreichsten Methoden des Value-Investing. Doch wie wird man ein wertorientierter Investor à la Warren Buffett?
»Die Lehr- und Wanderjahre eines Value-Investors« begleitet Guy Spier auf seinem Werdegang von einem Möchtegern-Gordon-Gekko hin zu einem erfolgreichen Value-Investor. Er gibt praktische Tipps, wie Anleger bessere Investment-Entscheidungen treffen, und zeigt, wie er aus teuren Fehlern gelernt hat und wie jeder seinen eigenen Weg gehen kann. Die faszinierende Geschichte eines einzigartigen Werdegangs an der Wall Street mit praktischen Case-Studies und den 8 wichtigsten Investmentregeln.

240 Seiten | Softcover | 16,99 € (D) | ISBN 978-3-89879-738-2

Das Value-Investing-Handbuch

John Mihaljevic

Erstmals fasst John Mihaljevics Value-Investing-Handbuch die bewährten Strategien der besten Value-Investoren der Welt zusammen. Benjamin Graham, Warren Buffett, Seth Klarman oder Felix Zulauf – mit welchen Methoden arbeiten die Profis? Mihaljevic stellt Ihnen die neun wichtigsten Strategien wertorientierten Investierens vor und analysiert die Vor- und Nachteile. Schritt für Schritt lernen Sie als Investor die besten Investments zu finden, zu bewerten und umzusetzen. Zusätzlich lässt er die erfolgreichsten Hedgefonds-Manager der Welt zu Wort kommen, die oft auch Value-Investoren sind: David Einhorn, der selbst den Apple-Konzern das Fürchten lehrt, oder Felix Zulauf, einer der erfolgreichsten Schweizer Vermögensverwalter. Das Value-Investment-Wissen der Profis – erstmals gesammelt und bewertet.

400 Seiten | Hardcover mit Schutzumschlag | 34,99 € (D) | ISBN 978-3-89879-888-4

Warren Buffett - Das Leben ist wie ein Schneeball

Alice Schroeder

Warren Buffett zählt seit Jahrzehnten zu den reichsten Menschen der Welt. Alice Schroeder erzählt in dieser aktualisierten Ausgabe die Geschichte seines bewegten Lebens. Buffett verbrachte unzählige Stunden mit der Autorin bei der Beantwortung von Fragen zu seiner Frau, seinen Kindern, zu seinen Geschäftspartnern und Freunden, gab bereitwillig Auskunft zu seiner Kindheit, öffnete seine Fotoalben, gewährte tiefe Einblicke in seine Arbeit, seine Denkweise, seine Kämpfe und Triumphe, legte aber auch seine Torheiten offen.
»Das Leben ist wie ein Schneeball« ist ein einmaliger Akt der Courage. Dieses Buch macht deutlich, dass auch Warren Buffett nur ein Mensch ist wie jeder andere auch, mit Stärken und Schwächen.
Alice Schroeder gelang es auf eindrucksvolle Weise, eine der faszinierendsten Erfolgsgeschichten unserer Zeit auf Papier zu verewigen.

1152 Seiten | Softcover | 24,99 € (D) | ISBN 978-3-89879-602-6

The Great Minds of Investing

William Green | Michael O'Brien | Hendrik Leber

Ihre Worte bewegen Milliarden, ihr Anlageerfolg ist Legende. Dieser einzigartige englischsprachige Bildband wirft ein völlig neues Licht auf die herausragendsten Investoren unserer Zeit. Mehr als fünf Jahre Zeit nahm sich der Weltklassefotograf Michael O'Brien für die 33 intimen Porträts von Starinvestoren wie Warren Buffett, Charles Munger oder Howard Marks.
Alle bisher unveröffentlichten Bilder werden von exklusiven Profilen ihrer Charaktere begleitet, die William Green aus zwei Jahrzehnte lang gesammeltem Material aus Interviews für Publikationen erstellte, u. a. im Forbes-Magazine und in Fortune. Stets stand eine Frage im Mittelpunkt seiner Arbeit: Welche Qualitäten und Einsichten ermöglichen diesem Investor von Weltrang den andauernden Erfolg? Neben ihren Investmentstrategien gewähren die Akteure besonders rare Einblicke in ihre Persönlichkeit.

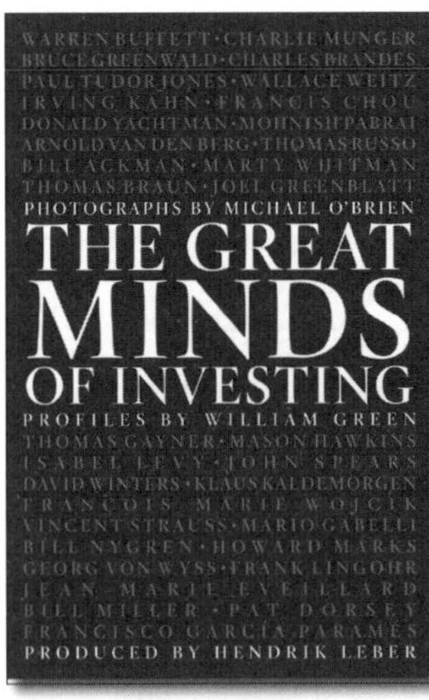

144 Seiten | Hardcover mit Schutzumschlag | 74,99 € (D) | ISBN 978-3-89879-924-9

Intelligent Investieren

Benjamin Graham

Intelligent Investieren und maximale Renditen an der Börse erwirtschaften! Welcher Anleger möchte diese Taktik nicht zu gerne anwenden? Doch nur wenn Sie verstehen lernen, welche Anlagestrategien es überhaupt gibt und welche Rolle die Psychologie der Anleger spielt, werden Sie an den Märkten der Welt gewinnbringend operieren können!
Hier zeigt Ihnen Benjamin Graham, einer der einflußreichsten Investoren aller Zeiten und Vater der bahnbrechenden Finanzanalyse, wie Sie sich persönlich die erfolgreichsten Anlagekonzepte aufbauen und am gewinnbringendsten realisieren können. Zeitlos wichtige Informationen, äußerst praxisnah und spannend! So können Sie endlich die geistigen und emotionalen Verhaltensweisen entwickeln, die Ihnen langfristig die wahren Gewinne bescheren werden.

630 Seiten | Hardcover | 39,99 € (D) | ISBN 978-3-89879-064-2